Der Traunsteiner Stadtplatz

Das vorliegende Buch wurde nach den Regeln der Rechtschreibreform bearbeitet.

Herausgegeben von der Stadt Traunstein

Idee, Konzeption und Koordination: Elmar Schwäbisch, Traunstein
Lektorat: Dr. Renate Dernedde
Fotografie: Günter Standl, Laufen
Gesamtherstellung: Rosenheimer Verlagshaus GmbH & Co. KG, Rosenheim
Herstellung, Layout und Satz: VerlagsService Dr. Helmut Neuberger
& Karl Schaumann GmbH, Heimstetten
Druck und Bindung: G. Canale & C. S.p.A., Borgaro
Printed in Italy

ISBN 3-475-53029-5

© Stadt Traunstein 1999

Der Traunsteiner Stadtplatz

Mit Fotos von Günter Standl

rosenheimer

Inhalt

Fritz Stahl
7 Unser Stadtplatz

Hedwig Amann
9 Geschichte in Bildern
Die Chronologie der Stadtplatzentwicklung

Karin Berg
24 Rathaus, Landgericht und Salzmaieramt
Bau- und Veränderungsgeschichte bis 1948

Karlheinz Merkel
32 Ein Rathaus für alle
Zur Wiederbelebung des Ensembles Rathaus, Landgericht und Salzmaieramt

Alfred M. Maier
39 Erhaltende Stadterneuerung
Die Sanierung und Neubaumaßnahme Rathaus, Landgericht und Salzmaieramt

Günter Fembacher
42 Der Stadtplatz – Kern einer menschlichen Stadt

Götz von Dobeneck
53 Märkte, Schranne und Handwerker
Das wirtschaftliche Leben am Stadtplatz

Franz Haselbeck
64 Daß alhier 6 Preustetten ... verhanden
Brauwesen und Wirtshauskultur

Fritz Seehuber
77 Gasthof Höllbrau
Erinnerungen an einen früheren Traditionsgasthof

Albert Rosenegger
85 Glanz vergangener Zeiten
Geschichte und Geschichten um das Haus Wispauer

Willi Schwenkmeier
95 Wir hier unten, ihr da oben ...
Der Stadtplatz aus der Sicht der unteren Stadt

Herbert Weiermann

106 Die Stadtpfarrkirche St. Oswald

Eine bau- und kunstgeschichtliche Betrachtung

Judith Bader

124 Die Brunnen – Zeichen im Platz

Jürgen Eminger

139 Das Heimathaus – bewahren und erinnern

Eva-Maria Ilsanker

149 Im Tiefgeschoss

Kellergeschichten, teilweise verschüttet

Dorica Zagar

157 Der neue Platz – warum und warum so?

Gedanken zur Neugestaltung

Max Burghartswieser

178 Der »Förderverein Alt-Traunstein«

Bürgerbewegung zur Wiedererrichtung des Jacklturms

Paul Werner

190 Der Jacklturm

Rekonstruktion eines Wahrzeichens aus der Sicht der Denkmalpflege

Willi Schwenkmeier

201 Krähwinkel lässt grüßen

Traunstein bei Ludwig Thoma und Thomas Bernhard

Sigrid Ackermann

213 Unmessbar

Kulturelles Leben am Stadtplatz

226 Bürgermeister und Oberbürgermeister

228 Plätze der Partnerstädte

230 Anmerkungen

234 Literaturverzeichnis

238 Die Autoren

240 Bildnachweis

Fritz Stahl

Unser Stadtplatz

Schnell habe ich ihn wieder verlassen, den Stadtplatz, den ich als Rad fahrender Bub Anfang der 50er Jahre zum ersten Mal erlebte. Die mir hektisch und fremd erscheinende Welt des Traunsteiner Zentrums wollte vorsichtig und schrittweise erkundet werden. Heute, fast 50 Jahre später, versuche ich mit diesen Zeilen der Bedeutung des Platzes nachzuspüren. Anlass dazu ist seine Sanierung und Neugestaltung.

»Betreffend den Handel, Landesprodukte und Gewerbe hat diese Stadt eine vortreffliche Lage fürs Kommerzium.« Mit diesem Satz schildert Franz von Kohlbrenner 1782 die Bedeutung der Stadt. Traunsteins Mitte war Treffpunkt der Marktkaufleute, Händler und Bauern. Rathaus, Salzmaieramt, Landgericht und Rentamt prägten den Stadtplatz als weltliches, die Stadtplatzkirche St. Oswald als geistliches Zentrum.

Auch noch vor 100 Jahren galt der Stadtplatz kulturell und wirtschaftlich unbestritten als Mittelpunkt der Stadt und war das Verwaltungszentrum. Zu einer Zeit, als Wohnen und Arbeiten noch eng verzahnt waren, als es wichtig war, in einer geschützten Stadt und auf kurzen Wegen Waren und Dienstleistungen auszutauschen, gab es keinerlei Zweifel daran, dass man einen großen Handelsplatz benötigt. Im Laufe der Jahrzehnte änderte sich vieles. An der Entwicklung des Stadtplatzes selbst kann ein Stück der Wirtschafts- und Sozialgeschichte der Stadt abgelesen werden. Auch darüber will dieses Buch informieren.

Zu Beginn des 20. Jahrhunderts erfolgte die erste Umgestaltung. Der Platz erhielt eine große Grünanlage um Kurgästen eine Promenade zu bieten. Traunstein entwickelte sich weiter, die Stadt wuchs stetig und um das Zentrum herum entstanden neue Wohngebiete; Gewerbegebiete schlossen sich an. Entfernungen spielten eine immer geringere Rolle und veränderte Lebensgewohnheiten sowie der technische Fortschritt zwangen Betriebe, Verwaltungen und Büros dazu, sich neu zu orientieren. Zunehmend wurde der Stadtplatz als eine Parkmöglichkeit für die Kunden der Geschäfte angesehen.

Im Jahr 1995 entschloss sich der Stadtrat, ein Plangutachten zur Erneuerung des historischen Zentrums in Auftrag zu geben. Als Grund wird in der Bekanntmachung genannt:

»Das Ziel der Umgestaltung ist die Förderung der Attraktivität der Innenstadt: Verbesserung der Fußgängerfreundlichkeit, der Aufenthaltsatmosphäre, des Aussehens, der Verringerung der Belastungen aus dem Kfz-Verkehr bei gleichzeitigem Erhalt der Erreichbarkeit durch zusätzliche nahe gelegene Stellplätze.«

Nachdem inzwischen viele Häuser saniert und renoviert wurden und noch werden, die Stadtverwaltung an den Stadtplatz zurückgekehrt ist, die Parkgaragen gebaut wurden und der Platz neu gestaltet wurde, wird er aufleben und an Anziehungskraft und Lebendigkeit gewinnen. Dieses Buch macht deutlich, dass der ehemalige Schrannenplatz eine gute Zukunft hat, denn sein neues Aussehen lädt zum Treffen und zum Verweilen ebenso ein wie zum Einkaufserlebnis. Für Veranstaltungen, Märkte, Kunst und Kultur gibt es nun wieder einen zentralen Platz. Der Platz kann wieder ein »öffentlicher Gemeinschaftsraum« sein, nicht nur Transportweg. So sprechen die Traunsteiner inzwischen vom »Stadtplatz 2000«, wenn sie über das erneuerte historische Zentrum reden.

Heute, 50 Jahre nach meiner ersten Begegnung mit Traunsteins Hauptplatz, freue ich mich sehr über seine wiedererlangte Anziehungskraft.

Ich lade Sie, liebe Leserinnen und Leser, ein, durch dieses Buch seine Geschichte als weltliches und geistliches Zentrum kennen zu lernen, sich mit der Gestaltung des Platzes wie auch mit der Architektur der Gebäude zu befassen und sich an »Geschichterln« zu erfreuen.

Dank gebührt allen, die sich für die Erneuerung einsetzten, sie mit Planung, Rat und Finanzhilfen (Freistaat Bayern) unterstützten, den Anliegern für ihr Verständnis; insbesondere aber dem Stadtrat für konsequentes, mutiges und weitsichtiges Handeln.

Fritz Stahl, Oberbürgermeister

Hedwig Amann

Geschichte in Bildern

Die Chronologie der Stadtplatzentwicklung

Der Besucher des Traunsteiner Stadtplatzes nimmt heute wohl vorrangig die Auslagen der Geschäfte wahr; wer sich jedoch einige Augenblicke zum Verweilen Zeit nimmt und den Blick schweifen lässt, wird zunächst eher von den angenehmen Proportionen des Platzes angesprochen als von Aufsehen erregenden Fassaden.

Gut 200 Meter lang und zwischen 30 und 50 Meter breit ist dieser Platz. Länge und Breite stehen in einem Verhältnis von ca. 7:1 bzw. 4:1. Eine im Vergleich zu anderen Städten des Inn-Salzach-Gebietes ungewöhnlich breite Platzanlage vermittelt Weite und Behäbigkeit.

Verstärkt wird dieser Eindruck noch durch die Stadtpfarrkirche St. Oswald, die im westlichen Platzteil errichtet wurde und somit den Platz in der Länge zusätzlich optisch verkürzt. Die Platzwände werden von geschlossenen, etwa gleich hohen Häuserzeilen gebildet, die ohne Vor- und Rücksprünge in einer Linie stehen und nur von wenigen Gassen unterbrochen werden.

Augenfällig ist ein weiteres Charakteristikum: Die Häuserzeilen der Längsseiten stehen einander nicht streng parallel gegenüber, sondern nur die Häuser der Nordseite sind auf einer geraden Baulinie platziert, während die Häuserzeile im Süden in einem weiten Bogen ausschwingt.

Diese Baulinien dürfen – mit einigen Abstrichen – als die Konstanten in der gut achthundertjährigen Geschichte der Entwicklung des Traunsteiner Stadtplatzes betrachtet werden, auch wenn die Häuser einem wechselvollen Schicksal unterworfen waren und manche Fassaden heute leider nur mehr wenig von ihrer Geschichte verraten. Es drängen sich Fragen auf nach den Kräften und Erfordernissen, die diesen Platz in dieser Form an diesem Ort geschaffen haben. Welchen Veränderungen war er unterworfen und wo finden sich noch Zeugnisse davon? Eine Reihe von historischen Platzansichten unterstützen diese durchaus spannende Zeitreise, denn sie vermitteln partiell einen Eindruck vom Aussehen des Platzes zu den verschiedenen Epochen.

Die Stadtgründung

Die Stadtgründung erfolgte im späten 13. Jahrhundert durch die Wittelsbacher Herzöge. Diese waren wohl überlegende Städteplaner, die gezielt ihr Territorium und ihre Herrschaft mit Hilfe dieser jungen Städte sicherten und ausbauten.[1] Etwa 150 Jahre, nämlich vom ausgehenden 12. Jahrhundert bis ins beginnende 14. Jahrhundert, dauerte diese Gründungspolitik, die für jede einzelne Stadt ihre spezifischen topografischen und politischen Gründungsmotive aufweist und für Traunstein im Folgenden erläutert werden soll.

Eine Stadtgründungsurkunde gibt es nicht, jedoch nimmt die Forschung das letzte Viertel des 13. Jahrhundert als den Zeitpunkt an, zu dem Traunstein als Stadt mit herzoglicher Burg in Erscheinung tritt. Da Traunstein seit 1255 zu Niederbayern gehörte, kann Herzog Heinrich XIII. als Gründer erwogen werden.[2]

Der Platz war gut gewählt, die Anlage des Stadtplatzes erfolgte auf einem Geländesporn über der Traun, an dem schon eine präurbane Siedlung bestanden hatte. Über dieses Plateau führte die Salzstraße von Reichenhall, an seinem Fuß befand

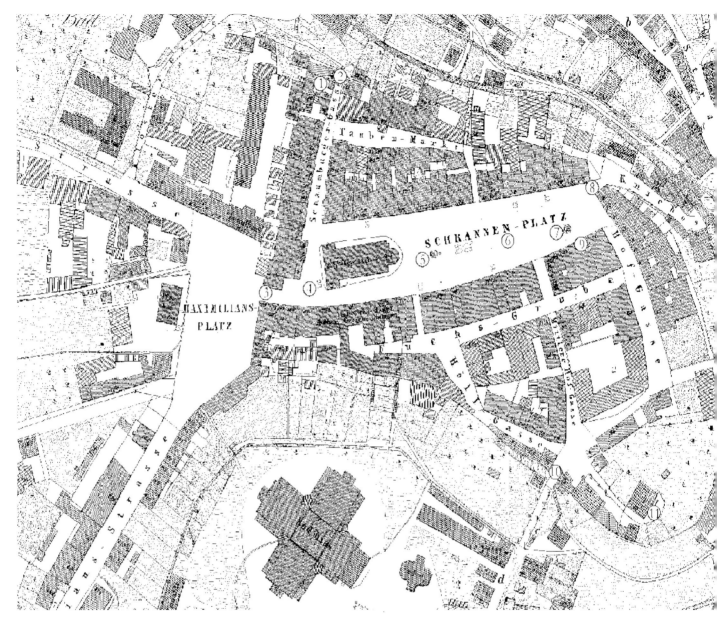

Stadtgrundriss aus dem Jahr 1869 mit der Lage von 1: Schloss Neugereut, 2: Brunntürl, 3: Oberes Tor, 4: Fischbrunnen, 5: Lindlbrunnen, 6: Luitpoldbrunnen, 7: Florianibrunnen, 8: Unteres Tor, 9: St.-Georgs- und Katharinen-Kapelle, 10: Veste und 11: Autürl

sich der alte Traunübergang. Die äußerste Spitze dieses Plateaus war beherrscht von der herzoglichen Burg, Sitz des Pflegers, des Pfleggerichts und der landesherrlichen Verwaltung. Zugleich konnte von dieser »hohen Warte« aus der Traunübergang beobachtet und gesichert werden.

Die Traun war die Grenze zum salzburgischen Terrain und hierin ist wohl ein Hauptmotiv für die Gründung zu sehen: Die junge Stadt war Grenzbefestigung und musste die Salzstraße und den Flussübergang schützen sowie die anfallenden Zölle erheben. Der heutige Stadtplatz dürfte die gleichen Dimensionen besitzen wie die erste Platzanlage. Unter Ausnutzung der Spitze der Höhenzunge wurde der breite Straßenmarkt angelegt. Nicht nur aus fortifikatorischen Erwägungen heraus war dies sinnvoll, sondern es handelte sich um eines der bedeutendsten Gründungsmotive der Wittelsbacher, mit der Schaffung von großräumigen Märkten für den Fern- und Binnenhandel auch an den Erträgen, den Steuern, den Zöllen und der Maut direkt oder indirekt teilzuhaben.

Die eingerückte Position der Kirche ist ebenfalls eine Besonderheit dieser Stadtanlage – wie

auch in Straubing, Deggendorf und Landshut, sei es, um einen gewissen Umgriff – evtl. als Platz für den Friedhof – um die Kirche zu bekommen, was bei einer Errichtung innerhalb der Häuserzeile nur schwerlich möglich gewesen wäre, oder sei es, um die Kirche durch diese hervorgehobene Lage besonders zu inszenieren. Die St.-Oswald-Kirche hatte nicht den Rang einer Pfarrkirche, dieser blieb Haslach vorbehalten. Auffallend ist die eingerückte Bauposition allemal, wobei sich für den Platz dadurch eine besondere Unterteilung in einen Haupt- und einen kleineren Nebenplatz zwischen Kirche und Westzeile ergibt.[3]

Die Verlängerung dieses Nebenplatzes, auf dem sich in späteren Jahren dann der Fischbrunnen befand, ist die Schrödlgasse, die heutige Schaumburger Straße, eine wichtige Nord-Süd-Achse der Stadt. Sie fungierte als Verbindung zum kleineren nördlichen Brunntürl und nach der Errichtung des Schaumburger Schlosses, Anfang des 16. Jahrhunderts, war sie die repräsentative städtische Zufahrt zu diesem Adelspalais. Zudem wurde über sie der Taubenmarkt erschlossen.

Dieser kleine Straßenmarkt, als Parallelmarkt zum Stadtplatz angelegt, entstand später als jener, wohl dort, wo die Stadtbürger, die im Grunde Stadtbauern waren, ihre Ställe und Hinterhöfe mit kleinen Grünflächen hatten. Aus den Anfangszeiten der Stadtentwicklung sind keinerlei Ansichten überliefert, dennoch kann angenommen werden, dass die Häuser in Zeilen angeordnet, gemauert und mehrstöckig waren.[4]

Möglicherweise ist die augenfällige »Südkurve« der Stadtplatzbebauung darin begründet, dass die Häuser mit ihren Rückgebäuden, Stadeln und Ställen bis an die äußersten Grenzen der Bebauungsmöglichkeiten reichten. Diese Wirtschaftsgebäude waren an die Stadtmauer angebaut, wenn nicht sogar ein Teil davon. Bedingt war dies durch die schmalen, langen Grundstücksflächen, die Nebengebäuden zur Fassadenseite hin keinen Platz ließen. Abgesehen davon wäre eine solche Hüttenlandschaft in der städtischen Bautradition weder üblich noch erwünscht gewesen.

Weiterhin ist zu bedenken, dass sich auf dem südlichsten Höhenpunkt der Stadt die Veste, das befestigte Schloss des Pflegers, befand, die einen eigenen von der Stadt getrennten Rechtsbezirk darstellte. Eine großzügigere Ausdehnung des Platzes, die nach Süden über diese Ausschwingung hinausging, war daher nicht möglich, eine strenge Bebauung parallel zur Nordseite hingegen hätte kostbaren Baugrund verschenkt.

Diese Grunddisposition, der Stadtplatz als Erweiterung der Handelsstraße, der Taubenmarkt als kleinerer Straßenmarkt und die beiden markanten Achsen der Schrödlgasse und der Mittleren Hofgasse – letztere diente als Verbindung zur Veste und zum kleinen südlichen Tor, dem so genannten Autürl –, blieb über die Veränderungen der Jahrhunderte hinweg erhalten.

Die Stadtbefestigung

Die junge Stadt wurde durch eine Mauer gesichert. Wann genau die erste Befestigung erfolgte, ist nicht überliefert. Die erste Erwähnung eines Grabens vor dem oberen Tor, der die Stadt an dem am meisten gefährdeten Spornhals im Westen schützte, findet sich in der ersten erhaltenen Urkunde des Stadtarchivs aus dem Jahr 1342.

Ein Urbar der Herzöge von Bayern erwähnt bereits zu Beginn des 14. Jahrhunderts das obere und untere Tor in Traunstein. Diese Tore waren sicherlich Teile der Stadtbefestigung.

Die Stadtmauer war im Jahr 1400 jedoch teilweise eingefallen und in einem derartig schlechten Zustand, dass die bayerischen Herzöge der Stadt für Aufbau und Unterhalt der Mauern die Erhebung eines Salzzolls, des Scheibenpfennigs, für drei Jahre gewährten und zusätzlich die Stadtsteuern für zehn Jahre erließen.[5]

Die Stadt musste für den Bau und Unterhalt der Mauern und Tore sorgen; sie scheint zu dieser Zeit noch ziemlich arm gewesen zu sein, die Finanzspritze des Scheibenpfennigs tat offensichtlich Not um eine ausreichende Befestigung zu gewährleisten.

Über das Aussehen der beiden Tore geben uns diese frühen Urkunden keinerlei Aufschluss, ebenso wenig werden zwei weitere versperrbare Ausgänge, so genannte »Türl«, erwähnt, die ebenfalls mit Türmen befestigt waren. Dies waren im Norden am Ende der heutigen Schaumburger Straße das Schaumburger- oder Brunntürl und im Süden das Autürl an der Stelle des heutigen Löwentors.[6]

Am Anfang des 15. Jahrhunderts war der Traunsteiner Stadtplatz, treffender Schrannenplatz genannt, Schauplatz des gesamten wirtschaftlichen und sozialen Lebens. Die beiden Tore im Westen und Osten der Stadt waren die markanten Eckpunkte und stellten die sichtbaren Garanten der Stadtbefestigung dar.

Auf dem Platz befanden sich im Westen die St.-Oswald-Kirche und in der Südost-Ecke die St.-Georgs- und Katharinen-Kapelle. Diese war umgeben von einem kleinen Friedhof. Eine erste Erwähnung findet sie 1405. Es ist jedoch nicht auszuschließen, dass sie schon vorher bestanden hatte.

Das 16. Jahrhundert – Epoche bürgerlichen Wohlstands

Schon 1359 war der Stadt Traunstein das Recht der Salzniederlage von Herzog Stephan bestätigt worden. Zuerst wurde das Salz in den Salzgreden im Innern des Rathauses untergebracht. Mit der Hebung des Salzhandels wurde mehr Stapelplatz gebraucht, sodass Herzog Heinrich der Reiche 1410 einen ersten Salzstadel erbaute, dem weitere folgten. Im Jahr 1400 wurde der Stadt der schon erwähnte Scheibenzoll gewährt.[7] Er wurde zum Unterhalt der Stadtbefestigung verwendet, jedoch war er eben nur auf drei Jahre befristet. 1573 erwirkte die Stadt erneut diesen Zoll, diesmal zur Finanzierung ihres mächtigen Salzstadelbaus westlich des oberen Tors.[8] 1492 gewährte Herzog Georg einen weiteren Zoll, den Pflasterzoll. Verbunden war diese Vergünstigung mit der Auflage, den Schrannenplatz mit Kieselsteinen zu pflastern um »Reinlichkeit und Gesundheit zu fördern«.[9]

Die Beförderung des Salzes von Reichenhall nach Traunstein und weiter zu den jeweiligen Bestimmungsorten besorgten bis ins 17. Jahrhundert hinein gewerbsmäßige Salzführer, die Samer. Der einträgliche Handel wurde von Salzgroßhändlern – Salzsender genannt – übernommen. Ihnen übergab der Rat der Stadt im Sinne einer Konzession gegen eine Bürgschaft das »Sentwerk«.[10] Ihre Hauptaufgabe war der Kauf des Salzes in Reichenhall, Organisation des Transports und Verkauf an die Traunsteiner Salzniederlage. Dort kauften dann die Salzsender aus den weiteren Salzhandelsstädten, z. B. Wasserburg, Rosenheim, das weiße Gold und besorgten den Abtransport. Die Anzahl der ansässigen Salzsender wurde begrenzt gehalten, so wie generell der Transport und Handel mit dem kostbaren Material strengen Bestimmungen unterworfen war.

Für die Entwicklung der Stadt war diese wohlhabende, aufgeschlossene Kaufmannsschicht im

Traunstein um 1590, Deckengemälde von Hans Thonauer im Antiquarium der Münchner Residenz

wahrsten Sinne des Wortes Gold wert. Für das Jahr 1500 waren 28 Salzsender in Traunstein verzeichnet. Es ist durchaus denkbar, dass sie tatkräftig an den vielfältigen Bau- und Verschönerungsmaßnahmen beteiligt waren.

Neben Salzniederlage, Transport und Handel gab es auf dem Stadtplatz die wöchentlichen Schrannenmärkte. Händler und Käufer wurden aus dem weiten Umkreis angezogen; für ihr leibliches Wohl sorgten die zahlreichen örtlichen Wirtschaften und Weinschänken.

Der derart angestiegene Wohlstand ermöglichte die Erneuerung aller bedeutenden Gebäude der Stadt. Ein erwachtes Repräsentationsbedürfnis tat ein Übriges. So wurde ein neues Erscheinungsbild der Stadt geschaffen, das für die nächsten zwei Jahrhunderte prägend war.

Bedauerlicherweise ist auch für das 16. Jahrhundert keine Ansicht des Stadtplatzes überliefert. Einzig die erste verlässliche Ansicht Traunsteins, das Deckengemälde im Antiquarium der Münchner Residenz, das im Jahr 1590 von Hans Thonauer gefertigt wurde, vermittelt ein Bild der Stadtansicht. Hauptquelle für die Schilderung der Baumaßnahmen bleiben somit die schriftlichen Zeugnisse.

Eine Auflistung der Großbauten zeigt den enormen Baueifer der Stadt:
1501 Erweiterung von St. Oswald
1526 Bau des Lindlbrunnens mit der Rossschwemme
1542 oberes Tor und oberer Turm
1548 unterer Turm
1549 Mauttor am Fuß des Kniebos
1568 Neubau des Salzstadels vor dem oberen Tor
1576 Neubau des Rathauses,
    Kauf und Ausbau des Bruderhauses[11]

Es ist anzunehmen, dass die Bürger von diesem öffentlichen Baueifer angesteckt wurden und ihre Häuser ebenfalls renovierten, aufstockten und verzierten.

Der aufsehenerregendste private Großbau war das 1538 von Hans von Schaumburg errichtete Schloss Neugereut. Dieses Schloss mit seinen vier Ecktürmen am Ende der Schaumburger Straße bildete einen markanten Eckpfeiler in der Stadtmauer – dies zeigt uns die Darstellung in Thonauers Deckengemälde. Es blieb das einzige Adelspalais mit derartiger Prachtentfaltung.

Die Bürgerhäuser am Schrannenplatz wie die in der übrigen Stadt hatten eher ein bescheidenes, ländliches Erscheinungsbild. Überwiegend dreistöckig standen sie mit ausladendem Vordach giebelständig zum Platz hin. Das genannte Deckengemälde zeigt sehr gut die Satteldächer und die häufig mit Holz verschalten Giebeldreiecke. Auch wenn es auf dem Gemälde nicht gut erkennbar ist, so ist dennoch anzunehmen, dass die Bedeckung der Häuser mit Holzschindeln erfolgte.

Der Schrannenplatz bekam ein neues Gesicht. Der Geist der Renaissance zog in das gotische Stadtbild ein. Die neuen Wehranlagen nebst Ringmauern und neuen Toren schützten Bürger und Güter innerhalb der Mauern. Das mittelalterliche Rathaus mit den Gewölben zur Salzlagerung, das sich zu diesem Zeitpunkt etwa auf der Höhe des alten Landgerichts befand, wich einem Neubau im Renaissancestil. Der Baumeister, ein gewisser Meister Benedikt, stammte aus Salzburg.

Dieses Rathaus war nicht nur Sitz des »Stadtregiments«, sondern auch der Ort für Lustbarkeiten. Der öffentliche Tanzsaal war dem Rathaus als Zentrum von Verwaltung und Rechtsprechung angegliedert. Hier und nicht in den Wirtshäusern – dort war Tanz untersagt – fanden die Tanzveranstaltungen statt. Vor dem Rathaus allerdings befand sich der Pranger.

Für das Gesamtbild des Platzes prägend und im urbanen Leben sicherlich äußerst bedeutsam war der neue Lindlbrunnen mit Rossschwemme. Errichtet wurde er anstelle eines hölzernen Brunnens, gespeist wurde er aus städtischen Quellen im Bürgerwald, deren Wasser mit Hilfe einer neuen Wasserleitung in die Stadt geleitet wurde. Die großzügige Brunnenanlage aus Marmor mit Säule und Figur zeugte vom Stolz auf diese technische Leistung, von der Freude über eine weitere Wasserstelle in der Stadt und von einem neuen städtischen Selbstbewusstsein.

1587 wurde der Salzhandel verstaatlicht, die Stadt verlor ihre gesamten Salzhandelsprivilegien, die Salzsender verschwanden schlagartig, die Stadt verarmte. Die 1619 errichtete Saline in der Au und die Verleihung einiger Salzzölle brachten nur eine allmähliche Erholung der wirtschaftlichen Situation.

Erwähnenswerte Baumaßnahmen des 17. Jahrhunderts, die allerdings westlich vor der ummauerten Altstadt vorgenommen wurden, sind die Anlage des Gottesackers 1639 mit der dorthin verlegten Kirche St. Georg und Katharina und die Errichtung des Kapuzinerklosters 1687.

Der Schrannenplatz im 18. Jahrhundert: Wiederaufbau nach dem Stadtbrand

Die kriegerischen Ereignisse des Spanischen Erbfolgekrieges zogen ab dem Sommer 1704 den Chiemgau in Mitleidenschaft. Kaiserliche Truppen fielen ein und verbreiteten Angst und Schrecken unter der Bevölkerung. Am 25. Juli zogen kaiserliche Husaren in Traunstein ein und forderten sofort 1000 Gulden Brandschatzung. Am nächsten Tag erreichten 3000 Mann kaiserliche Kavallerie und Infanterie unter General von Guttenstein die Stadt, die den Bürgern Verschonung gegen weitere 8000 Gulden Brandschatzung versprachen.

Die regulären Truppen wurden in der Stadt einquartiert, während die irregulären, überwiegend ungarische Panduren, vor der Stadt ihr Lager aufschlugen. Alle Bürger wurden zur Unterbringung und Verpflegung der Besatzer herangezogen. Die Quellen sprechen Bände von dem gesunden Appetit und Durst der ungebetenen Gäste.[12]

Am 22. August zogen die regulären Truppen aus Traunstein ab. Zurück blieben die plünderungswütigen, irregulären Truppen unter Oberst von

Gelöbnistafel der Bürger Traunsteins, Gnadenkapelle Altötting

Wetzel. Nach einer Brandwarnung brachten viele Bürger ihre Habe in das Kapuzinerkloster.

In der Nacht zum 23. August zündeten die Panduren die Stadt mit brennenden Pechkränzen an. Die Bürger durften weder löschen noch ihre Besitztümer retten. Auch der ausgelagerte Besitz im Kapuzinerkloster ging verloren, da dieses vollständig ausgeplündert wurde.

Ein Bild, »die Gelöbnistafel der Bürger Traunsteins nach dem Stadtbrand von 1704«[13] zeigt dieses schreckliche Großfeuer, kann jedoch kaum als Quelle für das Aussehen des Schrannenplatzes verwendet werden. Hauptintention bei der Darstellung war es, das furchtbare Unglück aufzuzeigen und nicht eine genaue Illustration der Stadt zu liefern. Als Beispiel für diese künstlerischen Freiheiten kann hier genannt werden, dass der Jacklturm stark nach Norden verschoben erscheint und die Südseite des Platzes nur sehr summarisch wiedergegeben ist.

Gut erkennbar ist jedoch die St.-Oswald-Kirche mit ihren Anbauten und dem gotischen Turm sowie die West- und Nordseite des Platzes.

Deutlich werden auch die entsetzlichen Folgen dieses Brandes, der fast die ganze Stadt in Schutt und Asche legte. Verschont wurden von den Flammen nur wenige Stadtbereiche wie die Schrödlgasse, der Vorberg, die Wiese, die Gottesackerkirche und das Kapuzinerkloster. Dieser Brand zerstörte die bedeutsamsten Bauwerke der Gotik und Renaissance in Traunstein.

Die Bürgerschaft hatte durch die Kriegsbelastungen, die Einquartierungen, Plünderungen und den Brand ihr Vermögen verloren. Der Wiederaufbau stand somit nicht unter der Prämisse von Prachtentfaltung oder modernem barocken Zierrat: Zweckmäßigkeit und auch Sparsamkeit bestimmten die Formen.

Die erste Teilansicht des Stadtplatzes, ein Votivbild des Traunsteiner Bürgers und Riemers Franz Zimmermann gibt uns einen Eindruck vom Schrannenplatz des 18. Jahrhunderts. Das Bild befindet sich in der Kirche »Unserer lieben Frau in Kirchental« in Maria Kirchental bei Lofer und wurde 1742 gestiftet. Der Votant bedankt sich bei Maria für die Rettung aus Todesgefahr. Er läuft von zwei Panduren[14] verfolgt und be-

Votivbild von Franz Zimmermann in Maria Kirchental bei Lofer

schossen über den Stadtplatz auf die St.-Oswald-Kirche zu.

Die hinter den Personen abgebildeten Häuser der Platzsüdseite und die Kirche zeigen die wieder aufgebauten Brandruinen. Die Kirche ist von einem Zaun umgeben. Denkbar wäre es, dass dieser den Kirchenfrieden symbolisiert.[15]

Die dargestellten Häuser, die alle nach dem Brand erbaut worden sind, besitzen im Erdgeschoss Laubengänge, hinter denen sich Ladengeschäfte, Handwerkerstätten und Lagerräume befanden. Bei drei Häusern ist durch kleine Vordächer der Eingangsbereich der Läden bzw. Werkstätten geschützt.

Schlicht und unspektakulär sind die Fassaden. Neben vereinzelt im Giebelgeschoss angebrachten Rundfenstern und Figurennischen stellen Erker Hauptschmuck und Gliederungselement der Häuserfassaden dar. Diese über zwei und drei Stockwerke gebauten Erker lassen erkennen, dass sich im ersten Stock an der Frontseite die repräsentativen Räume des Hauses befanden. Hier und nicht im Erdgeschoss lagen die Gasträume der Wirtshäuser – ein noch heute bestehendes Beispiel hierfür ist die Zieglerstube im Heimathaus.

Die Häuser sind mit steilen Satteldächern versehen, die weit ausladenden Vordächer früherer Tage sind verschwunden. Es ist anzunehmen, dass aus Brandschutzgründen darauf verzichtet wurde. Grabendächer jedoch fehlen, obwohl diese einen besseren Schutz gegen Funkenflug im Brandfall und auch einen besseren Ablauf von Regen und Schmelzwasser von den Dachflächen garantiert hätten. In anderen Städten im Inn-Salzach-Gebiet baute man seit der Renaissancezeit diese Grabendächer.

Vorschussmauern, d. h. über die Dachflächen hinaus gemauerte Giebelmauern, wurden nur bei zwei Häusern gebaut. Der Sinn dieser Vorschussmauern bestand u. a. darin, die Straße vor herunterstürzenden brennenden Dachteilen zu schützen. Nur das Haus am linken Bildrand, die Stadtapotheke, und rechts im Bild, fast völlig von der Kirche verdeckt, das Salzmaieramt besitzen eine solche Vorschussmauer. Diese Mauern wurden in geschweiften Formen errichtet und stellen neben dem Zwiebelturm der Kirche die einzigen Hinweise auf die Barockzeit dar. Die Dächer scheinen mit Tonziegeln gedeckt zu sein. Ob dieses teurere Material tatsächlich für diese Häuser verwendet worden war oder ob der Maler seine Energien nicht für Holzschindeldächer verausgaben wollte, bleibt eine offene Frage. Eine Beschreibung der Stadt aus dem Jahr 1782 aus der im Grunde zuverlässigen Feder Franz von Kohlbrenners spricht genau diesen Punkt an: »Diese Stadt ist mit schönen Häusern versehen, sie sind aber, wie gar viele in Salzburg zu sehen, anstatt der Dachziegel mit hölzernen Schindeln gedeckt«.[16]

Weiterhin zeigt das akribisch genaue Aquarell eines anonymen Künstlers aus dem Jahr 1836 eine Dachlandschaft, die bei den Wohnhäusern mit Steinen beschwerte Holzschindeln aufweist.

Die Traunsteiner begnügten sich damit, ihre Stadt mit einfachen Häusern in der Art der Inn-Salzach-Städte wieder aufzubauen, verzichtet wurde weitgehend auf eine »moderne«, d. h. in diesem Fall spätbarocke Formensprache. Auch wurden aufwendige Brandschutzmaßnahmen, wie Grabendächer und Tonziegel, nicht mehr angebracht. Erklärbar ist dies durch die Armut der Bevölkerung, die unmittelbar nach dem Katastrophenjahr 1704 noch herrschte.

Neugestaltungen der Fassaden

Auf einem Aquarell der Stadtplatz-Südseite, das 1782 entstanden ist, erscheinen fast alle Fassaden hochgezogen, einige der Häuser wurden sogar um ein Geschoss aufgestockt und mit Vorschussmauern versehen. Diese wurden teilweise als schlichte, dreieckige Giebelmauern hochgezogen, teilweise aber äußern sich auch neuer Wohlstand und Zeitgeschmack in spätbarocken Schweifgiebelformen. Das Erscheinungsbild der Häuser ist dadurch in die Höhe gestreckter, städtischer geworden. Doch es mögen nicht nur Geschmacksfragen gewesen sein, die die Bürger zu diesen Umgestaltungsmaßnahmen veranlasst haben. Hauptgrund für die Errichtung der Vorschussmauern war ihr großer Wert im Brandfall.

Ansicht der südlichen Stadtplatzseite von 1782

Das Aquarell vermittelt ein gutes Bild von der Stadtplatz-Südseite mit dem türmchenbekrönten Rasthaus und dem repräsentativen Salzmaieramt. Auffallend ist, dass das Salzmaieramt nicht mehr mit barockem Schweifgiebel wie noch bei dem Votivbild von 1742 bedeckt ist, sondern einen kleinen Frontispiz auf geradem Gebälk bekommen hat. Ein deutliches Indiz dafür, dass dieses Gebäude den zeitgenössischen Stil des Klassizismus schon zur Schau trägt – wohl als erstes in Traunstein.

Die Erker als wichtiges Gliederungselement der Fassade und angenehme Raumerweiterung im Inneren behielt man bei diesen Verschönerungsmaßnahmen noch bei.

Die Erdgeschosszone scheint, soweit dies bei der vereinfachenden Malweise erkennbar ist, ebenfalls verändert worden zu sein. Die Laubenbögen wurden häufig geschlossen und in kleine rechteckige oder rundbogige Fenster umgewandelt, z. B. erkennbar bei der Stadtapotheke und dem rechten Nachbarhaus. Die Überdachungen der Ladeneingänge wurden über die gesamte Breite der Fassade gezogen, etwa bei den beiden Häusern links von der Höllgasse.

Nicht nur die Häuser wurden verändert und neuen Bedürfnissen angepasst. Vor dem Lebzelterhaus, etwa dort, wo früher die St.-Georgs- und Katharinen-Kapelle gestanden hatte, war 1766 ein neuer Brunnen erbaut worden. Er wurde aus Miesenbacher Steinen (Ruhpoldinger Marmor) errichtet und mit einer eichenen Floriansstatue geschmückt.

Ob die Häuserzeile der Nordseite des Platzes den Veränderungen der Südseite angepasst worden war, geht aus dem vorhandenen Bildmaterial nicht hervor; es ist jedoch anzunehmen.

Bereits ein halbes Jahrhundert später wurde erneut das Erscheinungsbild des Platzes grundlegend verändert. Zwei Bilder und eine Lithografie legen davon Zeugnis ab. Es sind zum einen das Aquarell Georg Fellners mit der naiven Darstellung der Stadtplatz-Nordseite aus dem Jahr 1840 und zum anderen »Die Narrenparade der ›Traunsteiner Nationalgarde‹ vor der Sonnenseite des Schrannenplatzes« aus dem Jahr 1832. Die Litho-

Die Narrenparade der »Traunsteiner Nationalgarde« vor der Sonnenseite des Schrannenplatzes, Fasching 1832

grafie stammt von F. Wieninger und zeigt den Stadtplatz etwa um 1847.

Zusätzlich zu diesen bildlichen Darstellungen des Platzes sei hier noch eine Beschreibung von Max Fürst zitiert, der die Baumaßnahmen verdeutlicht:

»Die Stadt hatte seit dem XVII. Jahrhundert, welches die Errichtung der Saline gebracht, eine nennenswerte Entwicklung nicht genommen. Die meisten Wohnhäuser der Bürger trugen den ländlich architektonischen Charakter, welcher zunächst durch weit vorspringende, sanft aufsteigende Giebel und außerdem durch jene lang gestreckten Dachrinnen sich auszeichnet, die bei Regenwetter mittelst ihrer brunnenartig niederplätschernden Wasser nicht nur den untenhin Gehenden, sondern auch dem Straßenpflaster arg zuzusetzen wissen. Erst in den zwanziger Jahren wurden vielfach am Stadtplatze diese bäuerlichen Giebel und Wasserrinnen beseitigt und hoch aufgemauerte Facaden angelegt, welche die Dachung völlig verdeckten und die Gebäude größer und raumhaltiger erscheinen ließen, als dieses in Wirklichkeit der Fall war. Außer dieser, in den benachbarten Inn- und Salzachstädten schon seit langem beliebten Bauform, hatte Traunstein am westlichen Ende des Hauptplatzes noch ein kleines aber charakteristisches Stück jener Lauben- oder Bogengänge aufzuweisen, die ein südländisches Gepräge an sich tragen. Dieser – allerdings nicht mehr in voller Ursprünglichkeit – heute noch vorhandene kurze Gewölbegang wurde, nach damit in Verbindung stehenden Wirtshäusern, vor etwa 40 Jahren noch als Damberger- oder Ziegler-›Gurn‹ bezeichnet. – Der Stadtplatz, dessen Mitte eine Pferdeschwemme, die später zu einem gedeckten Wasserreservoir umgestaltet ward, aufzuweisen hatte, war längs der Häuserzeilen mit hölzernen Fallthüren garniert, welche die außerhalb der Häuser gelegenen Kellereingänge deckten. Einigermaßen monumentales Aussehen boten außer der St.-Oswalds-Kirche nur noch die vier Thore, von denen zwei nach Westen und zwei nach Osten die Haupteingänge zur inneren Stadt bildeten.«[17]

Die Ursache für die erneuten Veränderungen war sicherlich nicht eine zu große Prosperität der Bürgerschaft, eher ist anzunehmen, dass eine so tatkräftige und vorausschauende Persönlichkeit wie der Landrichter Marquart Wintrich einer der Hauptinitiatoren dieser neuerlichen Umbauten war.[18] Ziel aller Maßnahmen war es, einen größtmöglichen Brandschutz zu erlangen; außerdem beabsichtigte man sicherlich auch das Stadtbild dem neuen Zeitgeschmack des Biedermeier entsprechend umzugestalten.

Verschwunden waren fast überall die geschweiften und dreieckigen Giebelformen. Mit den geraden, hochgezogenen Giebelmauern bot der Platz das einheitliche Bild einer typischen Inn-Salzach-Stadt. Ovale oder halbrunde kleine Fenster zierten das Dachgeschoss. Das Regenwasser wurde durch die deutlich erkennbaren Dachrinnen abgeleitet.

Die Häuserzeile ist geprägt vom Kontrast der lebhaften, mit Türen, Schaufenstern und Vordächern untergliederten Erdgeschosszone und der ruhigeren Obergeschosszone. Hier bekommen die Fassaden ihr Gepräge durch die streng eingehaltenen Fensterachsen, die Erker und die meist schlichten Putzrahmungen der Fenster. Die herrlich naiven Aquarelle geben außerdem einen guten Einblick in das städtische Leben.

In der Lithografie kommt deutlich die Weiträumigkeit des Platzes zur Geltung, die Rossschwemme ist verschwunden, die Chorpartie der Kirche schließt den Stadtplatz optisch nach Westen hin ab und die beiden Brunnen beleben ihn.

Wiederaufbau nach dem Brand von 1851

Nicht lange konnten sich die Bürger ihres schönen Platzes erfreuen: In der Nacht vom 25. auf den 26. April 1851 legte ein verheerender Brand, dessen Ursache ungeklärt blieb, fast die ganze Altstadt in Schutt und Asche. Verschont blieben lediglich die Schrödlgasse, die Au mit den Salinengebäuden, der Vorberg bis auf sieben Häuser, der Vorort Hl. Geist über der Traunbrücke und alle Häuser nordwestlich vom oberen Tor.

Schon am 27. April besichtigte König Max II. den furchtbaren Schaden, sprach den Bürgern Mut zu und überreichte 4000 Gulden als seine Spende. Königin Marie gab 1000 Gulden nebst Decken, Betten und anderen Gütern, das Ministerium wies 2400 Gulden an. König Ludwig I. ließ am 28. April aus Rom der Stadt 3000 Gulden zukommen. Eine Welle ungeheurer Spendenbereitschaft wurde durch dieses unverzügliche, tatkräftige Helfen der königlichen Familie ausgelöst. München allein brachte 32 000 Gulden zusammen, außerdem 50 Kisten mit Naturalien. Aus ganz Deutschland, besonders aber aus Salzburg traf Hilfe ein, alle Städte und Märkte Bayerns sammelten für den Wiederaufbau der Stadt. Zum Schluss war eine Bargeldsumme von etwa 150 000 Gulden zusammengekommen, die übrigen Schenkungen hatten einen Wert von rund 50 000 Gulden. Hinzu kam die von der Brandversicherung ausbezahlte Summe von 296 000 Gulden.

Diese großzügigen Spenden halfen die schlimmste Not zunächst zu lindern und gaben den nötigen Mut, sofort mit dem Wiederaufbau zu beginnen.

Dieser Wiederaufbau bedingte zugleich den Abbruch nicht mehr für notwendig erachteter Gebäude: Im Bereich des Stadtplatzes gehörten das äußere obere Tor mit Salzstadel, das innere obere Tor und das innere untere Tor, der Jacklturm, dazu. Wie überall war die mittelalterliche Stadtbefestigung sinnlos geworden. Schon 1825 hatte man Teile der Stadtmauer in der Höllgasse abgebrochen. Zu Beginn des 19. Jahrhunderts hatte es Überlegungen gegeben, die Tordurchfahrten zu erweitern, denn nach der Einführung breiterer Wagenfelgen wurden die Frachtwagen insgesamt breiter und besonders der Jacklturm bildete ein Hindernis.[19] Daher war die Durchfahrt des Jacklturms trotz großer technischer Schwierigkeiten verbreitert worden. Nach dem Brand betrieben u. a. die Anwohner den Abbruch des Turms.

Die königliche Baubehörde legte einen nicht verwirklichten Plan vor, nach dem die Stadt mit drei neuen Toren versehen werden sollte. Dadurch hätte der Ausdehnung der Stadt über die Altstadt hinaus Rechnung getragen werden können. Die Tore sollten ihren Platz in der heutigen Ludwigstraße, kurz vor der Abzweigung des Klosterbergs, in der heutigen Maxstraße und etwa in der Mitte der Scheibenstraße finden.[20]

Wieder aufgebaut wurden neben den Bürgerhäusern das königliche Rentamt, das königliche Hauptsalzamt und die Hauptsalzamtskasse, das königliche Landgericht und das Rathaus.

Man behielt wie schon beim Wiederaufbau nach dem Brand von 1704 die alten Baulinien bei, die Häuser wurden unter Verwendung stehen gebliebener Teile, brauchbarer Keller und wieder einsetzbarer Materialien neu errichtet. Standortveränderungen gab es nur beim Rathaus, das einen Bauplatz weiter westlich, und beim Landgericht, das über der Brandruine des alten Rathauses und des Baron-Kern-Hauses errichtet wurde.

Das königliche Rentamt wurde an dem alten Standort wieder aufgebaut, allerdings wurde das Nachbarhaus nicht mehr wieder errichtet, sodass eine Öffnung der Häuserzeile für die mittlere Hofgasse gewonnen wurde; früher hatte hier nur ein Durchgang bestanden. Ebenso wurde auf der Nordseite des Platzes die Straße zum Taubenmarkt geschaffen.

Der Wiederaufbau der Stadt ging dank der großzügigen Spenden relativ zügig vor sich; nicht nur die »Entfestigung« Traunsteins war ein Tribut an die neue Zeit, auch manche Bürger verkauften ihre Brandruine am Platz und bauten außerhalb der engen Altstadtgrenzen an den Ausfallstraßen in Richtung Rosenheim und Wasserburg neue Häuser auf Gartengrundstücken.

Der neue Stadtplatz präsentierte sich nach dem Wiederaufbau als einmaliges Ensemble im Stil des Historismus. Häufig wird in der Literatur der Stadtplatz als Paradebeispiel des so genannten Maximiliansstils benannt, inwieweit dies zutrifft, wird im Folgenden erläutert werden: Unter der Bezeichnung »Maximiliansstil« ist die Architektur in Bayern zur Zeit König Maximilians II., der von 1848–1864 regierte, zu verstehen. Dieser Herrscher war ähnlich wie sein Vater König Ludwig I. ambitioniert der Architektur seiner Zeit seine ganz persönliche Handschrift aufzudrücken.

Dieser neue Baustil sollte in ganz bewusster Absetzung von dem vom Vater stark favorisierten Klassizismus gotische und bäuerliche Architekturformen, also letztlich »deutsche« und »bayerische« Elemente aufnehmen; er ist als eine Spielart des Historismus zu verstehen.

»Dieses Programm zur Findung eines neuen Baustils beleuchtet aber auch die verschiedenen miteinander verwobenen Intentionen Maximilians: Synthese und Ausgleich von Gegensätzen beherrschten sein Denken; ein neuer Baustil, erfunden in Bayern, hätte seinen zentralen politischen Zielen einer bayerisch-monarchischen Identitätsstiftung und der Vorrangstellung Bayerns unter den deutschen Mittelmächten, also Bayerns angestrebter Rolle als dritter Kraft zwischen Preußen und Österreich genau entsprochen und darüber hinaus hätte Maximilian mit der Erfindung eines neuen Baustils auch seinen Vater, den dominanten ›Kunstkönig‹ Ludwig in dessen eigenstem Gebiet übertroffen.«[21]

Dieser politisch motivierte Baustil fand nicht überall Anerkennung. Das Unterfangen, bewusst einen neuen Stil zu kreieren, bot viel Angriffsfläche; so bezeichnete Leo von Klenze die Maximiliansstraße in München als »architektonisches Ragout«.

Der Traunsteiner Stadtplatz nun war kein Experimentierfeld für ehrgeizige Heißsporne auf den Steckenpferden der Baustile, sondern hier wurde handfeste Gebrauchsarchitektur erstellt.

Um ein geregeltes urbanes Leben zu gewährleisten, war es unabdingbar, rasch die Gebäude der Verwaltung und Rechtsprechung wieder aufzubauen. Als erster Bau dieser Gruppe entstand 1851/52 das königliche Hauptsalzamt auf den Kellern und Gewölben des barocken Vorgängerbaus. Als Zweites wurde das königliche Landgericht nach Plänen des Baumeisters Reuter errichtet. Es entstand eine breit gelagerte Dreiflügelanlage im »florentinischen Stil«. Lisenen und Rundbogenfenster im Erd- und ersten Obergeschoss gliedern die Fas-

Altes Landgericht und Rathaus im Winter 1947

sade. Eine zeitgemäße Beschreibung lautet: »Der characteristische Baustyl ist nach der Form der Fenster und anderer vorkommender Ornamente zu schlißen byzantinisch. Das Gebäude besteht mit dem Erdgeschoss aus drei Etagen und dem Dachboden. Die Grundform ist ein Trapez mit angebauten Flügeln. Der niedrige Sockel ist aus Nagelflue mit Hintermauerung aus Bruchsteinen. Die Umfassungsmauern bestehen aus Bruchsteinen vermischt mit Ziegeln, sind mit glatt geriebenem Verputz versehen und mit leichtem Farbenton überlegt. Die Fensterbekleidungen sind mit Ziegeln gemauert, verputzt und leicht betont, die Sohlbänke mit Eisenblech bedeckt, welches mit Ölfarbe angestrichen ist. Das gemauerte Portal springt vor und trägt im Verein mit 5 Consols aus Sandstein einen Balkon von letzterem Material mit verzirter, gusseiserner, mit grüner Ölfarbe angestrichener Füllung. Die Gurtgesimse sind gemauert und mit Mörtel gezogen«.[22]

In den Jahren 1855–57 entstand nach den Plänen des Reichenhaller Bauingenieurs L. Capeller das neue Rathaus, im »mittelalterlichen«, d. h. neugotischen Stil errichtet, um sich gegen die Nachbarbauten abzuheben. Die Fassade, die im Vergleich zu der des Landgerichts relativ schmal war, wurde durch reichen Dekor herausgehoben. Die jeweils vier Fenster in den beiden oberen Stockwerken zeigten ebenfalls Maßwerkdekor.

Auf diese drei Gebäude wurde wegen der wichtigen öffentlichen Aufgaben, die in ihnen getätigt wurden, besonderes Augenmerk gerichtet, sie tragen am deutlichsten die Merkmale des Maximiliansstils. Die Bürgerhäuser, die Gasthöfe und Geschäftshäuser zeigen ebenfalls deutlich eine vom Historismus geprägte Bauweise. Geradezu typisch für diese Zeit ist es ja, dass je nach Geschmack und Zweck aus dem Fundus der historischen Stile geschöpft wurde. »In welchem Style sollen wir bauen?« – Diese Frage ging der Bautätigkeit voraus.[23] Bei den Häusern am Traunsteiner Stadtplatz wurden bei der Fassadengestaltung Elemente des strengen und des romantischen Klassizismus sowie der Neorenaissance verwendet, neben die die von Maximilian so stark propagierten Zitate der gotischen Bauweise gesetzt wurden. Der Platz war somit ein einmaliges Ensemble in historistisch bürgerlicher Bauweise.

Abgesehen von der Westseite des Platzes, die vom Feuer verschont geblieben war und ihre typischen Merkmale der Innbauweise mit geradem Wandabschluss nach oben, gotischen Erkern und Laubengang im Erdgeschoss und massivem Stützpfeiler bewahrt hatte, prägen jetzt neue Gebäude das Erscheinungsbild des Platzes. Die meisten Häuser stehen mit der Traufe zum Platz, ihre meist flach gedeckten Satteldächer sind an den Enden der Häuserblocks gelegentlich abgewalmt. Eingedeckt wurden die Dächer jetzt mit Tonziegeln.

Die mehrstöckigen Häuser waren bzw. sind noch durch profilierte Gesimse und Traufgesimse als horizontale Elemente gegliedert, Lisenen bilden die Vertikalen. Die Fenster, nach dem Rasterprinzip angeordnet, variieren oft innerhalb eines Gebäudes die Form; Rundbogen, Segmentbogen und Rechteckformen werden verwendet.

Besonderes Augenmerk wurde auf die Sockelzonen gelegt. Mit erhabenem Rieselwurf – im Gegensatz zu Glattputz in den oberen Geschossen – und Rustizierungen wurden den Häusern Festigkeit und Bodenhaftung gegeben. Die Fassaden wirken besonders harmonisch durch die Ausgewogenheit von horizontalen und vertikalen Gliederungselementen, dem Eindruck langweiliger Fensterfronten wurde durch die Verwendung vielfältiger Fensterformen entgegengewirkt, ein Auseinanderfallen großer Fronten wurde durch die Verwendung von Bossenquaderungen an den Kanten vermieden.

Auch bei diesem Wiederaufbau bewahrte Geldknappheit die Bürger vor übertriebenen, unmotivierten Dekorationsauswüchsen. 1894 wurde dann der Luitpoldbrunnen mit der Standfigur der Truna auf dem unteren Stadtplatz errichtet. Als Pendant zum Lindlbrunnen gedacht, war dies die letzte nennenswerte Baumaßnahme des 19. Jahrhunderts.

Der Platz im 20. Jahrhundert

Durch den Anschluss an das Netz der Bahnlinien 1860 und durch die Errichtung der Mineral- und Solebadeanstalt war die Stadt auf dem besten Weg ein Fremdenverkehrs- und Kurort zu werden. Zudem wurde im ganzen damaligen Reichsgebiet für die Stadt als idealen Wohnort für Ruheständler geworben. Die Stadtgrenzen hatten sich ausgedehnt und längst waren die Vororte mit ihren Villen viel attraktivere Wohngegenden als die unmittelbare Wohnlage im Stadtzentrum. Der neue Anspruch einer Kurstadt prägte dem Stadtplatz einen Stempel der besonderen Art auf. Eine Allee wurde auf dem Platz gepflanzt, zwischen Lindl und Truna sollte eine Art beschatteter Flaniermeile entstehen. Eine Postkarte aus dem Jahr 1907 zeigt die eben erst gepflanzten Bäumchen samt abgezirkelter Grünflächen.

In den beiden Weltkriegen blieb der Stadtplatz von nennenswerten Zerstörungen verschont. Einzig 1940 wurden die Bronzefiguren des Trunabrunnen als Materialspende abgebaut. Durch Katastrophen bedingt hatte der Platz seit seiner Gründung jeweils radikale zeitgemäße Umgestaltungen durchlebt, jetzt wurde jedoch der Zeitgeschmack fast zur Katastrophe für den Platz. Der Wunsch nach Modernität und großstädtischem Einkaufserlebnis verlieh dem Stadtplatz den eigenartigen Charme der Wirtschaftswunderzeit.

Der freundliche Begriff »Schaufenster« will für die riesigen Flächen zur Warenpräsentation, die in die Sockelzonen eingebrochen wurden, gar nicht recht passen. »Das Glanzstück des Umbaus war zweifellos die neu gestaltete imposante Schaufensterpassage mit der riesigen Vitrine und 18 neuen

Traunstein als Kurstadt – der Stadtplatz als Promenade auf einer Ansichtskarte aus dem Jahr 1907

Der neu gestaltete Stadtplatz ermöglicht ein buntes städtisches Leben.

Schaufenstern in eloxiertem Leichtmetall, die der historischen Außenfront in den oberen Stockwerken einen repäsentativen modernen Unterbau verliehen und heute noch großstädtischen Anforderungen genügen würden«, heißt es euphorisch in einer Firmenjubiläumsschrift. Auf dem Altar des Fortschrittsglaubens wurde viel geopfert: Lisenen und Zierbänder, nach menschlichem Maß dimensionierte Fenster und schützende Portale. Stattdessen zog Glanz in den urbanen Raum – der Glanz von polierten Marmorplatten und Glasfronten. Gerade die Auflösung der Sockelzonen in große, wenig gegliederte Glasflächen lässt die darüber liegenden Gebäudeteile gleichsam vom Boden abgetrennt erscheinen.

Auch bei diesen Umgestaltungen orientierten sich die Traunsteiner Bürger am herrrschenden Zeitgeschmack – Vergleichsbeispiele in anderen Städten gibt es zuhauf. Dabei ist es durchaus verständlich, dass dem neuen Geschäftsgebahren, dem veränderten Warenangebot auch in der Darbietung der Ware Rechnung getragen werden musste. Nur etwas mehr Sensibilität und Respekt vor den klug durchdachten historischen Bauformen hätte ein Weniger an Dekokunst erfordert.

Der Stadtplatz im ausgehenden 20. Jahrhundert sollte auch weiterhin das Herz der Stadt bleiben; die Neugestaltungsmaßnahmen der jüngsten Vergangenheit geben berechtigte Hoffnung, dass das städtische Leben wieder Einzug auf dem Platz hält. Das Gesicht der Stadt hat sich verändert, den neuen Erfordernissen angepasst, doch das Herz wird am angestammten Ort lebhaft weiter schlagen.

Karin Berg

Rathaus, Landgericht und Salzmaieramt

Bau- und Veränderungsgeschichte bis 1948

Als man 1990 mit baulichen Untersuchungen und vorbereitenden Planungen daranging, das Rathaus und die östlich anschließenden Nachbargebäude zu sanieren, erkannte man schnell deren zentrale Funktion im Stadtplatzensemble und die Verknüpfung mit der älteren Stadtgeschichte.

An dieser prominenten Stelle des mittelalterlichen Straßenmarktes, nahe der beherrschenden Pfarrkirche St. Oswald, verdichtet sich das städtische und staatliche Verwaltungswesen in drei bedeutenden Amtsgebäuden: Salzmaierhaus, Landgericht und Rathaus entstanden nach dem Stadtbrand von 1851 an der Stelle älterer Repräsentationsbauten, die in ihren Fundamenten und Kellern teilweise bis in das 16. und 15. Jahrhundert zurückreichen.[1]

Städtebauliche Entwicklung:

Als erste Siedlung im Chiemgau, die bereits um 1300 mit Stadtrechten ausgestattet wurde,[2] erreichte Traunstein bis zum 15. Jahrhundert die heutige Ausdehnung und Grundrissgestalt der Kernstadt entlang einer großzügigen Straßenplatzanlage. Aufgrund seiner strategisch günstigen Lage auf einem befestigten Höhenrücken im Grenzgebiet zwischen Salzburg und Bayern, von dem aus die Brücke über die Traun sowie der Salztransport von Reichenhall nach München überwacht werden konnten, hatte sich der Ort schon früh zu einem Amtssitz mit Mautstation entwickelt. Ein Rathaus, erstmals 1486 vermerkt,[3] diente der früh einsetzenden Selbstverwaltung der Bürger.

Salz- und Getreidehandel bestimmten in den folgenden Jahrhunderten die wirtschaftliche Blütezeit der Stadt, die 1619 durch den Bau einer Saline in der Au neue Impulse erhielt. Der Salinenbezirk mit den Arbeiterwohnungen wurde einem Salzmaier unterstellt und als Hofmark Au vom Pfleggericht abgetrennt. Die Verbindung mit Traunstein beschrieb Michael Wening 1701 noch vor dem großen Brand: »Es wird aber das Saltzwesen in dieser Churfürstlichen Hofmarch von einem so genannten Salzmayr, unnd dessen undergebnen Beambten verwaltet, hat zwar selbst kein Schloß, jedoch in der Statt Traunstain zwey gefreyte Häuser, als Ambts-Wohnungen für gedachten Salzmayr, unnd andere Bediente; worbey sich auch ein eygener zum Salzwesen gehöriger Traidkasten, sambt einem verschlossnen Gang biss in die Au befindet.«[4]

Zwei Stadtbrände, 1704 und 1851, vernichteten die noch mittelalterlich geprägte Bebauung – giebelständige Häuser mit Erdgeschossarkaden zum Stadtplatz – und dann die im Stil des Barock erneuerten Gebäude in der traditionellen Inn-Salzach-Bauweise mit geschwungenen Vorschussmauern als Feuerschutz für die Schindeldächer.

Der Wiederaufbau des 19. Jahrhunderts übernahm zwar die alten Grundrisse und Fundamente, veränderte aber die Platzfassaden nach den damals bevorzugten historistischen Stilelementen: Das Salzmaierhaus entstand im »florentinischen«, das Landgerichtsgebäude im »byzantinischen« und das Rathaus im »gotischen« Stil.

Trotz späterer Renovierungen, besonders in der Nachkriegszeit um 1948, haben die drei Amtsgebäude ihren alten Kern und ihre platzprägende

Ansicht der Südfassade des hinteren Salzmaierkassierhauses, um 1782

Bedeutung im Altstadtensemble bewahrt. Sie sind deshalb seit 1977 in der Denkmalliste der Stadt Traunstein verzeichnet.

Überlieferungen zum Salzmaierhaus

Als zweithöchster landesherrlicher Beamter in Traunstein, der die Befugnisse eines Hofmarksherrn über den Salinenbezirk besaß, residierte der Salzmaier am Stadtplatz in einem repräsentativen Anwesen. Der 1619 bei der Salinengründung angekaufte Amtssitz hatte zuvor als fürstliches Maut- und Kastenhaus mit rückwärtigem Stadel gedient. Unter dem Kastner Hans Ott Lindl war das teilweise noch hölzerne dreigeschossige Vordergebäude mit massiv ausgemauerten Giebeln, neuem Dachstuhl und neuer Innenausstattung in den Jahren 1590–93 grundlegend renoviert worden.[5] Das eigentliche Baudatum dieses Kastenhauses ist nicht bekannt, doch lässt sich an der Lage der Keller ablesen, dass es über den Parzellen von zwei schmalen mittelalterlichen Vorgängerbauten errichtet worden war.[6]

Offenbar übernahm man sowohl 1619 als auch bei der Instandsetzung nach dem Brandschaden 1704 die noch brauchbaren Keller, die Grundrissstrukturen und die siebenachsige Fassadengliederung, da die aus dem späten 16. und frühen 18. Jahrhundert erhaltenen Pläne einige Übereinstimmungen zeigen. Der damalige Salzmaier, Hofkammerrat Johann Zacharias Mezger, leitete den Wiederaufbau auf der Grundlage erster Entwürfe des kurfürstlichen Hofbaumeisters Antonio Viscardi, die dieser nach einer Besichtigung der Brandruine skizziert hatte. Allerdings verzögerten

Finanzierungsschwierigkeiten die Ausführung bis 1716 und nur das weniger betroffene hintere Salzmaierkassierhaus konnte einige Jahre eher fertig gestellt werden. Dessen reich verzierte Südfront zum tiefer liegenden Salinenbezirk ist durch ein Gemälde von ca. 1782 dokumentiert.[7] Sechs Fensterachsen mit gemalten oder stuckierten Rahmungen und ein zweigeschossiger Erker gliederten die Gartenseite, wobei in der östlichsten Achse der gewölbte Gang zur überdachten Salzmaierstiege integriert war. Ein 1794 für den Umbau des Erdgeschosses entstandener Grundriss belegt die innere Einteilung des Kassierhauses.

Vermutlich für diese Rückansicht, möglicherweise aber auch für die Fassade des vorderen Amtsgebäudes zum Stadtplatz war ein Aufriss Viscardis gedacht, der eine sechsachsige Gliederung mit Kolossalordnung und wechselnden Fensterbekrönungen sowie unterschiedliche Attikaöffnungen vorsah. Der im gleichen Akt erhaltene Erdgeschossgrundriss für das Vordergebäude zeigt – ähnlich dem Plan des »Ersten Gadens« von 1590 – eine dreischiffige und zweizonige Einteilung, wobei 1716 das Treppenhaus seitlich angeordnet und im rückwärtigen Teil Nebenräume sowie Stallungen um einen Innenhof untergebracht wurden.[8] Die überlieferten Ansichten des fertig gestellten barocken Salzmaierhauses und die Kosten der mit 14 000 Gulden sehr teuren Erneuerung lassen in der Tat eine repräsentative und »kosstbahre« Ausführung erkennen. Vor allem durch das Attikageschoss und den hohen Dachaufbau überragte das Gebäude alle Nachbarn auf der südlichen Platzseite. Dem stattlichen Amtssitz angemessen, wurde Johann Zacharias Mezger 1740 in den Adelsstand erhoben. Auch spätere Salzmaier, wie Baron von Pechmann, der bis 1784 das Amt versah, gehörten dem privilegierten Stand an.

Nach einer Reform des Salinenwesens im Jahr 1791 ersetzte die kurfürstliche Hofkammer allerdings den Salzmaier durch einen Oberinspektor und das Gebäude wurde in »Hauptsalzamt« umbenannt. Die gleichzeitige Einschränkung der Befugnisse führte 1808 zum Verlust der niederen Gerichtsbarkeit über den Salinenbezirk, der dem Landgericht Traunstein unterstellt wurde.[9]

Der zweite Stadtbrand, 1851, wirkte sich im Bereich der Amtsgebäude offenbar noch schlimmer aus als der erste. Ein Plan der abgebrannten Häuser, der im Stadtarchiv aufbewahrt wird, verdeutlicht das Ausmaß der Schäden.

Aufgrund zügiger Finanzierung durch das Salinenärar konnten das Salzmaier- und das Kassierhaus unter Beibehaltung des barocken Kerns schon 1852/53 wiederhergestellt werden.

Allerdings mussten die oberen Geschosse mit dem Dachstuhl und die Innenausstattung erneuert werden. Die Hauptfassade zum Stadtplatz erhielt eine Gliederung im »florentinischen Stil« mit Quaderputz im Erdgeschoss, Gurtgesimsen und profilierten Rahmungen um die Fenster. Die Brandmauern zu den Seiten der Nachbarn wurden mit Treppengiebeln über die Dachfläche hochgezogen.

Weitere bauliche Veränderungen ergaben sich noch im 19. Jahrhundert durch den Verkauf des hinteren Kassierhauses an den Forstärar 1885 und durch die Abtretung des Vordergebäudes, 1897 an das Landgericht. Zur Erweiterung der westlich an das Hauptsalzamt anschließenden Gerichtsräume wurden verbindende Öffnungen durchgebrochen und vor allem die zweigeschossigen Flügel um den Innenhof durch Einbauten und Dachterrassen einer neuen Nutzung zugeführt. Die entsprechenden Pläne zeichnete der Traunsteiner Bauamtmann Bernatz vom Landbauamt.

Kleinere Instandsetzungsmaßnahmen erfolgten im ersten Drittel des 20. Jahrhunderts und nach

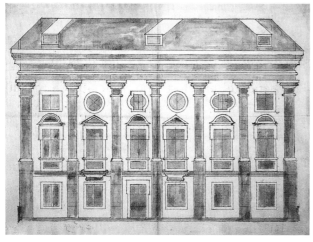

Fassadenaufriss von Viscardi, um 1707

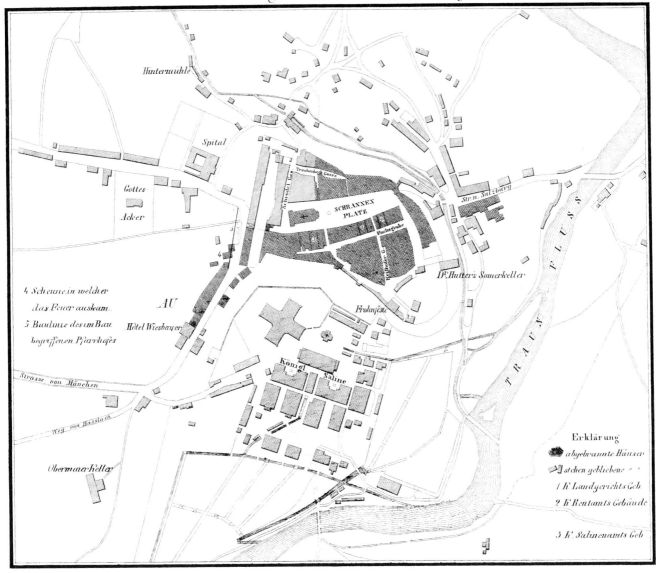

der Verlegung des Landgerichtes in einen Neubau, 1963, gelangte der gesamte Komplex in den Besitz der Stadt Traunstein.

Bei der Bestandsaufnahme 1991 fanden sich außer den alten Gewölben und den barocken Grundrissstrukturen noch beachtliche Reste der Ausstattung aus dem 19. Jahrhundert, nämlich Vertäfelungen, Deckenvouten, Fußbodendielen, das Treppenhaus, Fenster und Türen.

Grabungen im Rahmen einer vertiefenden Bauforschung[10] brachten in jüngster Zeit Gewölbereste eines Vorgängerbaus sowie Funde zum Vorschein, die wohl bis in die früheste Stadtgeschichte zurückreichen.

Geschichte des alten Landgerichtes und seiner Vorgängerbauten

Im Zuge einer Justizreform unter König Maximilian II. wurden die Patrimonialämter zugunsten der Landgerichte aufgelöst und 1856 für die Stadtbezirke Gerichte erster Instanz neu geschaffen.[11] Für diese so genannten Bezirksgerichte mussten Räumlichkeiten gefunden oder eigene Gebäude errichtet werden. In Traunstein hatte der verheerende Stadtbrand von 1851 eine Neuverteilung der Besitzverhältnisse zur Folge und gleichzeitig wurde die Chance für Vergrößerungen durch Parzellenzusammenlegungen eröffnet.

Westlich angrenzend an das Hauptsalzamt standen zwei Brandruinen zum Verkauf, das Anwesen des Stadtschreibers Josef Daxenberger und das alte Rathaus. Beide Grundstücke wurden 1852 vom Staat erworben und innerhalb von zwei Jahren nach Entwürfen des Zivilbauinspektors Reuter mit einer Dreiflügelanlage für das Landgericht im »byzantinischen Stil« neu bebaut. Dabei übernahm man die Keller und die brauchbaren Erdgeschossgewölbe der Vorgängerbauten am Stadtplatz, die Rückgebäude ließ man vollständig abbrechen.

Die Überlieferungen zum so genannten Baron-Kern-Haus des Stadtschreibers, das dieser erst 1851 erworben hatte, sind sehr lückenhaft. Der Hausname bezieht sich auf einen früheren Besitzer, den ehem. kurfürstlichen Kämmerer, Kastner und Mautner Friedrich Freiherr von Kern. In diesem Anwesen wohnten bereits seit dem frühen 17. Jahrhundert hohe Beamte und ihre Familien, wie z. B. um 1601 der Kastner und Zollner Georg Hanold und im frühen 18. Jahrhundert der ehem. Kassier Joseph Friedrich Käser.[12]

Von diesem Vorgängerbau ist bislang nur bekannt, dass er nach dem Stadtbrand von 1704 einsturzgefährdet war – »die Käserische Behausung neben gueten theils dess Rathauß einfahlens halb in augenscheinlich hechster Gefahr« – und erst 1716 zusammen mit dem Salzmaierhaus und mit diesem durch eine Kommunmauer verbunden dreigeschossig weitgehend neu errichtet wurde.[13] Ansichten der südlichen Stadtplatzseite vor 1851 zeigen eine vierachsige Fassade mit zwei rundbogigen Eingangstoren in den äußeren Achsen und einer waagerecht abschließenden Vorschussmauer über der Attikazone. Teile des im Stil des Barock erneuerten Gebäudes sind im heutigen linken Straßenflügel aufgegangen, wobei die erhaltenen Keller- und Erdgeschossgewölbe möglicherweise in die Zeit vor 1704 zurückreichen.

Ähnliches gilt für das ursprünglich an das »Baron-Kern-Anwesen« anschließende alte Rathaus, das mit seinem Rückgebäude ebenfalls im Jahr 1704 renoviert werden musste. Nach der Erneuerung des Dachstuhls setzte man ein barockes Glockentürmchen mit Zwiebelhaube als Dachreiter auf und verzierte die Fassade mit dekorativen Fensterrahmungen sowie einem geschwungenen Blendgiebel, an dem das Stadtwappen angebracht war.[14] Die wohl unbeschädigt gebliebenen Verkaufsgewölbe für Brot und Getreide im Erdgeschoss besaßen jeweils eigene Eingänge. Als Baudatum des alten Rathauses ist das Jahr 1576 überliefert. Damals wurde das zu klein gewordene mittelalterliche Magistratsgebäude mit den nicht mehr benötigten Salzgewölben abgebrochen und durch ein größeres im Renaissancestil durch

Gaststätte »Höllbräu«, Hauptsalzamt, Baron-Kern-Anwesen, Rathaus und Kammerherr-/Stallechnerhaus (v.l.n.r.), um 1782

Baumeister Benedikt von Salzburg ersetzt. Der Münchner Maler Sigmund Hebenstreit bemalte die Fassade.[15]

Nach dem verheerenden Stadtbrand von 1851 übernahm man die noch brauchbaren Reste und integrierte sie in den rechten Teil des Straßenflügels. Auf diese Weise konnte das neue Landgericht als breit gelagerter Dreiflügelbau über zwei Parzellen mit einer gewölbten Säulenhalle im Erdgeschoss und mit einer repräsentativen achtachsigen Front zum Stadtplatz ausgestattet werden. Als Elemente des »byzantinischen Baustyls« sah der Entwurf des Zivilbauinspektors Reuter Rundbogenfenster im Erd- und im ersten Obergeschoss sowie runde Attikaöffnungen und flache Lisenen zur Flächengliederung vor.[16] Die Sockelzone wurde mit Nagelfluhsteinen verkleidet und zur Akzentuierung des mittigen rundbogigen Eingangsportals ergänzte man einen Balkon aus Teisendorfer Sandstein. Offenbar orientierte sich Reuter bei der Fassadengestaltung an den Bauten Friedrich von Gärtners in der Münchner Ludwigstraße.[17] Außerdem fand Sandstein bei der Innenausstattung für Säulen, Treppenstufen und Türgewände Verwendung.

1854 war der Landgerichtsneubau weitgehend fertig gestellt, 1857 mussten bereits die ersten Umbauten für die Integration des Bezirksgerichtes vorgenommen werden und 1858 ergänzte man – nach der Aufstockung des östlichen Flügels – im Süden den so genannten Saalbau für öffentliche Sitzungen.[18] Nachdem auch diese Räumlichkeiten nicht mehr ausreichten, wurde 1895 das Hauptsalzamt vom Salinenärar erworben und für die Erweiterung des Landgerichtes adaptiert.

1913 und 1933 erfolgten kleinere Instandsetzungen und Fassadenrenovierungen, bis schließlich 1963 das Gericht in einen Neubau umzog. 1964 erwarb die Stadt Traunstein den Gebäudekomplex und nutzte ihn zeitweise als Ausweichquartier für Arbeitsamt, Schulen, Bücherei und Geschäfte.

Altes Landgericht und Rathaus um 1900

Bei der Bestandsaufnahme 1991 fanden sich noch zahlreiche Ausstattungsdetails aus der Mitte des 19. Jahrhunderts.

Rathaus und »Stallechnersche Brandruine«

Durch den großen Stadtbrand von 1851 verlor die bürgerliche Selbstverwaltung nicht nur ihr prächtiges altes Rathaus aus dem 16. Jahrhundert, sondern auch ihre Finanzkraft. Erst nach vier Jahren ermöglichten Spenden aus dem In- und Ausland sowie Mittel aus der Feuerversicherung und der Verkauf des bisherigen Grundstückes an das Justizärar die Errichtung eines neuen Rathauses.[19] Als Baugrund erwarb man die westlich anschließende Parzelle des Bortenwirkers Karl Stallechner mit einer Brandruine am Stadtplatz und einem weniger beschädigten Rückgebäude samt Garten.[20]

Gleichzeitig konnten vom Staat ein schmaler, 7 Schuh breiter Streifen, der nicht für das Landgericht benötigt wurde, ergänzt und das noch brauchbare Baumaterial des abgebrochenen alten Rathauses sowie der abgebrochenen Stallechnerschen Brandruine übernommen werden. Erste Entwürfe und Kostenvoranschläge entstanden ab 1852 unter Federführung des Reichenhaller Bauingenieurs Capeller, der auch die Pläne und Überarbeitungen bis zur Fertigstellung 1857 lieferte.[21]

Das Rückgebäude wurde dagegen nur instand gesetzt und für Arrestzellen in den alten Erdgeschossgewölben und die Wohnung des Stadtschreibers in den oberen Geschossen eingerichtet. Für einige Jahre brachte man hier auch noch die Knabenschule unter, bis dann 1868 durch Entkernung und einen bis zum Südflügel des Landgerichts reichenden Anbau die Räumlichkeiten für das Landwehrbezirks- und Compagniekommando erweitert wurden.[22] Ansichten dieses Rückgebäudes vor den Veränderungen und dem Stadtbrand sind nicht überliefert.

Dagegen dokumentiert ein Prospekt der südlichen Platzseite von 1782 die fünfachsige Barockfassade des Vordergebäudes. Der dreigeschossige Bau mit Attikazone und geschweifter Vorschussmauer, damals als »Kammerherrhaus« bezeichnet, besaß ebenerdig ein mittiges Rundbogentor, flankiert von je einem großen rundbogigen Fenster. Diese Einteilung sowie die beiden Erker im ersten Obergeschoss lassen ein Baudatum vor dem ersten Stadtbrand des Jahres 1704 vermuten – möglicherweise gleichzeitig mit dem alten Rathaus – und eine überformende Renovierung im 18. Jahrhundert.

Während des zweiten Stadtbrandes gehörte das Anwesen dem Bortenwirker Stallechner, der im Vordergebäude eine Gastwirtschaft betrieb.[23]

Offenbar übernahm man 1855 nach dem weitgehenden Abbruch der Brandruine den vorhandenen Keller und die dreischiffige, dreizonig unterteilte Grundrissstruktur für das neue Rathaus: »… zu ebener Erde in der Mitte die Einfahrt, rechts an der Hauptfacade ein heitzbares gewölbtes Zimmer

Rathaussaal, 1923, Aquarell von Friedrich Brunner

für einen Polizeisoldaten resp. Hausmeister, rückwärts desselben Kellereingang und Ofenthüre, hinter dieser Parthie die Registratur, worauf der Hof folgt resp. das Vordergebäude endet. Links an die Hauptfacade soll kommen das öffentliche Brodhaus, hinterhalb desselben zwei Arreste, dann das Stiegenhaus, woran sich, in den Hof hinausgehend, 3 Retirationsabtheilungen anschließen, mit einem Verbindungsgang zum hintern bereits stehenden und als Stadtschreiberwohnung bestimmten Hause, und einer Holzlege ...«[24]

Der entsprechende, 1854 von Capeller überarbeitete Entwurf war im »Styl wie gewünscht mittelalterlich gehalten« und der Bau wurde »in der von Max II. geförderten Florentiner Palazzo-Gotik« ausgeführt.[25] Zur Betonung der Mittelachse ließ man das Gewände des spitzbogigen Eingangsportals, die Pfosten der mehrteiligen Fenster darüber und den Brüstungsdekor aus Sandstein fertigen und die Gesimse sowie Details am Glockentürmchen und das Maßwerk aus Tuff arbeiten. Auch für den großen Rathaussaal entwarf Capeller 1854 die Ausstattung mit einer hölzernen Decke und deren stark farbige Fassung.

Dieser Rathaussaal erfuhr in den darauf folgenden Jahrzehnten eine ähnlich häufige Renovierung und Neugestaltung wie die Fassade. Zuerst diente er sogar als Gerichtssaal – bis zur Fertigstellung des südlichen Landgerichtsflügels – und später für alle öffentlichen Veranstaltungen von Rang.

1890 renovierte der Traunsteiner Maler Johann Anton Leutenegger nach Entwurf des Landbauamtes die Fassade, zehn Jahre später erneuerte man schon wieder den Fassadenanstrich und 1901 wurde der Maler Josef Sutor mit der Ausmalung des Rathaus- und des Sitzungssaales beauftragt. Er fasste die Holzdecke und alle Leisten in verschiedenen Tönen, bemalte die Wände »im gotischen Style« und verzierte die Decke des großen Sitzungssaales mit mehreren Wappen und Inschriften.[26] Nach einem Wasserschaden wurde der Pla-

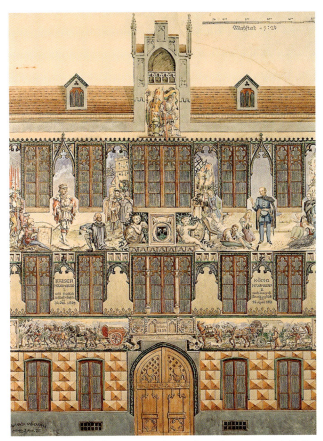

Nicht verwirklichter Fassadenentwurf von Josef Felix Falkenbach aus dem Jahr 1925

fond des großen Rathaussaales ausgebessert und 1923 grundlegend im Renaissancestil renoviert. Im Zuge der Umbau- und Modernisierungsmaßnahmen nach dem Zweiten Weltkrieg wurde die Decke 1948 ausgebaut und anschließend in reduzierter Form wieder angebracht.

Ab 1904 und vor allem in den 30er Jahren wurden einige kleinere Umbaumaßnahmen durchgeführt, da man Büroräume hinzugewinnen wollte. Das erreichte man hauptsächlich durch den Ausbau der Dachgeschosse. Mauerrisse und der Wunsch nach einer Aufstockung des Rathauses führten 1947 zur Ausschreibung eines Ideenwettbewerbes. Nach dem siegreichen Entwurf des Traunsteiner Architekten Grünbeck[27] erfolgte dann bis 1949 die grundlegende Fassadenumgestaltung und die Entfernung aller neugotischen Stilelemente.

Karlheinz Merkel

Ein Rathaus für alle

Zur Wiederbelebung des Ensembles Rathaus, Landgericht und Salzmaieramt

In der Nachkriegszeit – ein knappes Jahrhundert nach seiner Errichtung – zeigt das Rathaus Risse im Turmgiebel und in der Stadtplatzfassade. Daher wird ein Ideenwettbewerb zur Sanierung ausgeschrieben. Zwei Jahre nehmen die Renovierungsarbeiten, bei denen das Erscheinungsbild des Rathauses völlig umgestaltet wird, in Anspruch, nämlich von 1947 bis 1949: Der neugotische Uhrengiebel wird entfernt, das Traufgesims durchgezogen und der Ratssaal mit einem Dreieckserker in der zentralen Portalachse hervorgehoben. Gleichzeitig wird das Dachgeschoss für Büronutzungen umgebaut und die Kassettendecke des Ratssaales konstruktiv gesichert. Landgerichtsgebäude und Hauptsalzamt beherbergen weiterhin das im Jahr 1857 geschaffene Bezirksgericht mit den vor der Jahrhundertwende in der Brandwand angelegten Durchbrüchen in den überbreiten, durch Stufenfolgen gegliederten Amtsfluren. Die Rückgebäude von Rathaus und Landgericht an der südlichen Hangkante zur Au dienen der Stadtverwaltung bzw. der Rechtsprechung.

1964 verlässt die Gerichtsbarkeit des Freistaates ihren angestammten Ort und veräußert Hauptsalzamt und Landgericht samt Rückgebäuden an die Stadt Traunstein.

Arbeitsamt, Real- und Fachoberschule finden hier ein Ausweichquartier, was zahlreiche bauliche Veränderungen, Sicherungsmaßnahmen und haustechnische Einbauten zur Folge hat. Im Jahr 1973 wird die Stadtplatzfassade des Landgerichtes stilgerecht restauriert.

Auch das Rathaus erfährt einige Umbaumaßnahmen: Eine Ofenheizung mit zentralem Tank für Vorder- und Rückgebäude wird installiert, Türöffnungen werden gebrochen, eine Pförtnerloge im Erdgeschoss und ein Fraktionszimmer im 1. Obergeschoss eingerichtet und die sanitären Anlagen werden erneuert.

In den 80er Jahren haben die Schulen eigene Gebäude bezogen, 1986 zieht die Stadtverwaltung aus – lediglich das Büro des Oberbürgermeisters mit dem Hauptamt, Ratssaal und Besprechungszimmer sowie das Stadtarchiv verbleiben in den alten Mauern.

Eine Gebäudegruppe von hohem städtebaulichen Rang und Denkmalwert – das Salzmaieramt nach Plänen von Viscardi um 1704 nach dem ersten Stadtbrand, das Landgericht im florentinischen Stil sowie das Rathaus im neugotischen Maximiliansstil nach dem zweiten Stadtbrand im Jahr 1851 errichtet – steht nahezu leer; ein toter Winkel im Schatten der Pfarrkirche St. Oswald am mittelalterlichen Stadtplatz, der im Übrigen voll geschäftigen Lebens steht mit seinen Wirtshäusern und Geschäften und seinem »Kurgarten« um den Lindlbrunnen.

Bald zeigt sich, dass Leerstand trotz aller Reparaturbemühungen schleichendem Verfall Vorschub leistet: Die Sockel der Gebäude ziehen Feuchtigkeit, die Dachstühle modern an den Traufen, Gesimse zerfallen – ein Paradies für Tauben und anderes Getier.

Im Jahr 1988 setzt die Stadt Traunstein auf die Wiederbelebung des Ensembles mit den drei Vordergebäuden als schützenswerten Einzeldenkmälern und denkt dabei an eine Erneuerung des gesamten südlichen Altstadtbereichs längs der ehemals durchgängig begrünten Hanglage zum ehemaligen Salinenbezirk in der Au.

Nach Studien zu einem Rathausneubau über den Hangterrassen und einer Tiefgarage unter dem Stadtplatz mit Zufahrt vom Karl-Theodor-Platz samt einschlägigen Bodengutachten führten vorbereitende städtebauliche Untersuchungen des Büros Plankreis München im Zusammenwirken mit der Stadt Traunstein, der Regierung von Oberbayern und dem Bayerischen Landesamt für Denkmalpflege zu den Entwicklungszielen, wie sie im Programm für den Architektenwettbewerb »Südlicher Altstadtkern Traunstein/Neubau Rathaus Traunstein« ihren Niederschlag fanden:

- Die Vordergebäude von Rathaus, Landgericht und Hauptsalzamt sind in ihrem äußeren Erscheinungsbild und ausgewählten Innenbereichen (Treppenanlagen, Ratssaal) weitest möglich zu erhalten bzw. wiederherzustellen;
- rückwärtige Gebäudeteile sind durch eine Neubebauung zu ersetzen, die die Hangkante in traditioneller Höhenentwicklung und Parzellengliederung schließt;
- der Hang ist nach Art der Forstamtsterrassen als gegliederte, intensiv bepflanzte Grünkante auszubilden;
- das traditionelle Wegenetz zwischen Au und Stadtkrone mit gedeckten Stiegenverbindungen ist zu stärken und auszubauen.

Dem Wettbewerbsentscheid folgt im Jahr 1993 der Planungsauftrag an die »Architektengemeinschaft Rathaus Traunstein«, gebildet aus dem Regierungsbaumeister Alfred Maier aus Traunstein und dem Verfasser, zunächst für die Sanierung und den Neubau des Rathauses, dann auch für Sanierung und Umbau von Landgericht und Salzmaieramt.

Im Mai 1995 beginnen die Baumaßnahmen mit Bestandssicherung und schwierigen Abbruchmaßnahmen, dennoch kann bereits 1997 planmäßig Richtfest gefeiert werden und im Juli 1998 zieht die gesamte Stadtverwaltung wieder unter ein gemeinsames Dach am angestammten Ort. Sie ist nun wahrhaft öffentlich, erschlossen über die Verteilerhalle zwischen Alt- und Neubau, räumlich verknüpft mit Ausstellungs- und Veranstaltungsräumen, mit Läden, Gastronomie und Büroflächen. Bürgernähe hat am historischen Ort baulichen Ausdruck gefunden und ein Stück Identität ist für die Zukunft der aufstrebenden Bürgerstadt gestiftet.

Das Rathaus als Ort der demokratisch verfassten Bürgerschaft

Zu den Grundprinzipien unseres Staatswesens und seiner Gliederungen zählen Föderalismus, Selbstbestimmung und Selbstverwaltung. In der Demokratie müssen Entscheidungsprozesse immer transparent sein und die Entscheidungsträger sollen das Gemeinwohl im Auge haben. In diesem Sinn verstehen sich die föderale Länderstruktur und die hohe Eigenständigkeit der Kommunen als ein lebendiges und sich stets selbst erneuerndes System im Ausgleich konkurrierender Bürgerinteressen.

Stadtrat, Bürgermeister und Verwaltung repräsentieren die Bürgerschaft und organisieren die kommunalen Aufgaben und Pflichten nach innen wie nach außen. Rat und Bürgermeister im stattlichen Rathausneubau in der Mitte der Stadt war schon im Mittelalter ein Zeichen für ein bürgerlich verfasstes Gemeinwesen, das Selbstbewusstsein und stolze Unabhängigkeit gegenüber fürstlicher Obrigkeit zeigte. Die Leistungskraft der kommunalen Selbstverwaltung war schon damals beachtlich, gestützt auf die Mitwirkung der Stände im vergleichsweise überschaubaren Netz wirtschaftlicher Beziehungen.

Da haben sich die Zeiten geändert: Die Verflechtungen zwischen Stadt und Umland sind komplexer geworden, Raumordnung und Umweltschutz bestenfalls auf regionaler Ebene beherrschbar. Finanz- und sozialpolitisch versucht der Staat sich auf Kosten der Städte und Gemeinden zu entlasten. Die Ansprüche des Bürgers an die Organisation seines Gemeinwesens werden nicht geringer. So geraten die kommunalen Vertreter in Zugzwang. Das Rathaus gerät zur Servicemaschine, die stets zu Diensten steht mit perfekt organisierten Wohltaten.

Diese Entwicklung musste Auswirkungen auf die Gebäudeorganisation und Standortwahl von Rathausbauten haben. Der Flächenanteil für die reinen Verwaltungstätigkeiten wächst rapide, die repräsentativen Bereiche für Rat, Fraktionen und Oberbürgermeister treten im Erscheinungsbild zurück. Oft kommt es zu einer unseligen räumlichen Teilung: das alte Rathaus bleibt Ort der Repräsentation, wogegen nichts einzuwenden wäre, würde die Verwaltung nicht vor die Tore der Stadt wandern und sich dadurch leider auch vom Bürger entfernen.

Städte, die den Weg einer bedingungslosen, engherzigen Optimierung der Verwaltungsabläufe gegangen sind, die ausgezogen sind aus der Kernstadt ins Gewerbequartier, haben dies längst bereut und enttäuscht erkannt, dass technische Perfektion in den Abläufen eine aktive Teilhabe des Bürgers am kommunalen Geschehen nicht ersetzen kann – gefordert ist das Rathaus als öffentlicher Raum in der Mitte der Stadt.

Da hat nun der Eroberungszug der Kommunikationstechnologie auch die öffentliche Verwaltung voll erfasst – zu Beginn der Rathausplanung im Jahr 1972 war dies für Traunstein noch nicht recht absehbar, klärte sich aber alsbald im Laufe des Baufortschritts.

Der automatisierte interne und externe Datenaustausch samt Speicherung und Sicherung über zentrale Rechnersysteme höchster Leistungsfähigkeit führen zu einer überschaubaren Anzahl erforderlicher Personalstellen und damit zu einer deutlichen Begrenzung der Flächenerfordernisse – Verwaltungsbereiche und Räume für bürgeroffene, repräsentative Nutzungen geraten wieder in ein stabiles, auch auf Sicht quantitativ kalkulierbares Verhältnis zueinander. Eine viel versprechende Balance stellt sich ein zwischen internen, halb öffentlichen und öffentlichen Zonen. Der längst überfällige Entschluss zu Sanierung und Neubau des Traunsteiner Rathauses fällt so in eine Zeit urbanen und wirtschaftlichen Umdenkens, geprägt vom Wunsch nach Wiederbelebung der Kernstädte nicht zuletzt auch mit kommunalen Diensten und leitenden Körperschaften an zentralem Ort.

Wesensmerkmale der Traunsteiner Rathausplanung

Bauherr und Planer standen vor der Aufgabe, vielfältige Funktionen wieder an einem Ort zusammenzuführen, der seit dem Mittelalter vielfach überformt wurde und seinen städtebaulichen Maßstab aus der Überbauung des vorigen Jahrhunderts – nach dem zweiten Stadtbrand von 1851 – bezieht.

Die Kernfragen für die Lösung der Wettbewerbsaufgabe aus dem Jahr 1992 waren:

- Wird es gelingen, die Verwaltungsbereiche kompakt und effizient längs der südlichen Hangkante in vertrauter Höhenentwicklung unterzubringen?
- Wie lässt sich das Fußwegenetz zwischen Unter- und Oberstadt stärken und fortentwickeln?
- Wie kann die denkmalgeschützte Bausubstanz zum Stadtplatz mit öffentlichem und kommerziellem Leben gefüllt werden und wie kann man historische Bauteile zu neuer Geltung bringen?
- Kann das drängende Problem des Parkplatzmangels in Zentrumsnähe gelöst werden?

Es zeigte sich schon bei der Erarbeitung des Wettbewerbsentwurfes und spätestens, als Landgericht und Salzmaieramt in die Planung mit aufgenommen wurden, dass das Alte Rathaus, Landgericht und Salzmaieramt samt der Neubaufläche zur Hangkante tragfähige, wenn auch nicht gerade üppige stadträumliche Voraussetzungen für die angestrebte Nutzungsmischung bieten und vor allem beste Chancen bestehen, die gesamte Rathausverwaltung wieder am angestammten Ort zusammenzuführen.

Als Hauptproblem erwies sich, die öffentliche und interne Erschließung übersichtlich den unterschiedlichen Nutzungsflächen zuzuordnen. Es gelang, historische Raumbildungen und Gebäudekonturen zu wahren und eine städtebauliche Dichte zu erreichen, die unter Erhaltung des Baurechts die Vorgängerbauten noch um einiges übertrifft, was vor allem auf die kompakte Anlage des neuen Verwaltungsbereiches zurückzuführen ist.

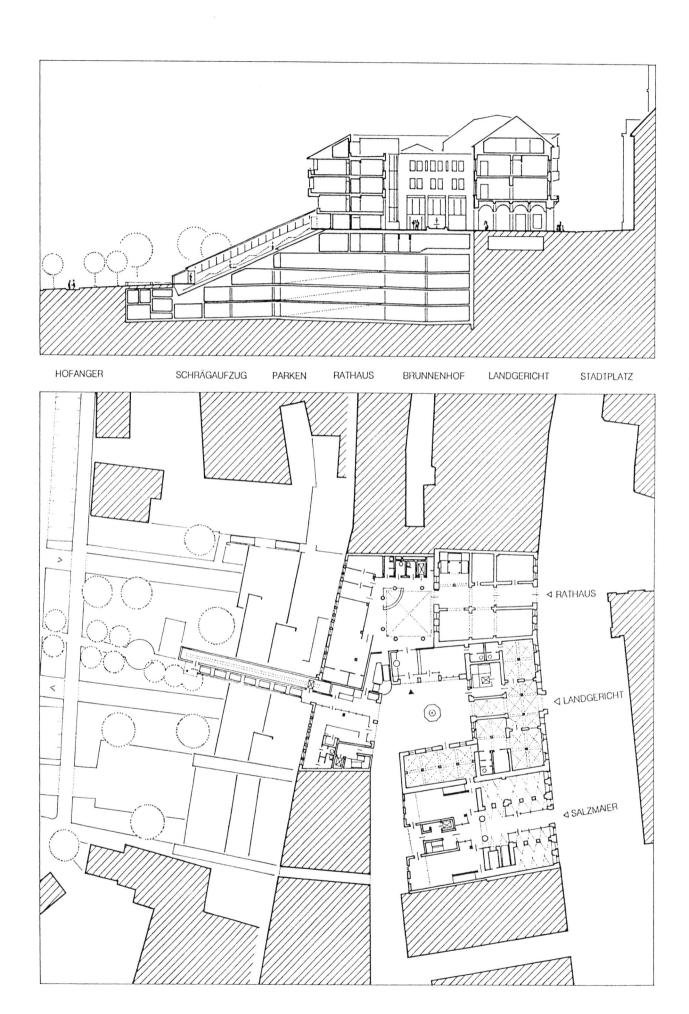

Als Rückgrat einer baulichen Anlage definiert das Erschließungssystem die Beziehung zwischen öffentlichen und internen Zonen und Bereichen und prägt entscheidend den Gebäudetypus. Die äußere stadträumliche Erschließung manifestiert sich in der glasgedeckten Rathausstiege, die mit behindertengerechtem Schrägaufzug die begrünten Hangterrassen nach dem Vorbild der Salzmaierstiege überwindet. Sie bildet eine sichtbare Wegachse vom Hofanger in der Au über den Brunnenhof und die Landgerichtspassage zum Stadtplatz.

Intern erschließt sich das Rathaus über die zentrale, dachverglaste Halle mit Einblick in die Galerien der Verwaltungsbereiche. Sie ist als Durchgangs- und Verteilerraum in der Art eines gedeckten, klimatisierten Hofes angelegt, mit Hauptzugang vom Brunnenhof wie über das alte Rathaustor am Stadtplatz.

Von der Haupttreppe des Rathauses an der Halle fällt der Blick auf den Brunnenhof und die Höllgasse; sie ist die vertikale Bezugsachse zwischen Innen- und Außenraum.

Die Treppe des alten Rathauses und die Landgerichtstreppe – mit Glasaufzug im Treppenauge – sind unter Verwendung von Originalbauteilen in historischem Gewand wieder erstanden, während die vertikale Erschließung des Salzmaieramtes im rückwärtigen Neubauteil zwischen den versetzten Geschossen vermittelt.

Die vier Parkebenen im Hangsockel unter dem neuen Rathaus sind über ein unabhängiges Treppenhaus mit Aufzug zum Brunnenhof erreichbar und sind in ihren Öffnungszeiten unabhängig von denen des Rathauses.

Im Neubau des Rathauses selbst sind zur südlichen Hangkante auf insgesamt fünf Ebenen sämtliche Verwaltungsbereiche angeordnet; im Altbau ist der alte Ratssaal im Originalzustand wieder hergerichtet, im Dach der neue große Festsaal untergebracht und im Erd- und 1. Obergeschoss sind Ausstellungs- und Repräsentationsbereiche mit historischem Dekor gestaltet.

Am Stadtplatz wie um den Brunnenhof des Ensembles ist unter behutsam restaurierten Gewölben ein anspruchsvolles Ladenangebot entstanden; die Obergeschosse von Landgericht und Hauptsalzamt beherbergen Büromietflächen und Wohnungen.

Insgesamt entsteht eine Gebäudegruppe hoher Nutzungsdichte und -mischung, die – am Hauptweg zwischen Ober- und Unterstadt gelegen – ihre Attraktivität kräftig entfaltet und die Verwaltung der Stadt wie selbstverständlich in das öffentliche Leben einbezieht.

Neben dem Bau der Tiefgarage mit ihrem fünf Geschosse tiefen Grubenverbau, der unter Einsatz anspruchsvollster Schlitzwandtechnologie realisiert wurde, war vor allem die werkgerechte Restaurierung der denkmalgeschützten Altbausubstanz eine bautechnisch hervorzuhebende Aufgabe. Die schützenswerte Substanz erwies sich bei näherer Betrachtung zu großen Teilen als baufällig. Sie war gezeichnet von Durchfeuchtungsschäden, außerdem war sie statisch-konstruktiv und brandschutztechnisch bedenklich im

Blick in die zentrale Halle

Das Rathausviertel von oben

Hinblick auf zukünftige Nutzungen und durch unsachgemäße Eingriffe in ihrer Geschichte geschwächt.

Dem bemerkenswerten handwerklichen Geschick der im Rohbau und im Ausbau tätigen Firmen ist es zu verdanken, dass nach der konstruktiven Sicherung und Substanzverbesserung das dekorative Kleid des Maximilianssstils im Inneren des Rathauses zu neuem Glanz gelangte und die Sanierung der erdgeschossigen Gewölbe und historischen Fassaden samt Putz- und Fenstergliederungen einen bildhaften Eindruck des Originalzustandes vermittelt.

Das architektonische Gesamterscheinungsbild ist geprägt von einem Bekenntnis zum so genannten »Neuen Bauen in alter Umgebung«, d. h., werkgerecht wiederhergestellte historische Bauteile stehen zeitgenössischen Elementen in ablesbarem Kontrast gegenüber. Schnittstellen und Zäsuren sind klar zu erkennen.

Denkmalpflege wird hier gesehen als maßvolles Weiterbauen an gewachsener Stadtstruktur, Geschichte wahrend und auf eine lebendige Zukunft ausgerichtet.

Dies geschieht aus der tiefen Überzeugung, dass eine dauerhafte Bewahrung und Pflege überkommener Bausubstanz nur durch erfolgreiche, lebendige Nutzung geschieht – bei allen bautechnischen und bauordnungsrechtlichen Hindernissen, die es dabei zu überwinden gilt. Es ist ein mühsamer Weg zwischen Verzagtheit vor dem musealen Erbe und naiver geschichtsvernichtender Forschheit. Wir dürfen die Erinnerung an die Geschichte unserer Bauten nicht auslöschen, müssen uns aber gleichwohl mutig zu den Aufgaben der Zeit bekennen. Hiervon soll das wieder erstandene Rathausensemble Zeugnis ablegen.

Ausblick

Ein fast vergessenes Viertel im Schatten der Stadtkirche wird zum Zeichen der Zukunft einer traditionsreichen Stadt, dem Mittelpunkt des Chiemgaus. Die städtischen Körperschaften sind wieder in die Mitte des Gemeinwesens gerückt, sie sind zwanglos verflochten mit gemeinschaftlichen und kommerziellen Nutzungen – eine im besten Sinne demokratische Vielfalt im öffentlichen Raum.

Das Rathausviertel am Stadtplatz ist zu neuem Leben erwacht, die zentrumsnahen Parkmöglichkeiten sind entscheidend verbessert und die Wegeverbindungen zwischen Unter- und Oberstadt ausgebaut worden. Neu geordnet und ausgeformt wird der Stadtplatz zum großzügigen Mittelpunkt städtischen Lebens, der Jacklturm wird einen abschließenden städtebaulichen Akzent setzen.

Sanierung und Neubau des Rathauses werden das Stadtzentrum Traunstein nachhaltig stärken und weitere Entwicklungen anregen.

Alfred M. Maier

Erhaltende Stadterneuerung

Die Sanierung und Neubaumaßnahme Rathaus, Landgericht und Salzmaieramt

»Historisches ist nicht, das Alte allein festzuhalten oder zu wiederholen; dadurch würde die Historie zu Grunde gehen; historisch handeln ist das, welches das Neue herbeiführt und wodurch die Geschichte fortgesetzt wird.«

(Karl-Friedrich Schinkel)

Aus dem Bewusstsein heraus, dass es für eine historisch gewachsene Stadt wie Traunstein einerseits ohne Vergangenheit keine Zukunft gibt, dass aber andererseits auch umgekehrt ein Leben, das sich nur an der Vergangenheit orientiert, keine städtebaulichen Zukunftsperspektiven eröffnet, fasste im Jahr 1988 der Traunsteiner Stadtrat einstimmig den Beschluss zur Erneuerung des gesamten südlichen Altstadtbereichs. 1992 wurde ein Ideenwettbewerb wie folgt ausgeschrieben: »Ziel der städtebaulichen Sanierungsaufgabe ist die städtebauliche Aufwertung und Neubelebung des Rathausbereiches mit den Hofbereichen unter Bewahrung der altstadttypischen Identität.«

Zwei grundsätzlich verschiedene Lösungsansätze zur Realisierung der Ideen kamen daher in Betracht. Einerseits wurde die Möglichkeit angedacht, wie die hangseitig nach Süden gelegene Altbausubstanz im Zuge einer Sanierung komplett gewahrt werden könne.

Besonderes Gewicht maß der Auftraggeber von Anfang an der Überlegung bei, wie die denkmalgeschützte Bausubstanz des städtebaulich dominierenden Ensembles Rathaus, Landgericht, Salzmaieramt mit einer angemessenen neuen Architektur (Erweiterungsbau) sinnvoll zu einer Einheit geführt werden könne.

Für die beauftragte, aus einem Wettbewerb hervorgegangene »Architektengemeinschaft Maier & Merkel« stellte diese letztere Aufgabenstellung unter dem Aspekt der erhaltenden Stadterneuerung eine ungemein reizvolle Herausforderung dar. Denn einerseits bedeutete die Sanierungs- und Neubaumaßnahme einen schöpferischen Beitrag zum neuen Bauen in alter Umgebung leisten zu können. Andererseits war hier durch den beabsichtigten behutsamen Umgang mit historischer Bausubstanz vor allem ein Bekenntnis zur Selbstbeschränkung im Sinne der modernen Denkmalpflege gefragt.

Erschwert wurden die Planungen dadurch, dass möglichst viel der aussagekräftigen Altbausubstanz erhalten werden sollte. Dies unter der Vorgabe, ein dem heutigen technischen Standard entsprechendes Neues zu schaffen. Bewusst war man sich in Hinblick auf denkmalpflegerische Überlegungen, dass eine überzeugende Kompromisslösung gefunden werden musste, wollte man die Denkmalqualität des Ensembles nicht empfindlich beeinträchtigen.

Heutige Denkmalpflege definiert das Denkmal als Geschichtserzeugnis. Dies bedeutet, dass die Denkmalbedeutung nicht im Objekt allein liegt, sondern darin, dass es etwas anderes, historisch Vergangenes bezeugt, dem heute Bedeutung beigemessen wird. Das macht zugleich deutlich, dass die Botschaft, die ein Objekt aus der Geschichte in die Gegenwart trägt, an die historische Substanz gebunden ist.

Um dieser Forderung genüge zu tun und eine weitestgehende Sicherung des historischen Bestandes bereits im frühen Planungsstadium zu ge-

Der sorgfältig restaurierte historische Ratssaal mit den Mitgliedern des Stadtrates im Frühjahr 1999, v.l.: H. Köppl, I. Bödecker, D. Reichenau, K. Obermaier, S. Ostermayer, G. Fembacher, H. Schätz, W. Schrag, R. Gastager, M. Burghartswieser, F. Ober, G. Rohleder, S. Namberger, G. Mayer, U. Steinmetz, G. Schneider, C. Fuchs, J. Häusler, S. Ackermann, H. Kaiser, K. Weilharter, W. Arsan, vorne: 2. Bürgermeister H. Zillner, Oberbürgermeister F. Stahl, 3. Bürgermeisterin W. Wiesholer-Niederlöhner

währleisten, wurde in Abstimmung mit dem bayerischen Landesamt für Denkmalpflege die dem Wettbewerb vorgeschaltete Grob- und Feinplanung sowie die Bestandsaufnahme dem Münchener Büro Plankreis überantwortet. Auf der Basis dieser sehr aufwendigen und umfassenden Voruntersuchungen wurde schließlich die Wettbewerbsgrundlage erarbeitet.

Eine grundsätzliche Forderung der Denkmalpflege ist es ja, die Denkmäler möglichst entsprechend ihrer ursprünglichen Zweckbestimmung oder doch in ähnlicher Form zu nutzen. Auch diesem Prinzip sollte man gerecht werden.

In Traunstein war man sich deshalb einig, dass unabhängig von der an eine Funktion gebundenen Frage der Substanzerhaltung die zum Ensemble gehörige Nutzung einen ganz entscheidenden Teil seiner anschaulichen Bedeutung darstellt und ausmacht. Für das Nutzungskonzept, das zu jedem Instandsetzungskonzept gehört, bedeutet dies konkret: Das alte Rathaus sollte weiterhin Sitz der Stadtverwaltung sein, durch den neuen Verwaltungstrakt sollte die Zusammenlegung aller städtischen Verwaltungsdienststellen, die ursprünglich auf die ganze Stadt verteilt waren, ermöglicht werden. Zusätzlich wollte man durch die Ansiedlung gewerblicher Mieter die Revitalisierung des Stadtkerns forcieren.

Die Architektengemeinschaft Maier & Merkel setzt bei der gestalterischen Entwurfskonzeption auf die Herausarbeitung des spannungsgeladenen Gegensatzes von historischer, im Maximiliansstil geschaffener Bausubstanz (Fassaden, Treppenhaus und Ratssaal) zu Neuem Bauen mit einer Schnittstelle im heutigen Lichthof des Rathauses. Die ursprünglich geschlossenen Hinterhöfe öffnete man durch öffentlich zugängliche Passagen und Innenhöfe, die zugleich über die Treppenanlage mit Schräglift die Verbindung zwischen Au und Stadtplatz herstellen.

Bereits heute – nur wenige Wochen nach der Fertigstellung der Neubaumaßnahmen und Sanierungsarbeiten des Rathaus-Komplexes – haben sich die Passagen mit pulsierendem Leben gefüllt und auch das Rathaus ist wieder zum attraktiven Mittelpunkt der Altstadt geworden. Noch erfreulicher erscheint aber aus der Sicht des Architekten die Tatsache, dass der gesamte Komplex Rathaus, Landgericht, Salzmaieramt heute auch wieder als Kunstdenkmal erfahrbar ist. Bleibt zu hoffen, dass die Gesamtlösung »Rathaus Traunstein« so wirksam Vorbildfunktion besitzt, dass hiervon – getreu dem Motto »Nachahmung erwünscht« – Impulse für weitere im Sinne der Denkmalpflege ähnlich geartete Umgestaltungsmaßnahmen am Stadtplatz ausgehen.

Es geschähe dies nicht nur zum Vorteil von Traunsteins Zentrum, sondern auch zur Aufwertung des Images der gesamten Stadt.

Sanierung und Neubau von Rathaus, Landgericht und Salzmaieramt 1995–1998 durch die Architektengemeinschaft Dipl. Ing. Alfred M. Maier & Prof. Dr. Karlheinz Merkel: Blick durch die Landgerichtspassage zum Brunnenhof

Günter Fembacher

Der Stadtplatz – Kern einer menschlichen Stadt

Traunstein hat über Jahrhunderte hinweg eine erstaunliche Lebensfähigkeit bewiesen. Trotz aller schicksalhafter Ereignisse, die über die Stadt und ihre Bewohner hereinbrachen, hat sie ihre zentrale Bedeutung bis in die Gegenwart als »Große Kreisstadt« und als Mittelpunkt eines weiträumigen Einzugsgebietes behauptet. In Zeiten des Umbruchs beeinflussen – wie auch an anderen Orten unserer modernen Welt – Sorgen um die Sicherung der Existenzgrundlage, die fehlende Überschaubarkeit der technischen und wirtschaftlichen Entwicklungen, die hereinbrechende unabsehbare Informationsflut, die Bedrohung der Schöpfung durch den Raubbau der natürlichen Ressourcen, die Krise des Gemeinwesens und die zunehmende Auflösung der persönlichen Bindungen das Leben der Traunsteiner Bürgerinnen und Bürger.

Aufgrund dieser Entwicklungen bedarf es einer Rückbesinnung auf den überschaubaren Raum der Heimat, der für die Menschen das unentbehrliche Gegengewicht bildet, um die weltweiten Veränderungen von einem festen Fundament aus verstehen zu können. Notwendige Veränderungen herbeizuführen verlangt stets den Einsatz des einzelnen Menschen in seinem unmittelbaren Umfeld, das er als Heimat erlebt: dort, wo er als Kind zaghaft die Nachbarschaft erkundet, wo er Wege und Plätze für sich entdeckt, wo er sich mit wachsender Vertrautheit ein umfassendes Bild seiner Stadt geformt hat und wo er sich und andere verständnisvoll aufgenommen fühlt und behandelt weiß.

Die Beschreibung dieser Entdeckungsreise klingt fast so, als wäre jedem Traunstein als seine Heimatstadt von allein zugewachsen und als brauchte er sich um diesen Vorgang nicht weiter zu kümmern. So ist es aber nicht! Die Bürgerinnen und Bürger identifizieren sich nur dann mit ihrer Stadt, wenn sie sich auch am städtischen Geschehen innerlich beteiligt fühlen. Erst dann werden sie im persönlichen und öffentlichen Bereich zusammenwirken und ihre Stadt entwickeln. Um es mit den Worten des Philosophen Nicolaus Cusanus zu sagen: »Was alle angeht, muss von allen getragen werden!«

Dabei darf Heimat als die Gesamtheit aller Bezüge, die Menschen zu einer Gemeinschaft, zu einer Landschaft, zu gelebter Geschichte und zu geliebter Vergangenheit haben, nicht ab- und eingrenzend wirken, sondern muss eine Verbindung darstellen um die gemeinsame Zukunft gestalten zu können. Vaclav Havel hat vor dem Deutschen Bundestag dazu aufgerufen, Heimat noch deutlicher als unseren Teil der Welt im Ganzen zu empfinden, als etwas, das uns einen Platz in der Welt verschafft, anstatt uns von ihr zu trennen. Ein solches Verständnis von Heimat lässt besser verstehen, dass auch weltweite Entwicklungen stets daheim beginnen.

Das Herz der Stadt

Das Zentrum unserer Stadt ist der historische Stadtkern, der Stadtplatz. Dieser typische altbayerische Straßenmarktplatz ist ein unschätzbarer, weil nach seiner Zerstörung niemals wieder reproduzierbarer Speicher von Erfahrungen. Hier hat die jahrhundertelange Stadtentwicklung ihr

»Feilbieten und Kaufen gehören in die Stadt«: Flohmarkt am Blattl-Sonntag

Zentrum, hier haben unzählige Begegnungen von unterschiedlichen Gruppen von Menschen stattgefunden; der Platz war ein Ort der verschiedensten wirtschaftlichen Aktivitäten – und dies alles immer unter den Bedingungen räumlicher Beengtheit.

Die überragende Bedeutung des Stadtplatzes für die Darstellung der gesamten Stadt nach außen und für die Verwurzelung der Bürgerinnen und Bürger in ihrer Stadt ist durch ein einfaches Gedankenspiel zu belegen: Denkt man sich den Stadtplatz als nicht vorhanden und versucht man gleichzeitig sich Traunstein in diesem Zustand noch anschaulich vorzustellen, dann gelingt es nicht. Das Herz der Stadt ist verschwunden; die Stadt kann Fremden nicht mehr charakteristisch beschrieben werden!

Als langlebiger Organismus ist der Stadtplatz mit einem alten Baum vergleichbar. Der Baum atmet durch seine Blätter; der Stadtmittelpunkt lebt durch die Menschen und er lebt in der Art und Weise, in der sie mit ihm umgehen.

Seit den Anfängen Traunsteins war eine rege Handelstätigkeit im Zentrum Garant für die Vitalität der Stadt und den wirtschaftlichen Erfolg der in ihr lebenden Menschen. Dies kam bereits bei der Verleihung der Stadtrechte Traunsteins zum Ausdruck. Artikel 74 des Kanons der auferlegten Pflichten und der gewährten Rechte enthielt folgende Vorgabe: »Es sind alle Marktplätze auf dem Lande verboten, das heißt Feilbieten und Kaufen gehören in die Stadt!«

Ausdehnung am Rand der Stadt auf der einen und Umbrüche in der Stadtmitte durch Eingriffe in die gewachsenen Strukturen auf der anderen Seite veränderten das vielfältige Leben im historischen Kern. Außerdem fiel in den letzten Jahrzehnten manche Hausfassade am Stadtplatz dem architektonischen Zeitgeist zum Opfer; denn die Wertschätzung des städtebaulichen Ganzen fehlte. Natürlich veränderte sich dadurch das historisch gewachsene einmalige Ensemble »Stadtplatz«. Das Zentrum Traunsteins hat an Unverwechselbarkeit eingebüßt.

Stadtkern und Mobilität

Im Jahr 1905 war der erste Personenkraftwagen in Traunstein, der Mercedes-Daimler des damaligen Kernschlossbesitzers, noch ein sensationeller Anblick für die Fußgänger und Fuhrwerker. Zum ersten Mal genoss ein Traunsteiner Bürger individuelle Mobilität, die für uns heute schon lange selbstverständlich ist.

Die größere Mobilität ermöglichte die Entflechtung der Lebens- und Arbeitsbereiche und deren räumliche Trennung. Die gewachsenen Strukturen des städtischen Lebens begannen sich der zunehmenden Mobilität anzupassen, wodurch umgekehrt die Beweglichkeit der Menschen für die Organisation des Alltagslebens immer notwendiger wurde. Was am Stadtrand und auf dem Land funktionierte, wurde im Zentrum zu einer bedrückenden Frage des Raumbedarfs. Konsequenzen daraus zog man erstmals 1938, als die Jahrmärkte wegen des Durchgangsverkehrs auf den Karl-Theodor-Platz verlegt wurden, dann im Jahr 1940, als für den Kniebos die Einbahnstraßenregelung bergabwärts angeordnet wurde, und schließlich ein halbes Jahrhundert später, als die Verkehrsentwicklung dazu zwang, die Einbahnstraßenregelung auf den gesamten Stadtplatz auszudehnen.

Um den Autoverkehr den räumlich begrenzten Möglichkeiten des Stadtplatzes anzupassen bedarf es auch in Zukunft behutsamer Lösungen, die für verschiedene gesellschaftliche Gruppen tragbar sind und die Erschütterungen im wirtschaftlichen Gefüge vermeiden. Dieser Interessenausgleich ist unbedingt notwendig um Traunstein etwa das Schicksal der weniger in der Tradition verwurzelten amerikanischen Städte und der einem enormen Anpassungsdruck unterworfenen Städte der neuen Bundesländer zu ersparen. Dort, wo man diesem Druck nachgegeben hat, führte dies zu einem deutlichen Verlust an Lebensqualität, denn Bewohner und einkaufende Bürger haben sich aus den Zentren zurückgezogen.

Folgende Doppelseite: interessant auch nach Sonnenuntergang – sympathische Atmosphäre durch angenehme Beleuchtung

Nach der Umgestaltung: neues Miteinander von Autos und Fußgängern

Die wiedergewonnene Mitte

Mit der Unterstützung der Bürgerinnen und Bürger haben Politik und Verwaltung die Chance erkannt und schließlich ihre Aufgabe darin gesehen, ihr Stadtzentrum rechtzeitig zur Jahrtausendwende den aktuellen Anforderungen des Strukturwandels anzupassen und durch Interessenausgleich die Kluft zwischen Wünschbarem und Machbarem zu verkleinern.

Stadtplaner erhielten den Auftrag durch geeignete Neugestaltung ein dichtes Nebeneinander von Möglichkeiten zu schaffen, eine Atmosphäre, in der ein intensiver Austausch stattfinden kann, in der es kurze Entfernungen gibt und in der die Privatsphäre sowie kulturelle Unterschiede gewahrt werden.

Da die Stadt ein großes Gebilde aus Einzelteilen ist, die sich ihrerseits ständig wandeln, wäre es nicht richtig gewesen, ein zwar für kurze Zeit vorraussehbares, aber letztlich doch geschlossenes Konzept anzubieten. Das neue Gewand des Platzes ist deshalb der Versuch, Optionen, Spielräume und damit viele Entwicklungsmöglichkeiten offen zu lassen. Die Bedürfnisse der Menschen verändern sich schneller als Gebäude; Gedanken sind leichter zu bewegen als Steine.

Die Planer und Entscheidungsträger waren bei der Gestaltung des Platzes nicht etwa durch Verliebtheit in alles Vergangene eingeschränkt. Vielmehr waren sie von der Überzeugung geleitet, dass die aus der Verbindung von historischen und modernen Elementen entstehende Spannung ein charakteristisches Ganzes schafft, das die Menschen begeistern wird. Insbesondere wird diese Absicht durch die Brunnen auf dem Platz dokumentiert. Alter Lindlbrunnen und neuer Brunnen zeigen – jeder auf seine Art – den Gegensatz von fließendem Wasser und Stein sowie die Zusammenführung beider Elemente, denn dies macht den Reiz der Brunnen aus. Gleichzeitig erinnern sie an die frühere Bedeutung der Brunnen am Stadtplatz, als sie den Bewohnern die Versorgung mit Wasser sicherten.

Der umgestaltete Platz verdient Zeit, damit er seine Wirkung ganz entfalten, seine Lebendigkeit zurückgewinnen und seine eigene Geschichte entwickeln kann. Es wird eine Weile dauern, bis die Menschen den Platz selbstverständlich in ihren Alltag einbeziehen. Der Platz bietet die Chance zur Begegnung, da viele Einrichtungen relativ nahe beieinander liegen und von Flächen umgeben sind, auf denen sich die Besucher ungezwungen und ungefährdet bewegen können.

Der Platz lädt in seiner Offenheit jeden Einzelnen dazu ein, in die Menge der Passanten, Einkäufer und Besucher einzutauchen, den Reiz des Platzes zu genießen und die Mitmenschen wahrzunehmen.

Der neue Stadtplatz ist kein totes Denkmal, sondern Lebensraum für die Bürgerinnen und Bürger Traunsteins. Sein Vorbild ist das antike Ideal des Stadtplatzes, demnach am Platz Hallen für das Gericht, die Läden für die Wechsler und Händler, außerdem das Schatzhaus, das Rathaus sowie ein Tempel stehen. Auf dem Platz sollen Ämter ver-

Neue Aufenthaltsatmosphäre am historischen Brunnen

Den Sommer genießen: Treffpunkt in der Mitte der Stadt

geben, Steuern gezahlt, Reden gehalten, Feste gefeiert, hier sollte gefeilscht, gekauft und Theater gespielt werden.

Einheit von Verwaltung, Wirtschaft und Kultur

Ob die gegenseitig sich befruchtenden gesellschaftlichen Kräfte auf dem Platz die Zukunft der gesamten Stadt ökonomisch, ökologisch und sozial beeinflussen können, ist nicht nur eine Frage der Planung und des politischen Handelns. Es hängt ebenso von der Bereitschaft und der Fähigkeit der Stadtbewohner ab, sich den Problemen zu stellen, die in der Sache begründeten Spannungen auszuhalten und gewohnte Verhaltensweisen zu ändern.

Am Ende des 20. Jahrhunderts ist die Demokratie weit entwickelt und viele Bürgerinnen und Bürger sind bereit mitzubestimmen und mitzugestalten. Die Sanierung des alten Rathauskomplexes an historischer Stelle trägt diesem gestiegenen Bedürfnis der Bevölkerung nach einem lebendigen Dialog mit Politik und Verwaltung Rechnung. Natürlich drückt sich darin auch ein gewachsenes Selbstbewusstsein der Bürgerinnen und Bürger aus.

Die Stadt hat mit der Sanierung des Rathauskomplexes auch eine wichtige Rahmenbedingung für die Wiedergewinnung der örtlichen Mitte und ihre wirtschaftliche Fortentwicklung geschaffen. Dadurch wird das Werben um Konsumenten, die Ansiedlung von Unternehmen und die Durchführung von Veranstaltungen tatkräftig unterstützt.

Um in der Stadt den Nährboden für neue Entwicklungen zu bereiten und die Gegensätze und Verschiedenheiten der Menschen, ohne die es

Folgende Doppelseite: Der täglich stattfindende »Grüne Markt« ist wieder auf den Platz zurückgekehrt.

»Platz im Platz« zwischen Heimathaus und Stadtpfarrkirche

ein buntes Stadtleben nicht geben würde, produktiv auszunutzen, bedarf es neben dem unverzichtbaren Zusammenwirken von Stadt und Wirtschaft unbedingt der geistigen, kulturellen Dimension.

Ein markanter Ausdruck dieser befruchtenden Einheit ist seit 1342 die St.-Oswald-Kirche. Von den Stadtbränden zwar in Mitleidenschaft gezogen bildet sie aber doch von Anfang an den Mittelpunkt des Platzes. Sie bietet den Menschen, ob sie nun gläubig sind oder nicht, einen Ort der Besinnung und Einkehr.

Alle Bürgerinnen und Bürger sind gefragt, gemeinsam für ihre Stadt zu wirken und zu versuchen neben den wirtschaftlichen Aktivitäten sich auch für eine gute Wohnqualität einzusetzen, die Natur zurückzugewinnen, den Kindern einen angemessenen Lebensraum zu geben und die älteren Menschen ins alltägliche Leben zu integrieren.

Die Gestaltung der Zukunft braucht den Traum der Bürgerinnen und Bürger, die das jetzt und morgen Mögliche nur erreichen werden, wenn sie auch noch träumen und mehr wollen als das, was gerade zu verwirklichen ist. Träume können über Grenzen hinweggehen. Der Träumende bedarf dann wieder des nüchternen Blickes auf das praktisch Mögliche. So bleibt das Leben in der Stadt ein lebendiger Prozess, Aufgabe und Herausforderung. Mit langem Atem ist die Idee von Traunstein zu entwickeln. Der neu gestaltete Stadtplatz ist ein gewichtiger Meilenstein auf einem Weg, der beharrlich zu verfolgen ist.

Götz von Dobeneck

Märkte, Schranne und Handwerker

Das wirtschaftliche Leben am Stadtplatz

Über Jahrhunderte wurde am Traunsteiner Rathaus zu Marktzeiten eine Figur angebracht, die »die Freiung« hieß. Ein Bild dieser Figur ist nicht erhalten. Nur ein Rechnungseintrag von 1670 gibt eine vage Vorstellung von ihrem Aussehen.

In diesem Jahr hat der Traunsteiner Bildhauer Johann Miesgang die »Freiung«, die »dem alten Herkommen nach zu den gewöhnlichen Marktzeiten ausgesteckt wird, mit Arm, Schwert, Hand und Fuß neu gemacht«. Der Maler Christoph Schallmayr hat die Figur neu gefasst, und zwar vermutlich in den Reichsfarben schwarz und gelb.[1] Die höchste weltliche Instanz des Heiligen Römischen Reiches, das Königstum, sicherte den »Marktfrieden« und die am Rathaus der Stadt Traunstein ausgesteckte Figur symbolisierte diesen besonderen Rechtsschutz und die Friedensgarantie für ihre Jahrmärkte.

Die Aufgaben der Stadt Traunstein

Traunstein wurde im Zug der Territorialisierungspolitik der Wittelsbacher gegründet, die ihr Land Bayern flächenmäßig mit Gerichtssitzen abdeckten. Gerade in Grenz- und Konkurrenzräumen wie im Gebiet an Traun und Alz gegenüber dem Erzstift Salzburg war die Gründung von Befestigungen ein wichtiges Instrument der landesherrlichen Machtpolitik, aber es setzte sich die Vorstellung durch, dass zu einem vollständigen Territorium eben auch Städte gehörten, nicht nur Burgen und kleine Marktsiedlungen. So war Traunstein wie die etwa zur gleichen Zeit gegründete Nachbarstadt Trostberg natürlich in erster Linie eine Grenzbefestigung, es hatte aber auch administrative und ökonomische Aufgaben zu erfüllen.

Die Stadt war einerseits Verwaltungs- und Handwerkerzentrum des sie umgebenden Gerichtsbezirks, andererseits Marktstadt für diesen Gerichtsbezirk. Das Marktrecht begründete die wirtschaftliche Funktion der Stadt, aber der lokale Markt war in erster Linie nicht als Fernhandelsplatz gedacht, sondern als Austauschplatz für die ländlichen und städtischen Produkte des Gerichts.

Das Marktrecht, im Fall Traunstein identisch mit dem Stadtrecht, schrieb Zeit und Ort des Verkaufs vor (»Marktzwang«) und regelte die Überwachung durch die städtische Polizeibehörde. Daher wurden Aufkauf und Zwischenhandel (»Fürkauf«) von Waren vor den Toren verboten, wurden Preise, Maße und Gewichte vorgeschrieben und kontrolliert.

Den besonderen Rechtsschutz der Jahrmärkte garantierte in Traunstein der Landesherr, der Herzog bzw. spätere Kurfürst von Bayern, als Lehensmann des Königs. Deshalb urteilte während der »gefreiten« Marktzeiten das landesherrliche Pfleggericht alle Straftaten in Stadt und Burgfried ab, auch die der Bürger und ihrer Familien, die sonst dem Gericht der Stadt unterstanden. Die Strafen waren besonders hoch; neben den üblichen Geldstrafen, den »Gerichtswändeln«, waren zusätzliche Freiungsbruchstrafen zu zahlen. Damit aber der Stadt durch das Strafmonopol des Pfleggerichts nichts entging, konnte sie in derlei Fällen eine »Nachstrafe« in gleicher Höhe zum Wohl des Stadtsäckels erheben.

Die Traunsteiner Jahrmärkte

Seit »uralter Zeit« waren der Stadt Traunstein zwei Jahrmärkte »verwilligt« worden, nämlich an Ostern und an Martini (11. November).[2] Das Verleihungsdatum dieser Marktrechtsprivilegien ist unbekannt, aber es ist sicher identisch mit dem Datum der Stadtgründung an sich, die nach heutigen Kenntnissen wohl im letzten Drittel des 13. Jahrhunderts stattfand. Mit einer Verleihungsurkunde vom 28. Januar 1510[3] kamen zwei weitere Jahrmärkte dazu, am Oswaldtag (5. August, später Bartholomei = 24. August) und an Pauli Conversio (25. Januar, später Lichtmess = 2. Februar). Gleichzeitig wurde genehmigt, dass die Stadt auch an den Tagen vor und nach den Heiligentagen die »Marktfreiheit genießt«, dass also die Jahrmärkte drei Tage dauern. Im Jahr 1583 erhielt die Stadt das Recht, ihre Jahrmärkte vom jeweiligen Heiligentag »um besserer Gelegenheit willen« auf den nächstfolgenden Sonntag zu verlegen.[4]

Zum Jahrmarkt zugelassen war jeder in- und ausländische Warenhändler, mit Genehmigung des Bürgermeisters und des Pfleggerichts auch fahrende Spielleute und Gaukler (s. u.). Grundsätzlich war jeder Zwischenhandel untersagt, insbesondere der Weiterverkauf von fremden Produkten. So durften z. B. Bäcker nicht mit Getreide oder Salz handeln und auch keinen Alkohol ausschenken. Auch der Hausierhandel war verboten. Ein besonderes Augenmerk hatte man auf die ortsansässigen Fragner, Kleinhändler mit einem Sortiment nach Art des heutigen Landwarenhändlers. Nach den Stadtrechten von 1375[5] durften sie ihre Waren nicht im Weichbild der Stadt (»zwischen Haslach und Hallabruck«) aufkaufen und selbst auf dem Jahrmarkt durften sie erst ab »Non«[6] einkaufen, wenn die Bürger mit ihren Einkäufen fertig waren. Gemeinsam war es allen Traunsteiner Handwerkern und Händlern untersagt, eigene Marktstände aufzuschlagen. Sie verkauften ihre Waren in den eigenen Häusern und Läden.

Über den tatsächlichen Ablauf der Traunsteiner Jahrmärkte in früherer Zeit ist erstaunlich wenig überliefert. Erst ab dem frühen 19. Jahrhundert sind »Jahrmarktsverzeichnisse« der Stadtkasse erhalten,[7] die die Namen der Fieranten und die erhobenen Standgelder auflisten. Das älteste derartige Verzeichnis[8] weist bei den vier Jahrmärkten von Martini 1818 bis Bartholomei 1819 über 300 auswärtige Händler auf, die meist aus dem südbayerischen und österreichischen Raum, aber auch aus München, Nürnberg, Regensburg, Kröning, ja sogar aus Böhmen und aus Italien nach Traunstein angereist waren. Leider sind die Waren der einzelnen Händler nicht aufgeführt, sodass kein Warenkatalog ersichtlich wird. Es kann jedoch angenommen werden, dass wohl in erster Linie Dinge angeboten wurden, die sonst am Ort nicht erhältlich waren, industrielle Erzeugnisse, Verlagsware wie Stoffe und Geschirr, Südfrüchte und andere bescheidene Luxusartikel.

Der Wochenmarkt

Für die Dinge des täglichen Bedarfs sorgte der von den Bauern der Umgegend beschickte Wochenmarkt.

»Seit unvordenklichen Jahren wird jeden Samstag im Jahr ein Wochenmarkt abgehalten, zu welchem Putter, Air, Schmalz, Zwifln, Prein (= Buchweizen, Hirse), Obst, Gefliglwerk, Leinwand, Kohl, Haar, Garn und dergleichen Viktualien und Pfennwerk (= Handelswaren von Pfennigwert) wie auch Horn- und Kloovieh (= Klauenvieh, Vieh mit gespaltenem Huf),

Ausschnitt aus dem Mandat Kurfürst Maximilians vom 26. April 1623 zur Festsetzung der Preise für Viktualien

iedoch letzteres in ziemlich kleiner Anzahl, anhero zum Kauf gebracht werden.«[9]

Dem Viktualienmarkt war, eine Selbstverständlichkeit in einer Stadt an der Salzstraße, ein Salzmarkt angegliedert, auf dem das Salz in kleinen Mengen an die Landbevölkerung und an Kleinhändler abgegeben wurde. Im Jahr 1510[10] erhielt die Stadt das Recht, in der Fastenzeit zusätzlich zu den hergebrachten samstäglichen Märkten auch donnerstags Wochenmärkte abzuhalten.

Die Schranne

Wirtschaftlich bedeutender als der Viktualien- und Viehmarkt war jedoch der mit dem Wochenmarkt verbundene Getreidemarkt. Der Handel mit dem wichtigsten Grundnahrungsmittel war streng reglementiert und der Traunsteiner Getreidemarkt, die Schranne, erlangte immer mehr Bedeutung. Große Teile des Oberlandes wurden von hier aus versorgt und im 19. Jahrhundert hatte Traunstein nach München und Erding die Schranne mit dem drittgrößten Umsatz in Bayern. Der Stadtplatz, früher nur als »Platz« bezeichnet, wurde zum »Schrannenplatz«.

Charakteristisch für eine Schranne war es, dass das Getreide auf die Getreideschranne angeliefert und direkt verkauft wurde. Die Schrannenobrigkeit sorgte für den geregelten Marktablauf und garantierte durch das Abmessen des Getreides den ehrenhaften Handel. Nicht verkauftes Getreide wurde auf der Schranne belassen und beim nächsten Schrannentermin verkauft. Die Getreideschranne hatte also durch eine Öffentlichkeit des Marktes die Aufgabe der regelmäßigen Getreideversorgung. Mit dem Marktzwang sollte dem wucherischen Aufkauf von Getreide entgegengewirkt werden, so bestimmte die Polizeiordnung von 1616 »dass der Traidtkauff allein an den gewöhnlichen Wochen- und Jahrmärckten gestattet werden soll«.

Der Getreidehandel in Traunstein verlief über Jahrhunderte – schon das Stadtrecht von 1375 legte fest, dass Getreide nur »auf dem rechten Markt« verkauft werden durfte – in gleicher Form. Während der Woche wurde das Getreide angeliefert und in städtischen Räumlichkeiten eingelagert. Die Stadt besaß zu diesem Zweck so genannte Kornhütten auf dem Stadtplatz, später wurden spezielle Getreidegewölbe angekauft. Gegen die Pflicht zur Einlagerung in den städtischen »Lokalitäten« wurde häufig verstoßen. Schon im 16. Jahrhundert wurde deshalb in die »Artikel« über die Regelungen des städtischen Lebens, die jährlich nach der Ratswahl an Georgi verlesen wurden,[11] ein diesbezüglicher Abschnitt aufgenommen. Den Bürgern, vor allem den Fragnern, wurde bei Strafe verboten, das Getreide von Bauern, Samern und anderen Lieferanten in ihre Häuser »einsetzen« zu lassen und dadurch der Stadt ihren »Traidtpfennig« zu entziehen. Auf derlei »Verbrecher« würde man »fleißig Späh und Obacht haben«. Die Lagerung kostete also Gebühren[12] und sie stand wie der samstägliche Verkauf unter der Aufsicht eines vereidigten und von den Schrannengebühren bezahlten »Kornmes-

Das ausklingende Schrannenleben um 1910

sers«, der im 19. Jahrhundert »Schrannenkontrolleur« genannt wurde. Hauptaufgabe des Kornmessers war das Umfüllen des in Wagen angelieferten Getreides in Hohlmaße, zuerst gemäß den Stadtrechten von 1375 nach dem gerüttelten Maß,[13] dann ab 1510[14] nach dem gestrichenen Maß. Dem Kornmesser standen als Hilfspersonal einige zu diesem Amt ebenfalls vereidigte Ladearbeiter zur Seite, die »Schneller« genannt wurden. Weder Getreideverkäufer noch -käufer durften sich beim Be- und Entladen von jemand anderem als von den Schnellern helfen lassen.[15]

Am Samstag begann nun der eigentliche Getreidemarkt, traditionell um 6 Uhr nach der Frühmesse in St. Oswald.[16] Später verlegte man den Schrannenbeginn in den Wintermonaten auf 7 Uhr.[17] Vor Eröffnung der Schranne wurde auf einer Stange ein »Schäb«, ein Bund Stroh, aufgesteckt. Dieser Schäb signalisierte, dass in den ersten zwei Stunden nur die Traunsteiner Bürger Getreide kaufen durften. Allerdings war dieses Vorrecht eingeschränkt. Die Bürger durften nur so viel Getreide kaufen, wie sie selbst verbrauchten. Zwischenhandel war ihnen streng verboten, nur an die von Reichenhall kommenden Holz- und Salzfuhrleute durften sie Getreide abgeben.[18] Nach zwei Stunden wurde der Schäb »abgeworfen« und nun konnte – mit Ausnahme der bereits versorgten städtischen Bürger – jeder In- und Ausländer kaufen.[19] Verhandelt wurde das Getreide in Traunsteiner Metzen,[20] bis 1731 auf das allgemein übliche, etwas kleinere Münchener Maß umgestellt wurde.[21] Für Käufer kleinerer Mengen war der Schranne der »Stümpflmarkt«[22] angeschlossen.

Zu Beginn des 19. Jahrhunderts wurde der Getreidehandel freigegeben, zu Zeiten von Hungersnot aber jeweils wieder eingeschränkt. Die allgemeine Gewerbefreiheit im Jahr 1868 brachte auch die Freiheit des Getreidehandels, aber trotz des Wegfalls von Marktzwängen erlebten die Schrannen im 19. Jahrhundert ihre Blütezeit. Erst um die Wende zum 20. Jahrhundert wurden die Getreideschrannen, durch neue Transportmittel, Import- und Exportmöglichkeiten und geänderte Handelsverfahren überflüssig geworden, von genossenschaftlichen Lagerhäusern, Produktenbörsen u. ä. abgelöst.[23]

Handwerk und Gewerbe

Zweites wirtschaftliches Standbein der Stadt Traunstein neben der Funktion als Marktstadt waren Gewerbe und Handwerk, Letzteres weitgehend organisiert in Zünften. Zünfte, in Bayern meist »Handwerke« genannt, waren genossenschaftliche Zusammenschlüsse von Handwerker- und Händlersparten zur Sicherung der wirtschaftlichen Existenz und zur Pflege eines religiös gefärbten Arbeits- und Feierbrauchtums, das sich um Zunftlade und Zunftaltar abspielte.

In den bayerischen Hauptstädten sind Zünfte ab dem 13. Jahrhundert, in den meisten Landstädten ab dem 15. Jahrhundert und später nachgewiesen. Als erste Zunft in Traunstein wird in einer Urkunde von 1418[24] die Schmiedezeche erwähnt, die eine Zechkerze in St. Oswald unterhielt. Ab 1453[25] wissen wir von einer Schusterzeche. Die Bezeichnung »Zeche« weist auf die ursprünglich rein christlich-soziale Zielsetzung in Form von kirchlichen Bruderschaften hin. Die Mitglieder der Bruderschaften legten zu gemeinsamen, meist kirchlichen Zwecken Geld zusammen und unterstützten sich gegenseitig in Notfällen. Bald jedoch erlangten die Zünfte entscheidende Bedeutung im wirtschaftlichen Leben. In genossenschaftlich festgelegten Zunftstatuten wurden die Ausbildung, der Zugang zum Handwerk, Rechte und Pflichten der Zunftangehörigen geregelt, aber auch die Qualität der Rohstoffe und Produkte, die Preisgestaltung und die Regeln des Wettbewerbs. Die ersten erhaltenen Zunftordnungen im Stadtarchiv Traunstein stammen aus dem frühen 16. Jahrhundert, z. B. die der Bäcker von 1513.[26]

Jede Zunft in Traunstein feierte einen Jahrtag, der mit einem Gottesdienst vor dem Zunftaltar in St. Oswald begann. Dann begab man sich in das Zunftgasthaus, das als offizielle Zunftherberge auch durchreisenden Handwerksgenossen zur Verfügung stand. Mittelpunkt dieser Versammlung war die Zunftlade, ein hölzerner Schrein, in dem die Zunftarchivalien verwahrt wurden, die Zunftordnung, das Verzeichnis der Zunftangehörigen, der Schriftverkehr mit Zunftgenossen in anderen Städten und vieles mehr. Vor »geöffneter Lade« wurden nun die Zunftangelegenheiten abgehandelt, wurden vor allem Lehrlinge eingestellt oder freigesprochen und Meisterstellen besetzt, aber auch die »Zechmeister« der Zunft gewählt und Zunftstrafen ausgesprochen. Anschließend wurde die Lade wieder geschlossen und blieb bis zum nächsten Jahr in der Obhut der Zechmeister und des »Herbergsvaters«, des Wirts der Zunftherberge. Dort symbolisierte die Lade das Handwerk und mit der Zeit wurde das Symbol »Lade« so zentral, dass die Bezeichnung »Lade« für die örtliche Zunftorganisation übernommen wurde. Im Sprachgebrauch war also z. B. das »Handwerk der Bäcker zu Traunstein« gleichbedeutend mit der »Lade der Bäcker zu Traunstein«.

Kleinere Gewerbe mit wenigen Meistern am Ort blieben mit anderen im Zunftverband verbunden, in Traunstein z. B. die Schreiner und Schlosser. Vereinzelt auftretende Berufstreibende waren schon in früher Zeit in den Hauptzünften der zentralen Orte eingeschrieben wie etwa die Gerber von Traunstein, die sich schon 1580 in die Münchener Zunft einkaufen mussten.[27] Mit zunehmender Einengung des wirtschaftlichen Spielraums wurden die Handwerke zu kartellartigen Gebilden: Die Zahl der Meisterstellen wurde begrenzt, nicht der Zunft angehörige Handwerker wurden als »Fretter« und »Stümpler« boykottiert und die Tätigkeitsgebiete der einzelnen Zünfte wurden immer strenger voneinander abgegrenzt.

Direkten Einfluss bei der Leitung bzw. »Regierung« der Stadt erreichten die Zünfte der bayeri-

Zunftlade der Bäcker

schen Landstädte nie. Ab dem 16. Jahrhundert wurden die Zunftordnungen, die die Befugnisse, Ausbildungsordnungen und Produktionsverhältnisse der einzelnen Berufe regelten, schrittweise nach Regierungsbezirken (»Rentämtern«) vereinheitlicht, bis im letzten Drittel des 18. Jahrhunderts landesweit gleich lautende Artikel geschaffen wurden. Zudem standen die Zünfte stets unter strenger obrigkeitlicher Überwachung. Bereits die Polizeiordnung von 1616 bestimmte, dass bei jeder Handwerksversammlung ein Mitglied des Rates anwesend sein musste. So wurden in Traunstein jährlich nach der Ratswahl, als den Stadträten die einzelnen Referate zugewiesen wurden, zwei Räte zu »Handwerkskommissaren« ernannt.

Entwicklung der städtischen Wirtschaft

Nach den idealtypischen Vorstellung der mittelalterlichen Stadtgründung war Traunstein lange Zeit das Zentrum von Handel und Gewerbe des umliegenden Gebiets. Kraft des Marktrechts und eines bereits in den Stadtrechten von 1375 ausgesprochenen Verbots, auf dem »Land« unter Umgehung der städtischen Märkte Handel zu treiben, war die Stadt privilegierter Umschlagplatz des Güterverkehrs. Auch die Ausübung der meisten gewerblichen Tätigkeiten in Handel und Handwerk galt als bürgerliches Metier oder war zumindest durch das regulative Wirken der Zünfte einem städtischen Kontrollanspruch unterworfen.

Doch die Zeit arbeitete gegen die Stadt. Auf dem Land war man wegen des Bevölkerungswachstums kaum mehr imstande, sich allein von der Landwirtschaft zu ernähren. In der Folge begann auch das Land sich immer mehr Anteile an der gewerblichen Produktion zu erobern. Gab es früher auf dem Land nur die zur unmittelbaren Versorgung der Bevölkerung nötigen »Ehaftrechte« Müller, Schmied, Wirt und Bader, so wurden ab dem späten 16. Jahrhundert mit obrigkeitlicher Billigung immer mehr Landhandwerke zugelassen: Weber und Schuster, Maurer, Zimmerer und Bäcker. Die neuen Landmeister waren zwar der städtischen Zunft als »Gäumeister« eingeschrieben, doch die beredten Klagen der Zünfte waren verständlich. Der Absatz auf dem Land verringerte sich oder ging ganz verloren und die Gäumeister konnten ja auch die städtischen Märkte besuchen und damit sogar das innerstädtische Absatzmonopol bedrohen.

Beispielhaft ist die Entwicklung des Nachbargerichts Marquartstein. Dieses Gericht besaß keinen zentralen Ort mit Handwerker- oder Marktrechten und war deshalb ganz auf Traunstein ausgerichtet. Wegen der ungünstigen Versorgungssituation wurden bereits ab der Mitte des 16. Jahrhunderts im Bereich der Burg Marquartstein, in Grassau und in Bergen Handwerker zugelassen. Es gab mehr und mehr Handwerker und schon ab dem späten 17. Jahrhunderts kam es mit obrigkeitlicher Billigung zur Gründung eigener Zünfte. Die älteste nachweisbare »Lade« im Gericht Marquartstein ist die der Zimmerer von 1690, es folgten kurz darauf die Schneider, die Schmiede, die Bäcker und Müller, die Maurer.[28]

Wichtig für die Einschätzung der Bedeutung des städtischen Handwerks für das Umland ist jedoch, dass sich die Stadt zumindest in einigen Gewerben, die auch das Landvolk zum Kunden hatten, eine exklusive Stellung wahren konnte. Es waren dies etwa Gerber und Lederer, Kupfer- und Goldschmiede, Färber, Hutmacher, Glaser und Seifensieder, alles Handwerker, die keinen Massenbedarf befriedigten, aber durch auf wenige Werkstätten konzentrierte Nachfrage ihr Auskommen fanden.

Nachdem mit der Verstaatlichung des freien Salzhandels 1587 der Beruf des freien Salzsenders verschwunden war, blieben der Handel und das Nahrungsmittelgewerbe inklusive der Gastronomie die lukrativsten Gewerbe in Traunstein. Dies zeigt sich vor allem an der Steuerkraft dieser Gewerbetreibenden[29] und an der Zusammensetzung des Rats der Stadt, in dem Handelsleute, Brauer und Wirte stets das Sagen hatten.

Die Gewerbeverhältnisse waren in Traunstein – wie natürlich in ganz Bayern – noch im 18. Jahrhundert weitgehend von den Zünften geprägt. Sie

Rechte Seite: Tischzeichen der Schmiede-, Wagner- und Kupferschmiedezunft

prüften den Nachwuchs, entschieden über Produktionsumfang, schlichteten Konkurrenzstreitigkeiten und sicherten vor allem auch für die Kleinbetriebe den Absatz. Allerdings ließ der mit Härte geübte Zunftzwang freie Gewerbe nicht zu.

Mit der zunehmenden Wirtschaftsverflechtung aber waren die ursprünglichen Schutz- und Selbsthilfeorganisationen zu Zwangseinrichtungen geworden, die eine organische Weiterentwicklung von Handel und Gewerbe hemmten. Besonders die vererbbaren und übertragbaren so genannten realen und radizierten Gewerberechte, die wie z. B. Brauereien an den Besitz bestimmter Grundstücke und Einrichtungen geknüpft waren, sicherten monopolartig ein gutes Einkommen, mussten jedoch der Gewerbefreiheit zwangsläufig im Wege stehen. Schrittweise wurde nun in der ersten Hälfte des 19. Jahrhunderts dieses Zunftsystem abgebaut und durch ein obrigkeitlich gesteuertes Konzessionssystem ersetzt, bis das Gewerbegesetz von 1868 die Gewerbefreiheit brachte.

Märkte und Volksfeste

Volksbelustigungen wurden im Mittelalter und in der frühen Neuzeit nicht gerne gesehen, weil sie in der Obrigkeits- und Mangelgesellschaft dieser Jahrhunderte oft zum Ventil für die Wut über den Druck von oben wurden. Festlichkeiten wie Hochzeits- und Zunfttänze waren stark reglementiert, in Zeiten von Krieg, Not oder Landestrauer wurden sie häufig verboten.

Das weiteste Feld für Spiel- und Schaulust boten kirchliche Feiern wie Prozessionen und Theateraufführungen, die aber stets geistliche und moralische Inhalte hatten. Auch die Jahrmärkte boten Unterhaltung: Jeder In- und Ausländer war zugelassen und es kann mit Sicherheit angenommen werden, dass auch fahrende Schausteller wie Gaukler, Jongleure und Ärzte anreisten. So zeigt eine Liste des Pfleggerichts über »fremde Kramer«, die 1663 auf einem Traunsteiner Jahrmarkt Geschäfte machen durften, unter anderem einen Arzt aus Mittersill im Land Salzburg, einen Zahnbrecher aus Gangkofen in Niederbayern und »Spiller«, wohl Gaukler oder Musikanten, aus Tittmoning, Salz-

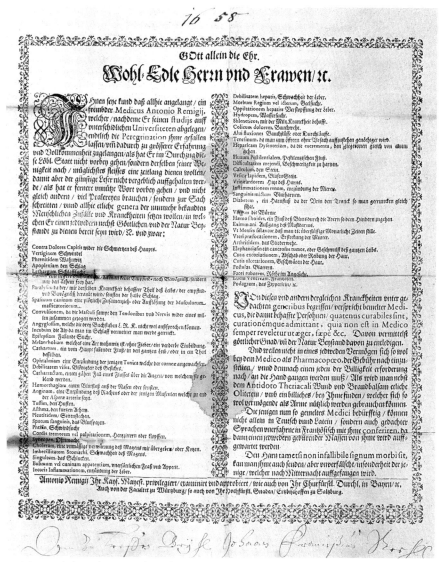

Reklameplakat des wandernden Arztes Anton Remigius aus dem Jahr 1658. Aufgeführt sind alle Krankheiten, die er – angeblich – zu heilen im Stande war, unter anderem den »Wahnwitz«, die »Blödigkeit des Gesichts« und den »unersätlichen Fraß und Appetit«.

Am 14. und 15. November 1937 wurde letztmals ein Jahrmarkt auf dem Stadtplatz abgehalten.

burg, Fridolfing und Teisendorf.³⁰ Weitere Ereignisse mit volksfestähnlichem Beiwerk waren Festschießen, bei denen jedoch die Ertüchtigung zur Landesverteidigung im Vordergrund stand, und patriotische Feiern wie z. B. Besuche des Landesherrn in Traunstein.

Im 19. Jahrhundert begannen sich die patriotischen Feste zu häufen. Gefeiert wurden die Jahrtage der Erhebung Bayerns zum Königreich, der Völkerschlacht bei Leipzig, der Geburtstage des Königs usw. Ab Mitte des Jahrhunderts hielt man in Traunstein nach dem Vorbild des Münchener Oktoberfests in Abständen von etwa 10 Jahren die »Landwirtschaftlichen Bezirksfeste der Distrikte Traunstein und Trostberg« ab. Ganz wie in München standen auch hier landwirtschaftliche und gewerbliche Ausstellungen im Mittelpunkt, aber Volksfeste im heutigen Sinn mit Wirts- und Schaubuden, Rad- und Pferderennen etc. schlossen sich an. Die Entwicklung der Volksfeste beginnt in Traunstein also, wie im übrigen Bayern auch, im 19. Jahrhundert nach dem Muster des Oktoberfests. Jährlich zu bestimmten Zeiten durchgeführte Volksfeste gibt es in Traunstein seit 1933.

Auch auf den Jahrmärkten wurden im vorigen Jahrhundert mehr Belustigungen zugelassen. So durfte ab 1868 das bekannte Ecksteinkarussell während der Märkte auf dem Maxplatz aufgestellt werden. Die Konzessionsgebühren fielen der städtischen Armenkasse zu, ebenfalls die Erträge eines seit den 1860er Jahren auf den Jahrmärkten betriebenen Glückshafens.³¹

Karussell und Glückshafen sind heute verschwunden, doch drei der ehemals vier alten Jahrmärkte haben sich als »Traditionsjahrmärkte« bis auf den heutigen Tag erhalten. Seit 1938 auf den Karl-Theodor-Platz verlegt werden sie am ersten Sonntag nach Ostern, am letzten Sonntag im August und am ersten Sonntag nach Martini abgehalten, gemäß den alten Privilegien von 1510 und 1583. Seit 1975 gibt es auch wieder einen Christkindlmarkt auf dem Stadtplatz.

Folgende Doppelseite: Christkindlmarkt auf dem Stadtplatz

Franz Haselbeck

Daß alhier 6 Preustetten ... verhanden

Brauwesen und Wirtshauskultur

Traunstein und Erding, Vilshofen und Schärding sind in Bayern der Orte vier, wo man braut das beste Bier« – so hieß es früher im Volksmund, und wer dem Gerstensaft ein gewisses (vernünftiges) Maß an Geneigtheit entgegenbringt, kann diese Aussage auch heute noch durchaus bestätigen. Zwischen vier Brauereien kann der Biertrinker in Traunstein wählen (oder wechseln) und er ist ob dieses vielfältigen Angebotes durchaus zu beneiden. In vielen anderen vergleichbaren bayerischen Städten waren traditionsreiche kleine und mittlere Unternehmen der Konkurrenz der Großbrauereien nicht gewachsen und mussten den Betrieb aufgeben oder wurden übernommen.

Dieses Schicksal blieb den Traunsteiner Brauereien bislang erspart, doch unmittelbar auf dem Stadtplatz wird man sie vergebens suchen. Zeitgleich mit dem Entstehen dieses Artikels hat als letzte die Brauerei Schnitzlbaumer Herstellung und Traditionsgaststätte vom Stammhaus »am Platz« in den Taubenmarkt verlegt und ist damit, wie auch das »Hofbräuhaus« in der Hofgasse, zwar in unmittelbarer Nachbarschaft zum, aber eben nicht mehr am Stadtplatz. Wochinger braut schon seit 1901 an der St.-Oswald-Straße und die Brauerei Kiesel war seit jeher außerhalb angesiedelt, zunächst in der Maxstraße, jetzt in der Haslacher Straße. Um Brauereien am Stadtplatz zu finden muss man ein wenig im »Buch der (Stadt-) Geschichte« blättern.

Vom Wein zum Bier

Bayern, das klassische Bierland von alters her! Dieses bewusst vermittelte Klischee trügt. Bis

Dekorative Werbung aus vergangener Zeit: Schilder des »Wochinger Bräu« und der Pirklschen »Maximiliansbrauerei«, heute Brauerei Kiesel, aus Email beziehungsweise Blech

Ein Pferdefuhrwerk mit Bierfässern – trügerisches Symbol für bayerische Lebensart von alters her. Tatsächlich konsumierte man auch in Altbayern bis etwa 1600 vorwiegend Wein.

etwa 1600 dominierte in Altbayern der Wein – importiert vor allem aus dem benachbarten Österreich für die besseren Kreise, selbst angebaut für das einfache Volk. Letzteres ermöglichten ein milderes Klima, aber ebenso deutlich geringere Qualitätsansprüche. Der in unseren Breiten gekelterte Rebensaft war sicher nur verdünnt und unter Zusatz von Honig oder Gewürzen »genießbar«. Dass auch in Traunstein Wein angebaut wurde, darauf weist die noch als Straßenname existente »Weinleite« am rechten Traunufer zwischen der Eisenbahnbrücke und dem Ettendorfer Steg hin.

Gebraut wurde lediglich für den Hausgebrauch. 1375, in der ersten erhaltenen Fassung der Stadtrechte, wird zwar der Ausschank der Wirte und Gastgeben geregelt, Bier aber dabei mit keinem Wort erwähnt. Der Preis und die Qualität des Weines hingegen mussten von vier »Weinbeschauern« überwacht werden. Und von den 24 zwischen 1490 und 1600 amtierenden Bürgermeistern waren allein acht von Beruf Weinwirt, während man einen Brauer unter den Stadtoberhäuptern bis 1639 vergeblich sucht!

1493 legte Herzog Georg für sein niederbayerisches Teilherzogtum fest, wie das »Geschäfft mit dem Pier gehaltn werden sol«. Diese Verordnung, ein Vorläufer des gesamtbayerischen Reinheitsgebotes von 1516, galt auch in Traunstein, das von 1275 bis 1506 zu Niederbayern gehörte. Sie regelte Herstellung, Maße, Preis und Ausschank. 1508 treten die Traunsteiner Brauer, auf die bis zu diesem Zeitpunkt nur vereinzelt der Familienname »Prew, Breu« oder ähnlich vage Hinweise liefert, expressis verbis ans Licht der Öffentlichkeit und 1519 ist mit Jakob Möglinger, »Bürger und Bierbrauer am Vorberg«, ein Vertreter ihres Standes erstmals auch namentlich verbürgt.

Mehr und mehr finden sich von nun an Brauer in den städtischen Archivalien. 1646 schließlich kann die Stadt berichten, »daß alhier 6 Preustetten, warbei man von alteres hero das praun Pier (zu) preuen berechtigt, verhanden«. Im Einzelnen waren dies der Bräu »in der Höll«, der Weißbräu am Vorberg, an der mit »Sohnzeihl« bezeichneten Nordseite des Stadtplatzes der »Obere, Mittlere und Untere Bräu« und an der gegenüberliegenden

»Schadtzeihl« im Eckhaus zur Hofgasse der »Langeckerbräu«. Zu diesen sechs bürgerlichen Brauereien kam als siebte das Hofbräuhaus, das als Staatsbetrieb eine Sonderstellung einnahm.

Brauereien am Stadtplatz

Von den vier Stadtplatzbrauereien kann die Geschichte des »Oberen Bräus« (Schnitzlbaumer) am weitesten, nämlich bis 1575, zurückverfolgt werden. Im genannten Jahr erwarb Peter Schlipfenpacher »ein Haus an der Sonnenzeile, das zwischen den Häusern des Junkers Georg Hannoldt und des Wolfgang Pacher liegt«, und begründete dort eine Brauerei. Unter den nachfolgenden Besitzern ragte im 17. und 18. Jahrhundert die Familie Jähner als eine der bedeutendsten Brauerdynastien der Stadt heraus. Eine vergleichbare Kontinuität fehlte im 19. Jahrhundert; 1883 war der Betrieb schließlich derart abgewirtschaftet, dass er als »Aktienbrauerei Traunstein« Konkurs anmelden musste. Sechs Jahre danach übernahm und sanierte ihn der Braumeister Bernhard Schnitzlbaumer aus Jettenbach, der Ahnherr des heutigen Familienunternehmens.

Nach wie vor fließt im vormaligen »Mittleren Bräu« (Sternbräu) das Bier, allerdings nur in die Kehlen der Durstigen. Gebraut wird es im Hofbräuhaus und der »Sternbräu« existiert nur mehr als Name einer Gaststätte. Schon um 1900, nach dem Erwerb durch den neuen »Hofbräu« Josef Sailer, wurde die Brauerei aufgelassen, als deren

Unaufdringlich und ästhetisch: Reklameschilder des »Hofbrauhauses« und der Brauerei Schnitzlbaumer

erster Besitzer Michael Wöhrer 1598 verbürgt ist. Unklar ist die Herkunft des Namens »Sternbräu«. Im 19. Jahrhundert hieß er »Büchele-Bräu«, benannt nach Jakob Büchele – als letzter Brauer bekleidete er 1795 bis 1797 das Bürgermeisteramt – und dessen Sohn Johann Nepomuk. (Laut Schmellers »Bayerischem Wörterbuch« wurden mit »Sternbreuen« die adeligen Brauereibesitzer Münchens tituliert; ein solcher scheint in der Chronologie des hiesigen »Sternbräus« jedoch nicht auf.)

»Seit 1587« – mit dieser Zahl und dem Lindl im Etikett wirbt die Brauerei Wochinger. Für die Tradition der aus Vilshofen stammenden Brauersfamilie trifft dies zu, für das Alter des »Unteren Bräus« nicht. Der wurde erst nach 1606 von Christoph Jähner im Haus seines Vaters Georg zusätzlich zur dort bereits vorhandenen Wirtschaft eröffnet. Die Chronologie der Eigentümer mündet im 18. Jahrhundert in die Familie Obermayr. An ihr zeigt sich eine generelle Erscheinung der Brauereihistorie: Die Auslagerung der Biervorräte von den Gewölben unter den städtischen

Rechte Seite: Untrennbar mit Bayern verbunden: der Biergarten. Unter Kastanien, wie hier beim Brauhaus Wochinger, verlieren die Probleme des Alltags rasch an Bedeutung.

Brauhäusern in eigens zu diesem Zweck errichtete Keller am Stadtrand. Im Sommer schenkte man dort auch im Freien aus und hob so mehr oder weniger zufällig ein Markenzeichen bayerischer Lebensart aus der Taufe – den Biergarten. Der »Obermayrbräukeller« ist bereits im ältesten bekannten Plan der Stadt eingezeichnet. Die zu ihm führende Straße trug im 19. Jahrhundert stets den Namen des jeweiligen Besitzers, zuletzt »Wochingerkellerstraße« nach Jakob Wochinger, der 1901 sein Einverständnis zur Umbenennung in »St.-Oswald-Straße« gab. Wochinger, der die Brauerei 1892 erworben hatte, war es auch, der die gesamte Produktion in das bei seinem Sommerkeller neu erbaute Sudhaus verlagerte und die alte Braustätte zum »Rokokosaal« umgestaltete.

Weitgehend unbekannt ist die vierte Brauerei. 1633 verkaufte der Brauer Hans Egger das »Eckhaus an der Schattenzeile zwischen dem Haus der Witwe des Salzbereiters … und der Unteren Zwerchzeile« (Hofgasse). Vor Egger besaß es um 1610 schon ein »Prew« namens Melchior (Färber). Die relativ kurze Liste der Besitzer, unter denen die Familien Langecker im 17. und Persch im 18. Jahrhundert der Brauerei ihren Namen verliehen, endet mit dem Weinwirt und Bürgermeister Joseph Wispauer. Er erhielt 1852 die Erlaubnis, das »Bräu und Tafernrecht« zu transferieren. Dazu muss man wissen, dass ursprünglich alle Traunsteiner Braurechte »radiziert«, das heißt, mit der Braustätte unlösbar »verwurzelt«, waren. Erst im 19. Jahrhundert wurde diese Bestimmung gelockert. Man konnte eine Konzession auch unabhängig vom jeweiligen Haus verkaufen oder auf ein anderes umschreiben lassen. Im vorliegenden Fall wechselte sie nach 1852 noch mehrmals den Besitzer. Den »Persch-Bräu« bezog das private Bankhaus Burkhard und Rieder, ab 1919 Filiale der Bayerischen Hypotheken- und Wechselbank.

Gemeinsamkeiten

Alle vier Stadtplatzbrauereien wurden um das Jahr 1600 gegründet und aus bescheidenen Anfängen vergrößert. Am deutlichsten ablesen lässt sich dies an den Dimensionen der drei Brauhäuser an der Nordseite. So war beispielsweise der »Untere Bräu« bei seiner erstmaligen Erwähnung noch ein »einfaches« Haus. (Generell ist davon auszugehen, dass die mittelalterlichen Stadthäuser alle in etwa den gleichen, relativ schmalen Zuschnitt – die Historiker sprechen von »Urgrundstücksgrößen« – aufwiesen.) 1624 erwarb sein Besitzer Peter Mayr zusätzlich das Nachbarhaus in Richtung Kniebos. Bei den Übergaben der folgenden Jahrzehnte wurden beide noch als »Brauhaus und daneben liegendes Haus an der Sonnenzeile« getrennt genannt. 1718 vergrößerte Peter Obermayr die Brauerei ein zweites Mal; fortan bestand sie aus »dem doppelten Brauhaus und dem daran stoßenden Haus«. Zu Beginn des 19. Jahrhunderts wurde der Komplex als »Bräubehausung auf dem Stadtplatz« zumindest gedanklich zusammengefügt, doch von einer baulichen Einheit kann nicht vor dem Wiederaufbau im Anschluss an den

Ölporträt des Brauers Josef Persch (1766). Der Habitus verrät Wohlstand und bürgerliches Selbstbewusstsein.

Stadtbrand von 1851 ausgegangen werden. Nach wie vor lässt die Fassade die ursprüngliche Dreiteilung erahnen.

Auch hatten sämtliche Brauereien zeitweise massive finanzielle Probleme. Erwähnt wurde der Konkurs des »Oberen Bräus« im 19. Jahrhundert. Den »Mittleren Bräu« traf dieses Schicksal schon 1714. Noch früher, 1678 und ein weiteres Mal 1707, kam der »Untere Bräu« auf die Gant – der zeitgenössische Ausdruck für die Zwangsversteigerung. Stets jedoch fanden sich neue, solvente und wirtschaftlich geschickte Eigentümer und unterm Strich zählten die Brauer im 18. und 19. Jahrhundert stets zu den reichsten Bürgern der Stadt.

Die Anfänge des Traunsteiner Brauwesens kann – eine dritte und letzte Gemeinsamkeit – der Stadtplatz allerdings nicht für sich reklamieren. Sie lagen allem Anschein nach am Vorberg. Zwar erstritt der dortige Bräu Hans Weiß erst 1644 sein Recht in einer für die damalige Zeit einmaligen Aktion. Er startete ein »Volksbegehren«, dem sich alle Bewohner außerhalb der Stadtmauer anschlossen, und seine Argumente waren so gut, dass man ihm »das praune Pier in seiner Behausung zu preuen« nicht verweigern konnte. Doch wies er unter anderem mittels einer Urkundenabschrift aus dem Jahr 1569 nach, dass bereits zu früheren Zeiten ein Braurecht auf seinem Haus bestanden hatte. (Wie wir wissen, ist das Recht noch 50 Jahre älter, sein damaliger Nutznießer Jakob Möglinger sogar der erste nachweisbare Brauer der Stadt!) Wenn überhaupt, so müsste man den bis 1854 selbstständigen »Bräu am Vorberg« in der Scheibenstraße 6, dem nachmaligen Katholischen Vereinshaus, als »Wiege der Traunsteiner Braukunst« bezeichnen.

Und auch der Höllbräu war, was das Alter angeht, den Konkurrenten am Platz voraus. 1572 entschloss sich der Brauer Michael Ober zum Kauf

Zu Beginn des 19. Jahrhunderts dominierten die wuchtigen Brauhäuser des Oberen, Mittleren und Unteren Bräus die Sonnenseite des Stadtplatzes. Ihre Bierwägen versorgten die Wirte der Stadt und der Umgebung.

eines Hauses in der Hofgasse »nächst der Stiege« und des daran angrenzenden Gebäudes, »so mann Hell nennt« – die Geburtsstunde der Brauerei mit dem um 1880 größten Bierausstoß in der Stadt. Heute existiert sie nur noch als Dependance der Brauerei Aying.

Weißbier aus dem Hofbräuhaus

»Trinkt Weizenbier! Ärztlich empfohlen!« – so stand es 1925 in einer Anzeigenserie des Traunsteiner Wochenblattes zu lesen. Werbung, die durchaus ihre Berechtigung hatte; obwohl man heute Bayern und Weißbier ohne langes Zögern als Einheit assoziiert, damals wurde fast ausschließlich dunkles Bier getrunken.

Zu Anfang des 17. Jahrhunderts hätte man dieser Aufforderung ohnehin nicht Folge leisten können, denn das Reinheitsgebot hatte 1516 nicht nur festgelegt, dass »allain Gersten, Hopffen und Wasser genomen und gepraucht« werden sollten. Zugleich war darin auch die Herstellung des obergärigen Bieres, wozu Weißbier bekanntlich zählt, verboten worden. Doch es gab Ausnahmen: Die in Niederbayern ansässigen Freiherren von Degenberg brauten ein vorzügliches Weißbier. Als 1602 der letzte Degenberger verstarb, erkannte Herzog Maximilian eine Chance zur Erhöhung der Staatseinnahmen. Er erklärte das Weißbier zum landesherrlichen Monopol, betrieb die Sudstätten in eigener Regie weiter und überzog zusätzlich das ganze Land mit seinen »Hofbräuhäusern«, die ausschließlich das neue Modegetränk produzierten. Es verdrängte nicht nur den Wein endgültig vom Markt, sondern fügte auch dem Absatz des gewöhnlichen Bieres starke Einbußen zu. Am Beispiel des 1611 errichteten Traunsteiner Hofbräuhauses lässt sich diese Entwicklung geradezu exemplarisch nachvollziehen. Schon in einen als »Marktanalyse« durchgeführten Probeausschank hatten sich »die Leuth dermaßen gelegt«, dass die landesherrlichen Verwaltungsbeamten sich sicher waren: Es sollte »diß Preuhaus nit vergebentlich aufgericht werden«. Zudem wäre das Bier der örtlichen Brauer »gar schlecht«, würde oftmals früh zur Neige gehen oder verderben. Um den Durst der Traunsteiner zu stillen, musste des Öfteren sogar Bier aus Braunau, Trostberg und Wasserburg importiert werden.

Und die Rechnung ging auf. Sowohl die Bürger der Stadt wie auch die Bewohner des Umlandes sprachen dem Weißbier kräftig zu. Verständlicherweise tat das Hofbräuhaus alles, um die Nachfrage anzukurbeln, und vergab in den Anfangsjahren wahllos Schanklizenzen an sogenannte »Weißbierzäpfler«. Sie brachten die eingesessenen Wirte und Brauer in derart arge Bedrängnis, dass der Kurfürst 1642 ihre Zahl von dreizehn auf vier beschränkte und statt dessen den Braunbierbrauern das Recht einräumte, ebenfalls Weißbier auszu-

Eine »Bierbeschau« im Jahr 1666 als Verzierung einer »Aufschlagtruhe« zur Verwahrung der städtischen Steuereinnahmen. Die von der Stadt verordneten »Bierbeschauer« überwachten Qualität und Preis des Gerstensaftes.

schenken. Deren qualitative Verbesserung des eigenen Produktes ließ allerdings auf sich warten. Noch in den 30er Jahren des 18. Jahrhunderts wollte man ihnen von Amts wegen vorschreiben besseres Bier zu brauen, nachdem erneut verschiedene Bürger verbotenerweise auf die Erzeugnisse auswärtiger Brauereien zurückgegriffen hatten.

Vom »besten Bier der Städte vier« war man augenscheinlich noch ein ganzes Stück weit entfernt. Letztendlich rechtfertigten erst die brautechnischen Errungenschaften des 19. und frühen 20. Jahrhunderts dieses Attribut. Danach allerdings waren die bürgerlichen Brauer nicht nur in der Lage dem Weißbier Paroli zu bieten, sondern es, wie erwähnt, zeitweise ganz an den Rand zu drängen. Der Staat hatte sich aus dem zunehmend unrentabler werdenden Weißbierwesen zurückgezogen und das Traunsteiner Hofbräuhaus zunächst verpachtet, 1820 dann veräußert. In privater Hand erweiterte es seine Produktpalette, im Gegenzug stellten die anderen Brauer Zug um Zug auch Weißbier her. Inzwischen ist es für jede Brauerei eine Selbstverständlichkeit verschiedenste Biere zu pflegen, teilweise auch alkoholfreie Getränke anzubieten und auf aktuelle Trends wie beispielsweise die derzeit beliebten Leichtbiere entsprechend zu reagieren.

Die Wirte

Bereits um 1600 dürfte ein Großteil der damals über 20 Traunsteiner Wirte am Stadtplatz sein Auskommen gefunden haben. Eine genauere Zuordnung erlauben die historischen Quellen 100 Jahre später. An der Sonnenseite waren fünf, an der Schattenseite zwei »Gastgeben« beheimatet; hinzu kamen die vier Brauereiwirtschaften sowie einige nicht näher bezeichnete kleinere Schenken im Nebenerwerb. 1800 waren es nur noch sieben, um 1900 wieder elf Wirtshäuser: drei Brauereien mit Wirtschaftsbetrieb, sieben Gastwirtschaften und/oder Hotels und eine Schankwirtschaft für Obst- und Beerenwein.

Doch während die Brauer über Jahrhunderte klar strukturiert waren, treffen wir bei den Wirten auf eine grundlegend andere Situation. Ihre Zahl ließ sich nicht eindeutig festlegen und der Gehalt ihrer jeweiligen gewerberechtlichen Erlaubnis differierte erheblich: Vom Zäpfler, der lediglich »vom Zapfen«, das heißt in kleinen Mengen, ausschenken durfte, bis zum Tafernrecht, das die »volle Gastung« – Ausschank sämtlicher Getränke, Verköstigung und Übernachtung für Mensch und Tier, aber auch das Abhalten von Hochzeiten und sonstiger öffentlicher Veranstaltungen – beinhaltete, reichte die Bandbreite. Und es versteht sich von selbst, dass jeder kleine »Pierschenkh« danach trachtete, seine Befugnisse auszuweiten, legal, oder aber »auf in der Verfassung nicht vorgesehenen Wegen«.

Ständig musste sich der Rat daher mit neuen Konzessionsgesuchen, Anträgen auf Konzessionserweiterungen, aber auch mit Beschwerden und Klagen gegen Übertretungen abgeben. Nicht von ungefähr war Wirt ein begehrter Beruf, denn schon immer hielten Essen und Trinken Leib und Seele zusammen oder, etwas deftiger und im urbayerischen Dialekt: s' fressade und 'as saufade Gschäft tragt se oiwei.

Der »Fall Vischinger«

So oder ähnlich dachte 1599 auch Hans Vischinger. Schon seit mehreren Jahren war er hier »Salzschreiber«, ein kleiner Beamter, der die von Reichenhall kommenden Salzfuhrwerke registrierte. 1597 hatte er sich verehelicht und war Bürger der Stadt geworden. Sein eher karges jährliches Salär von 70 Gulden reichte nun nicht mehr aus. Ohnedies war er jeden Herbst für mehrere Wochen »umb Wein (nach) Österreich gefahren«, hatte diesen weiterverkauft und so sein Einkommen aufgebessert. Was also lag näher als ein Gasthaus zu eröffnen, zumal dies bislang noch fast jedem Bürger gestattet worden war?

Dies rief unverzüglich die Traunsteiner Wirte auf den Plan. Sie beschweren sich beim Herzog über den neuen Konkurrenten: Vischinger könnte den Wein günstiger einkaufen und billiger ausschenken, würde sämtliche Salzfuhrleute zur

»Zährung an sich ziehen« und hätte ein gesichertes Einkommen, während sie selbst sich »schlecht und gering … ernören«. Unterstützung erfuhren sie von Bürgermeister und Rat: Der Landesherr sollte doch fortan die Nebengeschäfte seiner Beamten nicht mehr dulden, zumal Traunstein ohnehin nur ein »clainer Orth oder Flecken« wäre und »khaine schifreichen Wasserstrom noch durchgehende Strassen, auch sonsten, seid der Salzhanndl von der Burgerschafft khomen, khain nörlich Gwerb mer hat«.

Zum Teil entbehrten diese Klagen zwar nicht ihrer Grundlage, insgesamt aber waren sie Mittel zum Zweck, oft gebraucht um einer Bittschrift Nachdruck zu verleihen. Tatsächlich war der Salzhandel 1587 verstaatlicht worden und die reichen Salzhändler, Salzsender genannt, hatten die Stadt verlassen. (Ihre Häuser am Stadtplatz wurden nicht selten von Weinwirten oder Brauern aufgekauft.) Doch nach wie vor führte die Handelsstraße von Reichenhall nach Wasserburg und München durch Traunstein. Jedes einzelne Salzfuhrwerk musste die Stadt anfahren, die fälligen Zölle entrichten und das Salz im großen Stadel unmittelbar westlich vor dem »Oberen Tor« zwischenlagern – so war es von alters her vorgeschrieben, so sollte es auch weiterhin gehandhabt werden. Zudem erhielt die Stadt seit 1568 von jeder hier niedergelegten »Scheibe« (eine Maßeinheit von 68 Kilogramm) Salz einen Pfennig aus der Staatskasse, eine Abgabe, die ab 1622 auch für das in der benachbarten Saline Au (1619 bis 1912 in Betrieb) produzierte Salz gewährt wurde. Dieser »Scheibenpfennig« füllte im 17. und 18. Jahrhundert den Stadtsäckel.

Der Salzhandel war also lediglich von der privaten in die öffentliche Hand übergegangen, die städtische Wirtschaft prägte er nach wie vor, ebenso wie der wöchentliche Getreidemarkt, die

Die Schaubrauerei Schnitzlbaumer am Taubenmarkt wurde 1999 unmittelbar hinter ihrem alten Domizil am Stadtplatz neu eröffnet.

Folgende Doppelseite: Honoratioren in bayerischer Tracht beim »Sternbräu«, der letzten Traditionsgaststätte am Stadtplatz

»Schranne«. Keine »durchgehende Strassen« – diese Behauptung ist schlichtweg falsch, genau das Gegenteil traf zu. Traunstein lag an einer der bedeutendsten Handelsrouten Südbayerns, ein Standortfaktor, der schon für die Gründung der Stadt entscheidend war. Und davon profitierten nicht zuletzt die Wirte!

Entscheidend für den »Fall Vischinger« war die Stellungnahme des Pflegers, des höchsten herzoglichen Gerichts- und Verwaltungsbeamten vor Ort. Er ergriff energisch Vischingers Partei, der »das Virtl Wein umb khain Pfennig rechter als die anndern« verkaufen würde. Keinen der Salzfuhrleute könnte er zudem »zwingen oder dingen«, dass er bei ihm »einstellen oder zöhren« soll. An dem misslichen Umstand aber, dass sich nun mehr als 20 Wirte um ihre Gäste balgten, wären die Traunsteiner einzig und allein selbst Schuld. Gegen geltendes Landesrecht hatten sie bislang »ainen yeden Wirdtschafft treiben lassen«, wenn er nur das Bürgerrecht besaß. Diese Argumente verfingen. Hans Vischinger durfte weiterhin Wirt bleiben, das Amt als Salzschreiber hingegen gab er auf.

Zusammenfassung und Ausblick

Das Zeitalter des Absolutismus brachte für das bislang liberal gehandhabte Traunsteiner Wirtsgewerbe strengere Regelungen. Ab 1615 musste für die Einfuhr von Tiroler Wein eine Genehmigung eingeholt werden, 1624 befahl der Kurfürst die Gasthäuser besser zu überwachen, da durchreisende Kaufleute über schlechte Verpflegung geklagt hatten, 1625 wurde eine umfassende Wirtsordnung für ganz Bayern erlassen. Unter anderem war darin festgelegt worden, dass der »gemein Mann« zu seinem »Stuhlfest« (Verlobungsfeier) lediglich 20 und zu seiner Hochzeit nicht mehr als 50 Gäste einladen durfte.

Ebenso war das »unzüchtige, unverschämte und ärgerlich Tanzen« der staatlichen Obrigkeit ein Dorn im Auge; Gleiches galt für das »verbotene Aufspielen«. Daher wurde den Wirten die Abhaltung öffentlicher Tänze untersagt. Sie fanden stattdessen an einem Ort statt, wo man derartige Vergnügungen heute kaum mehr vermuten würde: im Rathaus, bei dessen Neubau man 1576 extra einen »Tanzsaal« vorgesehen hatte.

Gegen den übermäßigen Alkoholkonsum wurde fortan ebenfalls strenger vorgegangen. Wer »wohlbezecht« seinen Heimweg antrat, dabei lauthals randalierte, die Obrigkeit verfluchte und vielleicht noch seinem kaum weniger betrunkenen Begleiter »mit einigen Streich den Kopf blutig schlug«, der musste mit einem scharfen Verweis samt einer saftigen Geldbuße rechnen. Ebenso wenig war es statthaft, einen »angeregten Disput« mangels anderer Argumente mit dem Hinauswurf des Kontrahenten zu beenden, zumal dies, da sich die Wirtsstuben stets im ersten Stock befanden, zumeist einen schmerzhaften Treppensturz nach sich zog.

Den Wirten tat dies alles keinen Abbruch. Erst das 19. Jahrhundert und mit ihm die Gewerbefreiheit brachten nennenswerte Veränderungen. Die aufkommende Reiselust, gefördert durch das moderne Verkehrsmittel Eisenbahn, schuf neue Bedürfnisse. Gasthöfe wandelten sich zu Hotels für die bessere Gesellschaft. Auch neue Getränke, allen voran der Kaffee, gewannen an Beliebtheit und die ersten Cafés am Platz waren vor mehr als 100 Jahren mit Sicherheit Stadtgespräch.

Auch und gerade in unserer Zeit ist die Bedeutung der Gastronomie für den Traunsteiner Stadtplatz nicht hoch genug einzuschätzen. Ob Weißbier oder Prosecco, Schweinsbraten oder Pizza, modernes Stehcafé oder traditionelle Brauereigaststätte: ein breit gefächertes Angebot wird auch in Zukunft eine wesentliche Voraussetzung für die Bewahrung und Steigerung seiner Attraktivität sein, ein Standortfaktor, der mit darüber entscheidet, ob ihn Bürger und Gäste aufsuchen. Denn wie gesagt: Essen und Trinken hält Leib und Seele zusammen!

Fritz Seehuber

Gasthof Höllbräu

Erinnerungen an einen früheren Traditionsgasthof

Montag ist Montag – so heißt seit 30 Jahren unsere Devise und da trifft sich unser Stammtisch wöchentlich im Wienerwald, Stadtplatz 37. Heute bin ich etwas früher dran und noch sitze ich allein am gewohnten Platz. Es ist eine kleine Nische am Ende des Gastraumes, gemütlich und interessant, denn jeder der zur Toilette will, muss an diesem vorgeschobenen Posten der Ausrichterei vorbei. Ob jung oder alt, ob g'schlampert oder knackig, alle werden grinsend und halb leise mit einer süffisanten Bemerkung bedacht. Auch die Garderobe befindet sich in der Nähe unseres Stammtisches und von hier aus haben wir wegen der Verwechselbarkeit der Kleidungsstücke schon viele Gefechte schmunzelnd beobachtet: Der Mantel ist zu groß, der Hut zu klein, der Regenschirm ramponiert, nach verstohlenem Blick in alle Richtungen nimmt man einen besseren. Die geschäftige Tätigkeit des Personals und die Gespräche der Gäste um mich herum nehme ich heute aber nur unbewusst auf, denn meine Gedanken gehen 58 Jahre zurück.

Stadtplatz 37. Wie der Eckpfeiler einer mächtigen Trutzburg wirkt das Gebäude an der Einfahrt zur Höllgasse. Wuchtige, schräg ausgestellte Grundmauern geben dem Haus einen optisch festen Stand. Das Gebäude ist dreistöckig mit einem riesigen Speicher. Die Stadtplatzfront ziert ein kleiner, schmaler Erker im 2. Stock. Das Schmuckstück dieses Hauses ist jedoch ein schmiedeeisernes Nasenschild, das den Teufel darstellt, wie er auf einer Sudpfanne sitzt und darin mit einem großen Löffel umrührt. Darunter steht in goldener Schrift »Höllbräu«.

In diesem Haus wurde ich während des Zweiten Weltkrieges im Jahr 1941 geboren. Meine Eltern, Josef und Anna Seehuber, waren Pächter des Gasthofes »Höllbräu«. Meine Gedanken kreisen immer wieder um den April 1945, als die Flugzeuge der Alliierten den Bahnhof bombardierten. Nach dem furchtbaren Heulen der Sirenen rannten alle panikartig in den gut ausgebauten Keller. Das Nötigste war immer bereits in abgewetzte Koffer verpackt, die bei jedem Bombenalarm mitgenommen und nach der ersehnten Entwarnung

Vor der Traditionsgaststätte »Höllbräu«: Links die Wirtsleute Josef und Anna Seehuber mit ihrem Sohn Pepperl, dem Hauspersonal und einigen Kurgästen aus Bad Empfing im Jahr 1941.

wieder nach oben geschleppt wurden. Aber dieser Luftangriff war besonders schlimm! Es rumste und krachte schrecklich um uns herum und durch die ungeheuren Druckwellen der Bombendetonationen hatte man im spärlich beleuchteten Keller das Gefühl, alle Häuser des Stadtplatzes wären bereits zerstört worden.

Tante Resi, die bei meinen Eltern als Küchenhilfe angestellt war, hatte sich über mich geworfen und ich hörte, wie sie leise, aber verzweifelt betete. Später hat man mir öfter erzählt, dass ich in diesem Augenblick zur allgemeinen Beruhigung nach der alten Weisheit »Kindermund tut Wahrheit kund« gesagt habe: »Braucht's koa Angst ham, der liabe Gott huift uns scho!« Vorsorglich hatte man damals von unserem Keller zu den westlichen Nachbarkellern so genannte trockene Durchbrüche geschaffen. Sollte in ein Haus eine Bombe einschlagen, konnte man dieses trocken gemauerte Loch durchstoßen und in das Nachbargebäude und von dort bis zur Apothekerstiege in der Maxstraße flüchten.

Als wir nach der Entwarnung von unseren Angehörigen wieder ans Tageslicht gebracht wurden, waren alle sehr erstaunt, dass der Stadtplatz vollkommen unversehrt war. Nur über dem Bahnhofsviertel stiegen dicke schwarze Rauchwolken auf.

Von dieser Zeit an bestimmt das Wirtshaus »Höllbräu« mein Leben. In der Nachkriegszeit lag auch Traunstein wirtschaftlich und gesellschaftlich am Boden, doch Vereinsleben und gesellschaftliche Ereignisse begannen bald neu zu blühen. Daran erinnere ich mich sehr gerne und sehr intensiv.

Stammgäste und Vereine

Unser Gasthof wurde zum Stammlokal von über einem Dutzend Vereinen. Am wichtigsten war der Skiclub. Sämtliche Prominenz der Stadt, angefangen vom 2. Bürgermeister Toni Münch, einigen Stadträten bis hin zu den Spitzen-Skispringern

Linke Seite: Das schmiedeeiserne Nasenschild symbolisiert treffend den »Bräu in der Höll«.

Xaver Diener und Emil Sattler, beide Aushängeschilder des Vereins, waren in den Wintermonaten immer am Freitag bei uns im Nebenzimmer versammelt. Dieser Raum war bis oben hin holzgetäfelt und strahlte eine gemütliche Atmosphäre aus. Die Weihnachtsfeier vom Skiclub war immer ein besonderes gesellschaftliches Ereignis. Den Höhepunkt bildete die Tombola. Hauptpreise waren fast immer ein Paar Ski vom Ski Schlamp am Seehuber Weg und eine 3-Liter-Flasche Asbach Uralt im geschmiedeten Schwenker.

Der interessanteste Verein war für mich der Hausmeister- und Kutscherverein. Man kann sich heutzutage kaum mehr vorstellen, dass es damals so viele Hausmeister und Kutscher gab, die einen selbstständigen Verein gegründet hatten. Die Hausmeister waren meistens an den Schulen oder bei den Behörden beschäftigt. Die Kutscher führten ein Pferdegespann entweder bei Brauereien oder größeren Firmen. Auch Holzknechte waren dabei, die im Stadtwald mit ihren Pferden die gefällten Baumstämme zum Holzplatz zogen. Jeden Sonntag traf man sich beim »Höllbräu« zum Frühschoppen. Da ging es immer sehr zünftig zu. Ein paar Halbe Bier gönnte sich jeder und manchmal auch ein kleines »Höllbräu-Gulasch«. Dieses wurde von meiner Mutter vorzüglich zubereitet und war weit über die Stadtgrenze hinaus bekannt.

Zum Kutscherverein gehörte auch der »Stadt Hias«, den wir Höllgassen-Kinder sehr gerne mochten.

Wenn er morgens oder abends nach getaner Arbeit mit seinen Rössern durch die Höllgasse trabte und seine »Goaßl« schnalz'n ließ, leuchteten unsere Augen vor Freude. Ein wahres Gewitter donnerte dann durch die engen Gassen. Zwei wunderschöne braune Pferde waren vor seinen gummibereiften, hölzernen Wagen gespannt und der Hias saß lässig auf der Wagenkante. Einen Fuß ließ er meist herabhängen, während der andere auf dem Zugscheitl seinen Platz hatte. In der einen Hand hielt er straff die speckig glänzenden Zügel und mit der anderen ließ er die Peitsche knallen. Ein breites Grinsen hatte er meistens im Gesicht und listige kleine Äuglein tasteten die Kinderschar ab, die ihn oft ein kleines Stück seines Weges begleitete. Auffallend an ihm war ein kleiner, heller Rotzbremser unter der Nase, besonders aber kann ich mich an seine roten, glänzenden Backen erinnern. Fuhrknecht bei der Stadt war der Hias und er war immer gut aufgelegt, ob bei brütender Hitze, alles durchnässendem Regen oder bei heftigstem Schneegestöber.

Meist an Sonntagen durften wir dem Hias beim Füttern helfen, denn da war er beim Frühschoppen beim »Höllbräu« am Stammtisch des Hausmeister- und Kutschervereins mit dabei. Immer wenn der Hias den Frühschoppen über die Mittagszeit hinaus ausdehnte, hatte er ein wenig über den Durst getrunken und leicht schwankend und lachend strebte er dem Pferdestall zu. Die jungen Küchenmädchen vom »Höllbräu« riefen dann dem Hias einige aufmunternde Sätze zu, die ihn allsonntäglich zu einem kurzen Verweilen zwangen. Meistens kam er nach einem Stünderl wieder zurück und trank beim »Höllbräu« noch eine Maß, die ihm einer der Brauer oder der »Höllbräu«-Lois spendiert hatten. Am Spätnachmittag zog es ihn dann zu seinem Zuhause im Veitsgram. Trotz seinem verlängertem Frühschoppen strahlte der Hias am Montagmorgen über das ganze Gesicht und gut aufgelegt wie immer ließ er seine »Goaßl« knallen.

Auch die Königlich Privilegierte Feuerschützengesellschaft hatte ihre Schießabende bei uns. Geschossen wurde mit dem Zimmerstutzen oder mit dem Luftgewehr, und zwar auf 10 Meter Entfernung. Der Schießstand war der Hausgang. Am Gangende, etwa auf 170 Zentimeter Höhe, befanden sich die zwei Zielscheiben. Darunter saßen, abgeschirmt durch einen umgekippten Wirtshaustisch, der Ostermayer Wast und ich, als so genannte Zieler. Nach jedem abgegebenen Schuss mussten wir auf einer neben dem Ziel befestigten Holzscheibe die Anzahl der geschossenen Ringe herdrehen und mit einem Metallstab auf der Zielscheibe anzeigen, ob der Schuss hoch oder tief,

Tischzeichen des Kutschervereins

links oder rechts saß. Unsere etwa dreistündige Arbeit wurde stets mit einem großzügigen Trinkgeld belohnt. Unter den Schützen befand sich auch ein älterer, grauhaariger Herr, den wir Buben immer mit bewundernden Blicken betrachteten. Es war der Herr Büchsenmachermeister Emil Pachmayr. Dieser war ein hervorragender Schütze und in seiner aktiven Zeit viermaliger Deutscher Meister und einmal sogar Weltmeister im Zimmerstutzen-Schießen. Zu unserer Zeit war es aber wegen seines hohen Alters nicht mehr weit her mit seiner Schießkunst. Unter seine abgegebenen Schüsse schlichen sich immer viele Fahrkarten ein und wenn wir diese dann pflichtgemäß auf der Ringscheibe aufzeigten, ergoss sich über uns eine wütende Schimpfkanonade, denn seiner Meinung nach konnte ein ehemaliger Weltmeister ja gar keine Fehlschüsse abgeben.

Eine gemütliche, manchmal auch streitbare Stammtischrunde war meistens gegen Spätnachmittag, wenn die Bräuburschen Feierabend hatten oder die Geschäfte und Handwerksbetriebe ihre Türen schlossen, in unserem Lokal versammelt. Ein bunt gemischtes Grüppchen von zehn bis fünfzehn Personen genoss nun hier sein kühles Bier und eine deftige Brotzeit oder man klopfte einen zünftigen Schafkopf. Manchmal aber ging es auch rau her, wenn man sich wegen kleinster Meinungsverschiedenheiten in der Politik oder aus persönlichen Gründen gegenseitig an den Kragen ging. Wie ein Blitz aus heiterem Himmel konnte es geschehen, dass einer dem anderen sein Noagerl Bier ins Gesicht schüttete, worauf sich dieser postwendend eine kräftige Watschn einhandelte. Wie gesagt, solche Wut- oder Temperamentsausbrüche kamen sehr selten vor und der das Ganze ohnehin vorausahnende Wirt konnte die Aufwallung meist kurzerhand mit einigen wuchtigen Ochsenfiesl-Hieben im Keim ersticken.

Der Jägerstammtisch, der sich immer am Sonntagabend traf, lag meinem Vater besonders am Herzen. Er selbst war passionierter Jäger und so genannter Jagdmitpächter beim Mehringer Hans, der einen Teil der Gemeindejagd am Hochberg gepachtet hatte. Dieser Jägerstammtisch setzte sich aus allen möglichen Berufsgruppen zusammen. Der Mehringer Hans und der Brettl Stefan waren Metzgermeister, der Dr. Renner Rechtsanwalt, der Burghartseder Schorsch Landwirt, der Kaiser Lois Ingenieur bei Siemens, der Wassermann Herbert Kaufmann am Stadtplatz und so könnte ich eine Vielzahl von Personen und Berufen aufzählen. Besonders gut kann ich mich an den Herrn Klaiber erinnern, den Kaminkehrermeister aus Siegsdorf. Von seinen Stammtischbrüdern wurde er spaßeshalber »Alpenkönig« genannt, weil er einen Teil der Hochwildjagd von Siegsdorf und Vogling gepachtet hatte. Er war nicht besonders groß, aber wenn er seine Stimme am Stammtisch erhob, erklang das wie Donnerhall, denn aus seinem Brustkasten ertönte eine tiefe Stimme wie das Brummen eines alten Bären.

Für diesen Stammtisch gab es auch keine polizeiliche Sperrstunde, denn diese wurde, wenn es wieder einmal besonders zünftig war, von meinem Vater großzügig verlängert. Das Bier, der Wein und des Öfteren eine Schnapsrunde schmeckten allen sakrisch gut und mit einem »Woaßt das no?« wurden einige alte Jagderlebnisse mit viel Jägerlatein gewürzt wieder aufgewärmt.

Einmal war Mitternacht schon lange überschritten und die meisten Jagdfreunde hatten schon etwas zu tief in die Wein- und Biergläser geschaut. Mein Vater, der Wirt, stand bei der lautstarken Runde und schepperte dezent mit dem Schlüsselbund. Polizeistunde schon lange überschritten. – Alle verstanden diesen Wink mit dem Zaunpfahl und einer nach dem anderen verließ das rauchgeschwängerte Lokal. Nur der Dr. Renner und der Wassermann Herbert waren noch übrig geblieben. Die beiden kamen sich meistens zum Ende der Bierrunde noch wegen einer kleinen Meinungsverschiedenheit in die Haare. Mit besänftigenden Worten geleitete mein Vater sie zur Wirtshaustür und schob sie mit einem sanften Schubs auf den nachmitternächtlichen Stadtplatz. Gestikulierend und leicht schwankend überquerten die beiden die Straße und diskutierten vor dem zugedeckten Marktstand der Frau Hornauer. Damals kam es öfter vor, dass die alte Frau ihren schweren Obst- und Gemüsewagen vom Samstagmarkt nicht mehr in die Au hinunterzog, sondern ihn gut abdeckte, mit einigen Stricken verschnürte und bis zum Montag beim Lindlbrunnen stehen ließ. Die beiden Nachtschwärmer standen also vor dem hölzernen Stand der Hornauerin und fochten weiterhin ihren Streit aus. Um seinen Worten mehr Nachdruck zu verleihen, schlug der Herr Wassermann mit seinem Hacklstecken auf die Wagenplane und löste damit unversehens ein fürchterliches Geschrei aus. Die Hornauerin hatte nämlich bei warmer Sommernachtstemperatur unter der Plane ihr Nachtquartier bezogen und war gerade in festen Schlaf gefallen. Just in diesem Moment zog ihr der Streithansl seinen Stecken über den Buckel. Ein furchtbarer Schmerzensschrei durchdrang den schlafenden Stadtplatz und mündete in eine wütende Schimpfsalve. Trotz ihres hohen Alters sprang die Frau in olympiaverdächtiger Manier von ihrem Wagen und jagte die beiden Stammtischler mit ihrem eigenen Hacklstecken über den Stadtplatz. Der »Höllbräu«-Wirt, der das alles beim Zusperren des Lokals beobachtet hatte, bog sich vor Lachen und sah, wie die Hornauerin stockschwingend den Wassermann Herbert seiner nahe liegenden Kolonialwarenhandlung zutrieb. Noch bevor der Wassermann Herbert eiligst die Tür hinter seinem Geschäft aufsperren konnte, zog ihm die alte Frau noch einige kräftige Hiebe über seinen Buckel.

Feste und Veranstaltungen auf dem Stadtplatz

Weinfest

Nach dem Krieg wurden wieder Weinfeste abgehalten. Mein Vater war der Wirt vom »Höllbräu« und gleichzeitig Vorsitzender der Kreisgeschäftsstelle Traunstein im Hotel- und Gaststättenverband. In Zusammenarbeit mit dem Kur- und Verkehrsverein organisierte er mit den anderen Wirten vom Stadtplatz die ersten Weinfeste nach dem Zweiten Weltkrieg.

Eine Besprechung nach der anderen wurde schon Wochen vor dem Fest im »Höllbräu«-Nebenzimmer von den Veranstaltern abgehalten, denn es sollte alles wie am Schnürl laufen. Den Wein durfte der Schnitzer liefern, der selbstverständlich die Wirte zu einer Weinprobe einlud. Endlich stand das Programm fest. Als Höhepunkt war der Anstich eines Weinbanzens durch den damaligen Oberbürgermeister Josef Kößl vorgesehen. Um aber dem Fest die Krone aufzusetzen, lud man extra eine Abordnung aus dem Rheinland samt Weinkönigin ein.

Überdimensionale Plakate kündeten in Stadt und Land schon eine Woche vor dem großen Ereignis das 1. Weinfest am Stadtplatz an. Besonders aufgefallen ist mir damals im Plakattext das Wort »illuminierter« Stadtplatz, worunter ich mir überhaupt nichts vorstellen konnte. Aber es sollte für mich am Veranstaltungsabend noch eine optische Erklärung geben.

Den ganzen Tag herrschte schon Hochbetrieb auf dem Stadtplatz. Die Marktstandler, sprich Czernoch, Gnadl, Grafetstetter und selbstverständlich die alte Hornauerin, hatten kaum den Rest ihrer Pflanzl eingepackt, mussten wir schon die ersten Tischgarnituren aufstellen, die bereits seit dem frühen Morgen auf dem Stadtplatz gestapelt waren. Meine sämtlichen Spezln zwischen 13 und 17 Jahren hatte ich zu dieser Arbeit verpflichtet. Als »Lohn« erhielten wir dafür am Abend eine Portion Schweinswürstl mit Sauerkraut. Zu damaligen Zeiten fürwahr ein fürstliches Entgelt.

Endlich bagann es langsam zu dämmern und in Scharen kamen die Traunsteiner aus allen Ecken der Stadt auf den Stadtplatz. Die Delegation vom Rhein stand in Reih und Glied vor dem geschmückten 100-Liter-Weinfass und würdevollen Schrittes näherte sich Oberbürgermeister Kößl dem Mikrophon. Er begrüßte alle Traunsteiner Bürger, die angereisten Rheinländer, die Honoratioren der Stadt und selbstverständlich mit einem Bussi die charmante Weinkönigin. Sodann ging's ans Anzapfen. Schwungvoll holte der Oberbürgermeister zu einem kräftigen Schlag aus, alles wollte schon ein lautes Bravo jubeln, als der Schlag überraschend mitten im Schwung abgebrochen wurde. Unheimliche Ruhe verbreitete sich unter den Zuschauern, dann gab es lautes Gelächter. Der Oberbürgermeister hatte, wie immer, seine unvermeidliche Virginia zwischen den Zähnen und der in den Augen

Das erste Weinfest am Stadtplatz (etwa 1957): Der ehemalige Oberbürgermeister Josef Kössl, der Organisator und »Höllbräu«-Wirt Josef Seehuber, Brettl Schorsch (mit weißer Schürze, damaliger Wirt Gasthaus Schnitzlbaumer), die Weinkönigin aus Traben-Trabach und der Chef der Winzerabordnung (v.r.n.l.).

beißende Rauch hatte ihn zum Abbruch des Countdowns gezwungen. Doch dann: drei kräftige Schläge und der Zapfhahn saß; schon sprudelte goldgelber Wein in einen Pokal und das Weinfest war eröffnet.

Damals war man noch sehr bescheiden und zum Wein gab's als Brotzeit meist nur Schweinswürstl mit Sauerkraut. Diese wurden gleich neben der Weinschänke auf einem Holzkohlengrill hervorragend zubereitet. Der unerwartete Andrang auf diese Spezialität hatte zur Folge, dass die Würstl weggingen wie warme Semmeln und ich mit meinem Spezl Klaus zum Metzger Ostermayer mehrmals um Nachschub sausen musste. In der Metzgerei wurden extra noch an diesem Abend in Akkordarbeit die frischen Schweinswürstl hergestellt.

Kurz nach 21 Uhr gab es dann den »illuminierten« Stadtplatz. Keiner der Anwohner hatte sich gedrückt, sondern auf sämtlichen Fensterbänken rund um den Festplatz erstrahlten tausende von »Hindenburg-Lichtern«. Das waren Wachskerzen, wie man sie zu Allerheiligen im durchsichtigen roten Plastikbecher auf die Gräber stellt. Rund um den Stadtplatz bildete jedes Stockwerk von Fenster zu Fenster eine gleißende Lichterkette. Dies war für uns Buben ein unvergesslicher Anblick. Die Atmosphäre auf dem Platz war einfach pfundig.

Noch einige schöne Weinfeste sollten folgen, aber manchmal spielte einfach die Witterung nicht mit und so schlief die ganze Sache nach ein paar Jahren leider wieder ein.

Georgi-Ritt am Ostermontag

Obwohl ich mich sonst gerne am Bettzipfel festhalte – am Ostermontag war das anders. Bereits um 7 Uhr früh weckte mich das helle, freudige Wiehern der Pferde und vom Stadtplatz kommend klapperten ihre Hufe auf dem Kopfsteinpflaster durch die enge Höllgasse. Eiligst sprang ich aus meinem Bett und schaute aus dem Fenster unseres Schlafzimmers im 2. Stock auf die herrlich geschmückten Pferde und die schmucken und feschen Bauerndirndl und Burschen, die aus allen umliegenden Gemeinden in unsere Stadt strömten.

Zu dieser Zeit herrschte in der Küche bereits Hochbetrieb. Auf dem riesigen Küchenherd standen Töpfe, Haferl und Pfannen. Meine Mutter hatte an solchen besonderen Festtagen immer eine Beiköchin und selbstverständlich eine Hilfe zum Salatputzen und Kartoffelschälen.

Im voll besetzten Gast- und Nebenzimmer sausten drei Bedienungen zwischen den Gästen herum und sie hatten alle Hände voll zu tun um die hungrigen und durstigen Besucher zufrieden zu stellen. Damals kamen die Georgi-Ritt-Besucher meist aus der ländlichen näheren und weiteren Umgebung und zwar mit dem Bus oder mit dem Zug. Die meisten Besucher waren also bis mindestens nach dem Schwertertanz, der gegen 15 Uhr zu Ende war, in der Stadt.

Auf unserem Küchenofen stand ein riesiger Topf mit heißem Wasser, in dem sich eine bunte Wurstpalette tummelte. Weißwürste, Wiener Würstl, Pfefferwürste und Regensburger wurden von den Bedienungen ohne Vorbestellung auf großen Tabletts ins Lokal getragen, wo sie von den Gästen mit großem Appetit verzehrt wurden.

An der Schänke kam mein Vater mit dem Bierzapfen kaum nach und so musste oder durfte ich ihm dabei helfen. Es folgte jedes Jahr dieses Rufen nach der Bedienung und das gleiche Gedränge, denn es war kurz vor Beginn des Georgi-Rittes und alle wollten sofort bezahlen und schoben sich ungeduldig durch die offene Gastzimmertür wie durch einen Flaschenhals und begaben sich auf den inzwischen dicht besetzten Stadtplatz. Schlagartig war das Lokal leer. Die Bedienungen räumten das leere Geschirr weg, wischten die Semmel- und Brezenbrösel zusammen und leerten die mit Zigarettenkippen und Zahnstocherpapieren übervollen Aschenbecher. Eine Batterie leerer und halb voller Biergläser türmte sich an der Schänke und verlangte gespült zu werden.

In der Küche machte man sich unterdessen für den zweiten Ansturm bereit, der, sobald der Festzug den Stadtplatz verlassen hatte, wieder einsetzen würde. Man hatte also eine knappe Stunde Zeit um die Schweins-, Kalbs- und Surbraten, die im Bratrohr in großen Reinen brutzelten, immer wieder zu übergießen und so für jeden Braten auch die dazugehörige Soße herzustellen. Die Küchenhilfe hatte Unmengen von Kartoffel- und Krautsalat in große Glasschüsseln gefüllt. Mit tränenden Augen musste ich frischen Meerrettich fürs Tellerfleisch reiben. Die Spülerin klapperte mit den gebrauchten Wurstellern im heißen Wasser herum und stapelte sie dann wieder feinsäuberlich in den Geschirrschrank.

Durch die nach frischer Luft schnappenden geöffneten Gastzimmerfenster hörten wir die Pfeifferlbuben; mittelalterlich anmutendes Getrommel begleitete die Schwertertänzer. Der Georgi-Ritt bewegte sich also bereits vom Stadtplatz zum Maxplatz, anschließend durch einige Straßen der Stadt und über den Klosterberg und die Kammerer Straße dem Ettendorfer Kircherl entgegen, wo Ross und Reiter vom Stadtpfarrer gesegnet wurden.

Nachdem der letzte Reiter den Stadtplatz verlassen hatte, wanderten die meisten Zuschauer ebenfalls nach Ettendorf. Doch viele suchten sich lieber ein gemütliches Wirtshaus um dort ein kühles Bier zu trinken und ein deftiges Mittagessen einzunehmen. Noch während die Bedienungen die frisch gefüllten Brotkörbchen auf die großen Wirtshaustische verteilten, wurden diese bereits von den hungrigen Gästen, die sich schon einen Platz erkämpft hatten, geleert. Jetzt war das Küchenpersonal in vollem Einsatz. Fast in Akkordarbeit wurden nun die knusprigen Braten mit der dazugehörigen Soße auf die großen Teller verteilt, noch einen Schlag Kartoffel- oder Krautsalat

Historische Bierflaschen mit Schnappverschlüssen

drauf und schon schleppten die flinken Bedienungen bis zu sieben Teller auf einmal in die Gaststube. Dort wurden sie bereits von den hungrigen Gästen sehnsüchtig erwartet. Diesmal war mein Arbeitsplatz an der Essensausgabe, wo ich das Bonbuch sorgfältig führen musste, in das alle ausgegebenen Portionen eingetragen wurden. Bein Anblick der riesigen Essensportionen konnte ich mir nicht vorstellen, dass diese auch aufgegessen wurden. Doch die Teller kamen fast immer vollkommen geleert zurück. Höchstens ein Schnürl vom Kalbsrollbraten fand den Weg in die Küche zurück.

In der Gaststube herrschte ein ständiges Kommen und Gehen. Die gesättigten Gäste verließen das Lokal und schon wurden ihre Plätze von anderen hereindrängenden Georgi-Ritt-Besuchern besetzt. Nach gut zweistündiger Schwerstarbeit war dem Küchenpersonal und den Bedienungen alles abgefordert worden. Endlich war die Hektik abgeklungen und ich zapfte für uns eine frische Radler-Maß. Den ersten Schluck gönnte ich meiner Mutter, die diesen mit einem »Mei, is des guad!« dankend quittierte. Um 14 Uhr fand dann der Schwertertanz statt und die Gaststube war wie leer gefegt. Höchstens ein paar Bierdimpfel waren noch sitzen geblieben, denn denen waren einige Halbe Bier lieber als sich auf dem saukalten Stadtplatz die Füße in den Bauch zu stehen.

Endlich hatte das Personal die Zeit in aller Ruhe das wohlverdiente Mittagessen einzunehmen. Meine Mutter hatte mir einen Teller mit verschiedenen Bratenstückerln hergerichtet, den ich noch mit einem dampfenden Knödel garnierte. Ich ließ mich damit im Gastzimmer an dem nun leeren Stammtisch nieder.

Im Nachhinein betrachtet war das damals eine gemütliche Zeit. Der Georgi-Ritt ist heute immer noch ein Zuschauermagnet, doch leider zieht es die Besucher nach dem Ritt nicht mehr in unsere gemütlichen Gasthäuser, sondern sie verlassen eiligst mit ihren Autos die Stadt um sich ihren vielfältigen Freizeitbeschäftigungen zu widmen.

Im Jahre 1961 wurde die Traditionsgaststätte »Höllbräu« geschlossen und nach einer kurzen Umbauphase als »Wienerwald« wieder eröffnet.

Albert Rosenegger

Glanz vergangener Zeiten

Geschichte und Geschichten um das Haus Wispauer

Die Eckhäuser in der Stadt lassen eine außergewöhnliche Entwicklung erkennen. An den Gassenmündungen oder Abschlüssen der Häuserzeilen gelegen markierten sie wie kleine Bastionen das Straßenbild. Nach drei Seiten geöffnet rangen sie längst nicht so nach Licht und Luft, wie die schmalen, in sich verkeilten Behausungen, die sich förmlich dazwischendrängten. Durch diese Lage bevorzugt atmeten die Bewohner dieser Eckhäuser freier, konnten Handel und Gewerbe besser zur Entfaltung bringen und Gäste auf angenehmere Weise beherbergen.

Die Besitzer dieser Häuser zählten beinahe ausnahmslos zum gehobenen Bürgertum, galten im wahren Sinn des Wortes als »gut betucht«, und dies nicht nur im Hinblick auf ihre begehrtesten Handelswaren. Mit einer geschickten Heiratspolitik gelang es vielfach über Generationen hinweg ihren Wohlstand zu sichern, oft genug sogar auszubauen, denn in der Regel erweiterten neue menschliche Verbindungen auch die Handelsbeziehungen. Aus solch sicheren Positionen heraus wurden mit einem auffallenden Selbstbewusstsein die führenden Ämter der Stadtpolitik bekleidet.

Und dennoch gibt es wenige Beispiele in der Stadt, bei denen alle diese Faktoren so idealtypisch und gradlinig zusammenliefen wie im Haus Nr. 79 am Traunsteiner Schrannenplatz.

In der ersten Hälfte des 16. Jahrhunderts erwirbt ein Polikarp Gumpelshaimer das »Eckhaus an der Schattenzeile« durch Kauf. An der Wende vom 16. zum 17. Jahrhundert lässt sich der Gastwirt Hans Schützinger auf diesem Anwesen als Besitzer nachweisen. Seine Witwe übergibt 1635 an den einzigen Sohn Oswald. Auf die Schützingers folgen im 18. Jahrhundert vier Generationen Gruber, unter denen das geschichtsträchtige Haus bereits einen sichtbaren Aufschwung nahm.

Doch erst im 19. Jahrhundert wird das Eckhaus zur ersten Adresse in Traunstein – zum ersten Haus am Platz.

Aufstieg und Niedergang der noblen Herberge, mit der stets auch ein Kaufmannsrecht verbunden war, lassen sich anhand zahlreicher Dokumente bis in die jüngere Zeit nachvollziehen. Beide Phasen sind eng mit dem Wirken der Familie Wispauer verknüpft. Diese herausragende Familie schrieb die Geschichte der Stadt Traunstein im 19. Jahrhundert entscheidend mit.

Der letzte Wittelsbacher der altbayerischen Linie Kurfürst Maximilian III. Joseph »der Vielgeliebte«, wie er genannt wurde, regierte das Land, als sich das Rokoko zu einem grandiosen Finale steigerte. Bayern war ein goldener Boden für Künstler, Kunsthandwerker, aber auch für die Handelsleute, die mit voll beladenen Zillen den Inn stromabwärts fuhren.

Handschrift und Siegel des Polikarp Gumpelshaimer

Haus Wispauer, drittes Gebäude von rechts, um 1782

Auf diesem Weg kam auch der Handelsmann Paul Dominikus Wispauer in den Chiemgau. Die Wurzeln seiner Familie waren bei den Gewerken der Silberminen von Schwaz in Tirol zu suchen. Genauer gesagt: Er kam 1773 als Sohn eines Schwazer Bergwerksverwesers nach Traunstein. Hier ehelichte er ein Jahr später die Witwe des Veit Oswald Gruber und erlangte das Bürgerrecht. Es war wohl das persönliche Schicksal der Gruberwitwe Maria Theresia, dass auch diese ihre zweite Ehe kinderlos bleiben sollte. Nach ihrem Tod im Jahr 1782 heiratete Paul Dominikus Wispauer Maria Walburga Zöhnle. Mit der Landshuter Sailerstochter stellte sich der lang ersehnte Kindersegen ein. In der knapp acht Jahre währenden Ehe schenkte sie ihrem Gatten fünf Kinder.

Bei einer Beschätzung der bürgerlichen Wohngebäude im Jahr 1808 zählte das wispauersche Anwesen zu den zehn höchstbewerteten Häusern der Stadt. Die vornehme Gastlichkeit des Hauses scheint zu dieser Zeit ausgeprägtere Formen angenommen zu haben. 1782 speiste ein türkischer Prinz aus Palästina im »Goldenen Hirsch« bei den Wispauerleuten, lobte den Wirt und noch mehr die Wirtin und sang ein so hohes Lied auf die Schönheit der Stadt, dass sich der Magistrat veranlasst sah, für den freundlichen Orientalen die Zeche zu übernehmen.

Das Hauswesen lag der Niederbayerin im Blut. Ihr Anteil an der Aufwärtsentwicklung des Hauses dürfte daher nicht unerheblich sein. 1793 stieg der Abt von St. Peter in Salzburg Dominikus Hagenauer in dem geschätzten Haus am Platz ab. Am 3. Mai 1800 wurde unter Böllerschüssen und Glockengeläut Erzbischof Hieronymus Graf von Colloredo zum Mittagstisch begleitet.

Da der älteste Sohn des Hauses, Martin, nach Salzburg heiratete und der nächstfolgende Sohn Dominikus wegen seines Lebenswandels von der Nachfolge ausgeschlossen war, konzentrierten sich die Hoffnungen in der Familie Wispauer auf den Drittgeborenen Joseph Alois. Dieser ging sehr bald seiner Mutter in geschäftlichen Dingen zur Hand und trat schließlich das Traunsteiner Hauserbe an.

Mit der Übernahme des Anwesens am 19. August 1818 liegen über die damaligen Vermögensverhältnisse transparente Aussagen vor. Die Witwe Walburga übergibt ihrem noch ledigen Sohn Joseph das Haus Nr. 79 in der Stadt, zwischen den Anwesen des Glasers Arnold und dem königlichen Rentamt, mit einem geschätzten Einheitswert von 5000 Gulden. Dazu ein über der Gasse anstoßendes Gebäude (Nr. 128 und 129) mit einem von einer Mauer umgebenen Wurzgarten, im Wert von 1000 Gulden; einen Stadel (Nr. 276) an der Haslacherstraße im Wert von 400 Gulden. Dazu zwei Städel mit Grundstücken im Mitterfeld und einen Krautgarten westlich des Gottesackers. Außerdem übernimmt Joseph Wispauer sämtliche mit diesen Einheiten verbundenen Hausfahrnisse und ohne Ausnahme alle vorhandenen Inventarien, in spezie alle Keller- und Warenbestände.

Wenige Wochen nach der Geschäftsübernahme erschien Joseph Wispauer mit seiner Braut Anna Hemmer vor dem Landgerichtsadvokaten Leopold Sauerlacher. Die Tochter des Münchner Hoftischlermeisters Heinrich Hemmer und dessen Ehefrau Klara brachte ansehnliche 4000 Gulden in Gold in die Ehe mit, dazu eine Aussteuer, deren Wert auf 400 Gulden geschätzt wurde. Beide Teile vereinbarten Gütergemeinschaft, womit die künftige Ehefrau am Realvermögen der Wispauers beteiligt war.

Vorher hatte der Bräutigam bereits finanzielle Schwierigkeiten mit einem städtischen Darlehen von 1000 Gulden überwunden um seine

Geschwister abfinden zu können. Da aber die Forderungen der Geschwister das Darlehen um ein Vielfaches überstiegen, blieb von dem Heiratsgut der Hemmerin nicht viel übrig.

Vorangegangen waren wirtschaftlich miserable Jahre mit verheerenden Missernten auf dem Land und trüben Handelsperspektiven für die Kaufleute. Nach dem Preiswucher der Jahre 1816/17 konnte nur sehr zögernd wieder ein vernünftiges Niveau für den Warenumschlag erreicht werden.

Josephs Vater starb, noch ehe die Unbillen der Zeit einsetzten, im Jahr 1789. Er musste nicht mehr mit ansehen, wie seine alte und neue Heimat in die Grabenkämpfe europäischer Machtpolitik gerieten und Tirol und Bayern sich mit einem Mal feindlich gegenüberstanden. Dies erlebte Joseph Wispauer als bayerischer Oberjäger hautnah. Er focht 1809 beim Sturm auf den Pass Lueg auf bayerischer Seite gegen die Landsleute seiner Vorfahren. Es waren verworrene Zeiten, die diesen Mann prägten. Der Stoff seiner Montur war der blaue Loden der ersten Königsepoche. Er blieb es noch lange nach dem Frieden von Schönbrunn, in Wispauers Eigenschaft als befehlshabender Major der königlichen Landwehr älterer Ordnung.

In unerschütterlicher Loyalität zum Königshaus diente Joseph Wispauer der Stadt Traunstein als Bürgermeister, Landrat und Landtagsabgeordneter ab der ersten Stunde kommunaler Selbstverwaltung. Wegen seines streitbaren Einsatzes wurde er schließlich von König Ludwig I. zum Ritter des Verdienstordens vom hl. Michael (II. Kl.) ernannt. Als Joseph Wispauer 1879 im begnadeten Alter von 95 Jahren starb, zeigte an seinem Ableben auch das Haus Wittelsbach höchste Anteilnahme. In seinem Nekrolog lautet es unter anderem: »Sein Haus war die vertrauliche Stätte geworden, wo Geistliche und Weltliche, Bischöfe und Fürsten, Beamte und Bürger und der Landmann in einer Weise verkehrten, von der uns nur noch sehnsuchtsvolle Erinnerung geblieben ist.«

Die Visiten verschieder Landesherren im Haus Wispauer mögen dabei besonders »sehnsuchtsvolle« Reminiszenzen nach sich gezogen haben. Mehrere Male stieg König Max I. Joseph mit Hofbegleitung im »Wispauer« ab, dessen Sohn und späterer Thronfolger Ludwig I. wohl noch öfter. Nachweisbar ist der erste Aufenthalt des Kronprinzen am 13. November 1804. Als König war Ludwig I. in regelmäßigen Abständen im

Joseph Wispauer, 1785–1879

Seine Ehefrau Anna, geb. Hemmer

»Goldenen Hirsch«, wenn er sich auf der Fahrt zu seinen Sommerresidenzen Schloss Leopoldskron oder Berchtesgaden befand.

Anlässlich des Besuches von König Max I. Joseph im Spätsommer des Jahres 1822 kam es zur denkwürdigen Begegnung mit dem jungen Vachendorfer Maler Johann Baptist Neumüller, der kurz zuvor die Porträts der wispauerschen Eheleute angefertigt hatte. Nach Besichtigung der sehr reifen Bildnisse ließ der Monarch das hoffnungsvolle Talent zu sich rufen und ließ ihm ein persönlich stipendiertes Akademiestudium angedeihen. Neumüller entwickelte sich zu einem der besten Porträtmaler seiner Zeit. Seine Verbundenheit zur Familie Wispauer tat der Akademieabgänger auf eine sehr eindrucksvolle Weise kund. Er komponierte zwei der acht Kinder der Familie als Engelsköpfe in das Klarabild am linken Seitenaltar der Gottesackerkirche ein. Eines dieser Kinder war die Tochter Klara, die auf jenem Altarblatt als pausbäckiger Engel ihrer Namenspatronin assistierend zur Seite steht.

Ein Mann wie Joseph Wispauer schenkte seine Aufmerksamkeit voller Stolz hin und wieder kirchlichen Belangen. 1859 stiftete er für St. Oswald ein neues Missale romanum (Messbuch) und ließ auf seine Kosten ein wahrscheinlich vom Brand stark beschädigtes Gesangsbuch (Antiphonarium) restaurieren. In Zuwendungen dieser Art könnte man auch eine aufmerksame Betreuung eines guten Kunden sehen, denn wie schon bei seinem Vater so zählten auch bei Joseph Wispauer die kirchlichen Institutionen zu den zuverlässigsten Einkäufern.

Gelegentlich der bereits erwähnten Fürstenbesuche, so berichtet jedenfalls Max Fürst, hätten sich manch trollige Vorkommnisse ergeben. Vor allem dann, wenn der hohe Gast während seines Aufenthaltes die wohlmeinenden Planungen der Stadtväter durchkreuzte. Eine Geschichte fand man bereits damals so erheiternd, dass sie später in einer Unterhaltungsbeilage der Münchner Neuesten Nachrichten abgedruckt wurde. Anlässlich einer Salzburgreise ließ Ludwig I. seine vierspännige Extrapost im »Goldenen Hirsch« des Joseph Wispauer zu einer Zwischenstation anhalten. Da trat eine Delegation des Traunsteiner Stadtmagistrats vor das Haus und bot sich an, den Monarchen bei seiner Abreise bis zur Burgfriedensgrenze bei Thannreit zu begleiten, wo sich seit alters auch eine Hinrichtungsstätte befand. Ludwig winkte in der Meinung ab, man solle um seine kurze Anwesenheit kein zu großes Aufsehen erregen. Daraufhin trat ein strammer Patriot aus der Reihe und meinte treuherzig: »Majestät, wir begleiten sie morgen gerne bis zum Galgen.« Wer diese Anekdote damals der Münchner Presse zuspielte, ist ein Geheimnis geblieben. Möglicherweise fand sie der König selbst so herzerfrischend, dass er sie im privaten Kreis weitererzählte.

Die gegenseitige Wertschätzung von König und Stadt ist in mehreren persönlichen und offiziellen Briefen hinreichend dokumentiert. Selbst im Revolutionsjahr 1848, als Steine gegen das Palais der Königsmätresse Lola Montez flogen und der Monarch vom Aufruhr der Massen bedrängt verbittert abdankte, reiste eine Traunsteiner Abordnung in die Residenz um Ludwig Dank abzustatten.

Die längere Friedensepoche löste auch bei den Traunsteinern ein romantisierendes Lebensgefühl aus, das allerdings jäh in Brüche gehen sollte. Die Nacht vom 25. zum 26. April des Jahres 1851 wurde für Traunsteins Bürger zur denkwürdigen Schicksalsnacht in der gewiss wechselvollen Geschichte ihrer Stadt. Aus nicht restlos aufzuklärenden Motiven wurde von gewissenlosen Leuten Feuer gelegt. Die Ausmaße dieses Brandunglückes übertrafen bei weitem die Katastrophe von 1704. Auch das Gasthaus »Zum Goldenen Hirsch« brannte samt dem angrenzenden Rentamtsgebäude bis auf die Grundmauern ab. Nur wenige Einrichtungsgegenstände konnten gerettet werden. Der damals 66-jährige Joseph Wispauer resignierte nicht, sondern setzte noch einmal alles daran, sein in Asche liegendes Gasthaus größer und geräumiger aufzubauen. Noch im November des Unglücksjahres kaufte er mit Erlaubnis der kgl. Bauinspektion die nebenliegende Brandruine des ehemaligen Rentamtes. Nach Entwürfen des Architekten Rudholzer wurde der Wiederaufbau des Gasthauses im spätklassizistischen Stil ausge-

Entwurf des Architekten Rudholzer aus dem Jahr 1851

führt, nachdem zwei Skizzen des gleichen Planers, eine im so genannten Maximiliansstil und eine andere mit einer schmucklos behäbigen Satteldachkonstruktion, verworfen wurden. Im Innern erfolgte eine großzügige Raumaufteilung mit unterschiedlich großen, jedoch vorteilhaft angelegten Hotelzimmern. Im hinteren Bereich wurde ein Innenhof eingezogen, der – wie auf einer alten Plattenfotografie erkennbar – als Sommergarten genutzt wurde. Diese Ausführung blieb im Wesentlichen bis in die jüngste Zeit erhalten. Auch die Fassade von damals erlebte später nur unbedeutende Veränderungen. Nach einer neuen Durchnummerierung der Häuser erhielt das Gast- und Ökonomiegebäude nun die Nr. 95.

Die Wiedereröffnung des Gasthofes wurde am 4. Oktober 1852 mit einem dreieinhalbstündigen Vokal- und Instrumentalkonzert gefeiert, zu dem die gesamte Stadteinwohnerschaft eingeladen war. Vor der abendlichen Kulisse der schwer zerstörten Stadt, von hunderten von Pechfackeln beleuchtet, mag bei dieser Veranstaltung auch die hoffnungsvolle Botschaft eines Joseph Wispauer mitgeklungen haben, wie sehr sich Bürgerfleiß und Existenzwille dafür eignen, sich von den schmerzlichsten Niederlagen wieder zu erheben. Der Veranstalter setzte diesbezüglich auch gleich ein unmissverständliches Zeichen, indem er den Reinerlös des Festes dem Wiederaufbau der Stadtpfarrkirche zufließen ließ.

Schon im April 1854 verkauften Joseph und Anna Wispauer das Anwesen für 55 000 Gulden an ihren großjährigen Sohn Ludwig. Der Verkauf lässt steuerliche Gründe vermuten. Immerhin lasteten auf dem wispauerschen Anwesen Hypotheken und Schulden in vergleichbarer Höhe.

Im Zuge dieser Übergabe wurde das Kaufmannsrecht von den radizierten Rechten, die auf dem Haus lagen, abgetrennt und an den älteren Bruder Josef übertragen. Die Übergeber Joseph und Anna Wispauer behielten sich ein neu erbautes Wohnhaus an der Rosenheimer Straße als Eigentum vor – in Verbindung mit dem Anspruch auf ein Altenteil.

Wieder sollte es eine Münchnerin sein, die ein Bräutigam aus dem geschichtsträchtigen Traunsteiner Haus vor den Traualtar führte. 1854 vermählte sich Ludwig Wispauer mit Rosalie Hierl. Diese war eine Tochter des Johann Baptist Hierl, Bierbrauer aus der heutigen Theatinerstraße.

Drei Jahre nach der Übernahme des Hotels durch Ludwig und Rosalie Wispauer stellte sich erneut königlicher Besuch ein. Nach Ludwig I. und Prinzessin Alexandra, die 1857 als Erste der königlichen Familie im neu erbauten Hotel einkehrten, besuchte im Herbst desselben Jahres König Max II. Traunstein. Er hatte das angenehme Haus und den trockenen Witz des alten Wirtes in ebenso guter Erinnerung wie sein Vater und so erübrigte sich die Frage nach einem geeigneten Etablissement.

Die ganze Stadt war auf den Beinen, als der Wittelsbacher in der dritten Königsgeneration persönlich an einem großen Preisschießen teilnahm und sich dabei »auf das Freundlichste und Herablassendste, wie ein Vater unter seinen Kindern bewegte«.

Sein Bruder Otto, König von Griechenland, dinierte anlässlich einer Durchreise am 3. September 1858 ebenfalls im exquisiten Hotel am Platz. Ihre kgl. Hoheit Prinzessin Alexandra folgte drei Tage später nach.

»Weil alles, was der Mensch erlebt, zur Vergangenheit wird, kommt es darauf an, einen Schatz von edlen und schönen Erinnerungen zu sammeln – reich daran ist jeder, der edel und schön zu handeln weiß.« Dieser hehre Satz entstammt der Feder eines bedeutenden Kulturhistorikers des 19. Jahrhunderts, Professor Dr. Ferdinand Gregorovius, der diesen seiner Traunsteiner Herbergswirtin Rosalie Wispauer widmete.

Obwohl kein Gästebuch des Hauses die wechselvollen Zeiten überdauert hat, weiß man doch von hohen und illustren Gästen, die in diesem goldenen Zeitalter, in dem die Geburtsstunde des Fremdenverkehrs schlug, in Wispauers Hotel »Zum Goldenen Hirsch« abstiegen. Einer von diesen war eben jener Gregorovius. Der Ostpreuße, mit bürgerlichem Namen Ferdinand Adolf, avancierte in der zweiten Hälfte des 19. Jahrhunderts zum herausragenden Italienkenner. Als Verfasser einer Reihe wissenschaftlicher Werke über das antike und mittelalterliche Rom genoss er ab 1876 sogar das Ehrenbürgerrecht der Stadt am Tiber. Gregorovius wurde das verträumte Traunstein bald zu seinem Lieblingsaufenthalt, wenn ihm die Sommersonne Roms wie ein Fegefeuer erschien. »In diesen frischen und reinen Lüften, in denen ich augenblicklich vegetiere, stelle ich mir Rom wie ein wahres Purgatorium vor, umgeben und erfüllt von den glühendsten Flammen«, schreibt er im Juli 1873 in einem der bekannten Briefe an die Gräfin Caetani Lovatelli. Während einer Eisenbahnfahrt nach Salzburg fielen dem Schöngeist die in der Abendsonne glänzenden Zeilen »Per aspera ad astra« (von der rauen Wirklichkeit zu den Sternen) am Türmchen der Gottesackerkirche ins Auge. Er erkannte in ihnen das wahre Motto für sein Leben und wählte Traunstein fortan zu seiner Sommerfrische. Allein der Name der Stadt klang dem Gelehrten als ein »Stein des Vertrauens«, um an anderer Stelle aber ironisch Folgendes zu vermerken: »Der Typus der Menschen hier ist hässlich, aber man wird durch die wahre Güte, Aufrichtigkeit und Einfalt der Leute entschädigt.« Weiß Gott, welche Leute dem Gelehrten bei seinen Wanderungen im Chiemgauer Voralpenland begegneten, dass er zu diesem Urteil gelangte – im »Goldenen Hirsch« oder in Hutters Sommergarten fühlte er sich jedenfalls wohl. Hier in diesem »Tusculum«, wie er es bezeichnete, tauschte er den schweren Malvasier gegen einen spritzigen Affentaler oder Rüdesheimer. Möglicherweise genoss der weise Mann auch die lauen Abende unter chinesischen Lampions im wispauerschen Kastaniengarten. Dass er in der Enge einer Kleinstadt wohnte, musste den Weltmann Gregorovius kei-

Familie Ludwig Wispauer mit Gast im Kastaniengarten

neswegs befremden. Er brauchte nur auf die Eingangsfassade seiner Unterkunft oder auf den Kopf des Speisezettels zu blicken um zu wissen, dass er die Zelte in der elitären Bourgeoisie noch nicht abgebrochen hatte: »Hotel du Cerf d'Or de Louis Wispauer«, stand dort.

Auch andere verließen in dieser Zeit der ausbrechenden Reiselust ihre ihnen zu eng gewordene Welt und gaben sich unter anderem bei den Wispauers ein Stelldichein. Man genoss die Vorzüge der nahen Bäder, flanierte durch das weltentrückte Städtchen hinaus in die schattigen Traunauen und gab sich der vorzüglichen Küche des Hauses hin, von der Hartwig Peetz einmal sagte, sie ließe jede Diskussion in den Galträumen verstummen, sobald sich das Küchenfenster aufschob und der berückende Dampf von Fisch und Braten eindrang. Schließlich konnte Ludwig Wispauer als Pächter der Hochberger Gemeindejagd mit frischem Wildbret die Speisenkarte aufwerten.

Waren es anfangs hohe Militärs, Bankiers, Diplomaten und Geschäftsleute, so trug sich alsbald

Französisch war in Mode: Speisezettel von 1868.

der europäische Blut- und Geldadel in die Gästeverzeichnisse ein. Auch die Gattin des kgl. Hofarchitekten von Dollmann logierte im »Hirsch«, während ihr Angetrauter über den Bauplänen von Schloss Herrenchiemsee grübelte.

Man ließ sich im Foyer bisher kaum vernommene Städtenamen wie Montevideo, Bologna, Palermo, Utrecht oder Woodhurst buchstabieren um sie dann trotz aller orthografischen Bemühungen doch nicht ganz einwandfrei auf das Papier zu bekommen. Wen sollte dies auch wundern. Die »Welt« war in den 70er und 80er Jahren mit einem Mal in Traunstein zu Gast und der »Goldene Hirsch«, pardon, der »Cerf d'Or« war die erste Adresse.

Zudem lässt sich gut vorstellen, wie vorteilhaft sich die von Ludwig Wispauer 1860 angepachtete neue Bahnhofsrestauration auf die Zimmervermittlung für das Hotel am Stadtplatz ausgewirkt haben mag. Da mochte das gerade neu erbaute Hotel »Krone« die Einfahrenden schon von weitem grüßen und die Stellwagen der Konkurrenten mochten wie an einer Perlenkette aufgereiht die Reisenden vor dem Bahnhof erwarten. Louis Wispauer hatte die besseren Karten, wenn es galt die Quartiersuchenden in die richtigen Bahnen zu lenken.

Nach längerem Streit mit der Stadt, vor allem aber mit den Gastgewerbetreibenden, die schnöde behaupteten, er hätte keine Ahnung vom Umgang mit Pferden, erhält Wispauer 1856 schließlich die eingeschränkte Lohnkutschergerechtigkeit. Er sah sich bald mobil genug um Stellwagenfahrten von Traunstein nach Rosenheim, Salzburg, Inzell und Reichenhall zu beantragen. Mit solchen konnte er seinen Gästen Tagesausflüge anbieten.

Ludwig Wispauer beklagte des Öfteren, dass er »solcher Nachhilfe sehr wohl bedarf, da ich mein Gasthofanwesen zu schweren Lasten übernahm.« Bei seinen neidischen Kollegen fand er mit solchen Argumenten wenig Gehör. Unter diesen herrschte die verbreitete Meinung, »Ludwig Wispauer besitzt weitaus den schönsten Gasthof in Traunstein und es ist nicht glaublich, dass sich derselbe bei seiner günstigen Lage sich nicht genügend rentieren sollte.«

Diesem Sachverhalt sei gegenübergestellt, dass der junge Gastwirt einen Schuldenberg von 49 000 Gulden übernahm. Zu diesen kamen noch 6000, die er sich zum Aufbau der Lohnkutscherei auslieh. Die Zinslasten drückten allmählich so erheblich, dass er sich 1872 gezwungen sah das Tafernrecht und das radizierte Weingastrecht an seinen unmittelbaren Konkurrenten, den Postwirt Josef Kalsperger, abzutreten.

Die finanziellen Folgen des Wiederaufbaus nach dem Brand von 1851, die in der Hauptsache Ludwig Wispauer zu tragen hatte, zeigten zunehmend einschneidende Wirkung. Dem äußeren Schein eines gut florierenden Hotelbetriebes erlag letztlich auch der Stadtmagistrat in der oberflächlichen Bewertung: »Der Gasthof Wispauer wird als vorzüglich ausgestattet bezeichnet.«

Schließlich setzte das Familienschicksal noch einen besonders schmerzhaften Kontrapunkt. Im Jahr 1890 – dem gleichen, an dem Ludwig Wispauer zu Grabe getragen wurde – erlag der gleichnamige Sohn und vorgesehene Hauserbe den Folgen eines plötzlichen Unfalls.

Mit dem Tod Ludwig Wispauers 1890 und jenem der Rosalie Wispauer vier Jahre später ging schrittweise auch der gastbare Geist des Hauses dahin. Die Kinder hatten bereits andere Wege eingeschlagen. Am 1. Juli 1893 wurde das wispauersche Hotel »Zum Goldenen Hirsch« an den Hotelier Josef Plendl verkauft.

Aus unbekannten Gründen ging das immer noch renommierte Haus schon nach einen knappen Jahr käuflich an den Maler Fintan Leutenegger über.

Leutenegger bewarb sich zwar um eine Schankkonzession, betrachtete das bekannte Hotel aber eher als ein Anlageobjekt denn als eine Herausforderung seiner gastronomischen Berufung.

Deshalb stieß er bereits vier Monate nach dem Kauf das Hotel Wispauer an den vormaligen Besitzer des »Lindauer Hof« am Bodensee, Johann Georg Reindl, ab. Auf dem ehemals so berühmten »Goldenen Hirsch« lagen nun nur noch die Rechte zum Bierausschank und zur Fremdenbeherbergung.

Sechs Jahre führten die Reindls mit mäßigem Erfolg das »erste Haus am Platz«, ehe sie es 1899 an den Gastwirt Carl Kurer aus Feldkirch in Vorarlberg veräußerten. Auch Kurer bewirtschaftete das Haus nicht immer selbst. Als Pächter versuchte 1913 ein gewisser Franz Xaver Baumann aus dem niederbayerischen Mallersdorf dem guten Ruf des Hauses gerecht zu werden oder, was die Situation besser beschreibt, für ein paar Jahre das »große Geld« zu machen.

Nun lässt es sich unschwer vorstellen, wie abträglich sich der häufige Besitzer- bzw. Pächterwechsel auf die Gästeresonanz ausgewirkt haben mag. Von einem internationalen Publikumseinstand kann zu diesem Zeitpunkt schon nicht mehr gesprochen werden. Es verkehrten in der Hauptsache Durchreisende aus den unteren Bevölkerungsschichten im Haus, die hier eine kurze Bleibe suchten. Selbst Investitionen wie elektrisches Licht und eine Zentralheizung vermochten den Abstieg des Hotels nicht mehr aufzuhalten.

Nachdem sich Carl Kurer von seiner Frau Lina getrennt hatte, führte diese das Hotel weiter ohne im Besitz einer Konzession zu sein. Auf diesen Missstand wurden die Ordnungsorgane erst aufmerksam, als der Besitzer seine Exfrau in zwei Briefen an die Stadt anschwärzte. Nach Angaben Kurers führe seine frühere Frau das Haus Wispauer unhygienisch und sittenwidrig. »In dem Hotel geht es jetzt zu wie in einem Hurenhaus«, bemerkte Kurer in einem weiteren Schreiben an den Stadtmagistrat.

Die »Zustände« im Hotel Wispauer wurden nun von Seiten der Stadt überprüft. Die von ihrem Exgatten so dick aufgetragenen Vorwürfe erhärteten sich nicht. Der Ruf des Hauses war jedoch für die Zukunft beschädigt. Von der Polizei ständig observiert gab Frau Kurer 1920 schließlich auf. Ihr racheerfüllter früherer Ehemann konnte sich also doch noch über einen späten Sieg freuen und von München aus den neuen Pächter Josef Sieber aus Solln ins Spiel bringen. Sieber hatte nicht allzu lange zu kämpfen um von der Stadt die Rechte zur Wirtschaftsführung zu erhalten. Über Siebers Geschäftsführung sagen die Akten wenig aus. Die Zeitläufte (Inflation und Währungsreform) mögen erheblich dazu beigetragen haben, dass das einst so renommierte Hotel am Stadtplatz endgültig zur Bedeutungslosigkeit absank.

Die Lokalzeitung meldete bereits am 17. Juli 1920 den entgültigen Verkauf des Hotel Wispauer für 350 000 Mark an das Reichsarbeitsministerium, das in den Räumen des Hauses ein Versorgungsamt einrichtete. Der informativen Glosse fehlte nicht die Beibemerkung, wie sehr man seitens des städtischen Kur- und Fremdenverkehrs den Verlust des »größten und schönsten Hotels« bedaure. Die Räume im Parterre wurden an den Friseur Ehrl, an eine Strickerei, eine Nähmaschinenhandlung und an ein Kaffeegeschäft vermietet. Im rückwärtigen Trakt führte Josef Sieber den Gaststättenbetrieb weiter.

Im Frühjahr 1925 versuchte kurioserweise die Reichsvermögensverwaltung den Hotelbetrieb zu

Speiseteller mit Silberbesteck

Ansichtskarte mit Hotel Wispauer, 1920

reaktivieren. Josef Sieber pachtete nun auch die Beherbergungsräume an. Die Zimmer wurden renoviert und neu möbliert. Der erneute und zugleich auch letzte Versuch zu früheren glanzvollen Zeiten zurückzufinden schlug abermals fehl. Während des Dritten Reiches verwandelten sich die Gästezimmer mehr und mehr zu Verwaltungsbüros.

Zwischen den Jahren 1941 und 1995 nutzte das Arbeitsamt Traunstein alle Räume des Hauses. Nach einer abermaligen gründlichen Renovierung in den Jahren 1963 und 1964 wurde auch das Rückgebäude in der Fuchsgrube, das bis dahin die Truna-Lichtspiele beherbergte, dem Amtsgebäudekomplex angegliedert. Nachdem das Arbeitsamt 1995 in einen Neubau an der Chiemseestraße umgezogen war, versank das Wispauerhaus in einen einige Jahre anhaltenden Dornröschenschlaf um künftig als repräsentatives Gebäude der Sparkasse Traunstein wieder mit neuem Leben erfüllt zu werden.

In den Jahren 1998/99 wird das Gebäude vollständig umgebaut. Aus Gründen der Denkmalspflege bleiben die Außenfassaden erhalten. Das Innere des Hauses bietet jedoch ein völlig verändertes Bild.

Im Erdgeschoss werden die Schalterräume der Sparkassengeschäftsstelle am Stadtplatz eingerichtet. Im 1. Obergeschoss werden Beratungsräume installiert. Im darüber liegenden 2. Stock sollen Schulungen und Versammlungen stattfinden. Mit einem Sitzungszimmer und Räumen für Verwaltung und Haustechnik schließt das Haus mit einem Dachgeschoss ab.

Umso mehr ist es jetzt zu einer »Stätte der Erinnerungen« geworden, so wie es einst das Königshaus in dem Kondolenzschreiben für Joseph Wispauer sen. ausdrückte. Oder sollte doch der weise Ferdinand Gregorovius Recht behalten, als er meinte:

»Ein Haus bietet so viel, wie der Herr, der Gast und die Zeit von ihm erfordert.«

Willi Schwenkmeier

Wir hier unten, ihr da oben ...

Der Stadtplatz aus der Sicht der unteren Stadt

Im Prinzip wussten wir nichts, gar nichts. Geboren zu Beginn der 50er Jahre, eingeschult in den neu errichteten Pavillon an der Haslacher Straße, die einen blieben auf der Volksschule und machten dann eine Lehre, die anderen gingen aufs Gymnasium und wurden irgendwas, Lehrer zum Beispiel wie der Verfasser. Was sollten wir auch wissen von all dem, was man heute Sozialgeschichte nennt. Die Tatsache, dass uns niemand in deren Geheimnisse eingeweiht hatte, war völlig nebensächlich; es hätte uns nicht im Geringsten interessiert.

Unsere Welt war eine gänzlich andere, sie tat sich während der Schulzeit nach der hastig hingefetzten Hausaufgabe auf, während der Ferien schon in aller Frühe: Das war die Traun mit ihren Koppen und den Forellen, das waren die Wälder rund um Sparz mit der Mädchenrealschule samt Internat (wobei uns die Mädchen dort oben erst später als betrachtenswerte Wesen erschienen), das war unser selbst gebauter Fußballplatz unter dem steilen Sparzer Abhang, der »Plooz«, der beim Bau der Umgehungsstraße von Bulldozern in nur wenigen Minuten weggeschoben war, ein für alle Mal.

Damit starb mehr als nur ein Kapitel Kindheit, damit starb eine kindliche Heimat, auch wenn mir das damals nicht bewusst wurde, als ich den Maschinen bei ihrem Vernichtungswerk zusah. Heute fahre ich tagtäglich auf dieser Straße, das Paradies ist kaum mehr vorstellbar, nur wenn ich auf dem »Traunstein« stehe und mich über die Brüstung beuge, wenn ich runterschaue zum trüben Wasser der Traun, dann wird vieles in der Erinnerung wieder konkret:

Dass wir von dort oben mit schweren, kaum zu schleppenden Steinen nach Forellen warfen, dass wir an der Nagelfluhwand mit zittrigen Armen klebten, bis wir kraftlos in den Kies fielen, dass wir uns im dichten Gebüsch hinter dem Felsen versteckten, wenn wir glaubten beim Schwarzfischen erwischt worden zu sein. Die Traun war unser Revier, der Sparzer Buckel unsere Heimat, der Bürgerwald unsere Wildnis. Drüben, auf dem anderen Buckel, standen und stehen – heute wie damals – die Häuser der Stadt, überragt vom Kirchturm, eine andere Welt, seinerzeit gewiss nicht die unsere, denn wir kamen aus der Unterstadt. Die Stadt dort oben war so weit weg wie der Mond.

In Traunstein gab es immer schon Bürger und andere Leut. Irgendjemand hat das mal so formuliert, und ohne dass uns dieses Aperçu bekannt war, spürten wir, dass dem tatsächlich so war. Wir waren keine Bürger, wir kamen aus der Unterstadt, auf die man von oben runterschaute, nicht nur im topografischen, sondern auch im gesellschaftlichen Sinn. Dabei gab es selbst in der Unterstadt Differenzierungen und Nuancen der Zuordnung: Die Wiese war was anderes als die Au, die Scheibenstraße nobler als der Traundamm, der Botenwirt von anderem Niveau als das Weiße Gartl. Und es gab die Baracken, davon hatten wir uns fern zu halten, das Wort »Grattler« fiel zwar nicht, aber es wurde gedacht und »Barackler« war ein Schimpfwort, ein gemeines noch dazu.

Als Unterstadtkind war man zwar ein Traunsteiner, aber das sagte gar nichts. Traunstein, das war die »Stadt« und die »Stadt« war der Stadtplatz, der war unsichtbar und zu dem musste man

Blick vom Bürgerwald: drüben, jenseits der Traun, der Stadtbuckel und St. Oswald

raufgehen, hinauf wie auf einen Berg oder in eine andere Welt. Zur Schule sind wir erst dann über den Stadtplatz gegangen, als uns die Mädchen interessierten, die in entgegengesetzter Richtung nach Sparz mussten. All die Jahre vorher führte uns der Weg durch die Au und den Salinenberg hinauf, die »Stadt« war belanglos.

Natürlich kamen auch die Freunde aus der Unterstadt, da wurde nicht mehr differenziert zwischen Gaswerkviertel und Trauner Straße, alle waren katholisch und alle waren alteingesessen.

Als ich 1957 in die Schule kam, gab es zwei erste Klassen, A und B, wir waren die A-Klasse und es wurde eine andere Differenzierung deutlich. A, das hieß Alt-Traunstein, von der Unterstadt bis rauf zur Wartberghöhe, B hingegen hieß Neu-Traunstein, also Flüchtlingskinder. Das Feindbild war aufgebaut: Die »Stadterer« und die von der noblen Wartberghöhe wurden geduldet, obwohl sie meist nicht Fußball spielen konnten, die Neu-Traunsteiner hingegen nicht, denn die waren primär protestantisch oder auch nicht, es wurde halt so gesagt, wichtig war, dass sie sehr gut Fußball spielten. Die meisten sogar besser als wir.

Über Jahre hinweg war Fußball das Wichtigste überhaupt. Der Platz unterhalb von Sparz entstand, mit einem Tor zwischen zwei stämmigen Bäumen, einer nahen Quelle als Durstlöscher, mit der Traun als Risikofaktor: Oft genug schwamm der einzige Ball, meist ein Plastikball, davon in Richtung Hl.-Geist-Brücke, manchmal auch weiter, wir radelten hektisch auf dem Damm hinterher und nicht selten hatten wir erst dann eine Chance, wenn der Ball von den Strudeln beim Viadukt als hüpfendes Etwas festgehalten wurde. Natürlich spielten nur Kinder aus der Unterstadt zusammen, Altersunterschiede zählten nicht, wichtig war einzig, dass ein Spiel möglich war. In den Schulpausen wurde getäuschelt, beim Lang, dem kleinen Laden an der Trauner Straße, gab es die heiß begehrten Kaugummis mit den Bildern der Fußballstars, die wir natürlich alle kannten: Ein Uwe Seeler gegen einen Stollenwerk, Schnellinger und Juskowiak ...

Das Bild trügt nicht, es war eine Idylle, trotz der unter Buben üblichen Raufereien, trotz der schimpfenden Eltern, wenn die Turnschuhe wieder Löcher hatten, trotz der Wut, wenn in der elterlichen Schreinerei geholfen werden musste, während die anderen Fußball spielten.

Die Stadt war langweilig für eine verschworene Bubengemeinschaft, die jedes Länderspieltor von Helmut Rahn kannte und zugleich Karl May regelrecht verschlang. Außer der Schule gab es keine Berührungspunkte zu den »Stadtkindern«, die liefen über das Stadtplatzpflaster, wir ritten über die Prärien von Sparz. Dort oben gab es den »Bunker«, natürlich war es uns verboten, dort hineinzusteigen, wir taten's dennoch, denn das war Abenteuer pur. Drüben im nahen »Dschungel« fanden wir Kriegsreste, verrostete Gewehre und löchrige Stahlhelme, auch Munition. Der Steiner-Keller war geradezu mystisch, ebenso wie die alte Stadtmauer beim Durach, da sollte es unabsehbar lange Gänge geben aus der Ritterzeit, Geheimgänge, von denen nur Eingeweihte wussten, die vom Weißen Gartl in die Stadt hinaufführten und in denen natürlich Skelette lagen von Neugieri-

Der alte Steiner-Keller unterhalb von Sparz

gen, denen diese Gänge zur tödlichen Falle geworden waren. Das flößte Respekt ein und dämpfte die Neugier enorm.

Irgendwann in dieser Zeit, als wir zwölf- bis vierzehnjährige Buben waren, fiel das Wort vom »Glasscherbenviertel«, aus dem wir kommen würden. Die Unterstadt, unsere Unterstadt ein Glasscherbenviertel, quasi ein Grattlerbezirk?

Es war keineswegs so, dass damit urplötzlich eine Politisierung eintrat, schließlich waren wir ja noch Kinder, einige am Gymnasium, andere weiterhin an der Volksschule, doch das hatte nichts bezüglich des Freundschaftskults verändert. Aber diese schmerzende Bemerkung gab doch den Anstoß nachzufragen und sich mit der Unterstadt auseinander zu setzen.

Die Unterstadt war, zumindest für uns, eine »Stadt in der Stadt«. Da gab es eine eigene Feuerwehr, die der Wiese, mit einem eigenen Kommandanten, dem Steinberger Luck, der sein Geschäft am Vorberg hatte, in dieser Grauzone zwischen Stadtplatz und unserem Viertel. Da gab es aber auch eine eigene Messe in St. Oswald für die Bürger der Unterstadt, das »Sebastiani-Amt«, allem Anschein nach eine Reminiszenz an die Pestzeit; mit meinem Vater ging ich zum »Sebastiani-Sammeln« für diesen Gottesdienst, auf die neugierigen Fragen gab es die nicht immer verstandenen Antworten. Doch nachträglich bekam so manches aus der Heimatkunde seinen Sinn, so wurde die Au mit dem noch ungeteerten Karl-Theodor-Platz und den gelben Salinenhäusern etwas Geschichtliches, freilich in einer etwas naiven Weise.

Mein Bruder war mit dem Lehrer Lunk auf dem Hügel der Lenzinsburg gewesen, die galt es jetzt ebenfalls zu suchen und zu entdecken; die alte Stadtmauer wurde interessanter denn je, wir stellten uns zum ersten Mal die Frage, warum die dort unten mit einer Mauer von denen dort oben abgetrennt waren. Prinz Eisenherz und Ivanhoe lösten Winnetou ab, die Weite der Prärie verlor ihren Reiz, die Heimatkunde hatte uns zu Rittern gemacht. Durch die Beschäftigung mit dem Mittelalter wuchs eine neue Sichtweise, der Peststein beim Steinerkeller wurde bedeutend, ein leises Begreifen des Unterstädtischen setzte ein. Und damit gewann die Stadt, gewann vor allem der Stadtplatz an Relevanz. Jetzt bemerkten auch wir, dass von dort oben zu uns heruntergeschaut wurde. Das schlimme Wort »Glasscherbenviertel«

Ein Fenster ins Mittelalter: die Reste der alten Stadtmauer

war im Gymnasium gefallen, »Stadtkinder« hatten es gesagt.

Das Interesse an der Geschichte entstand, bei mir vielleicht etwas stärker als bei den Freunden, aber es entwickelte sich ungeordnet, andere Leidenschaften hatten Vorrang. Der Lehrplan am Gymnasium war seinerzeit bestens geeignet, historische Neigungen im Keim zu ersticken: Alkibiades sollte wesentlicher sein als die Geschichte des Heimatraumes, die Nazizeit war tabuisiert, Caesars Gallischer Krieg wurde in Latein und in Geschichte seziert. Auf die Idee, mit uns im Heimathaus Geschichte zum Anfassen zu praktizieren, kam niemand.

Was nicht gelehrt wurde, mussten wir uns anlesen, es blieb folglich bruchstückhaft. Das Interesse an der Stadtgeschichte wuchs punktuell, ausgerechnet durch die Bergsteigerei. Merkl, Müllritter, Bechtold: Immerhin waren nach diesen Chiemgauer Bergsteigern Traunsteiner Straßen benannt worden, Müllritter und Merkl waren Nanga-Parbat-Opfer, ich las Bechtolds Buch wie auch die von Fritz Rigele und von Fritz Kasparek. Das waren Bücher aus den 30er Jahren, die Deutschtümelei in der Diktion fiel auf, folglich ergaben sich Fragen, die jedoch niemand beantworten konnte oder wollte. Dann kam das Traunstein-Buch des alten Lehrers Baumeister in die Buchläden, zuvor, im Sommer 1965, war Willy Brandt auf dem Traunsteiner Stadtplatz bei einer Wahlveranstaltung tätlich angegriffen worden, aus welchen Gründen auch immer, doch man munkelte auch von Verzichtspolitik. Und in Baumeisters Traunstein-Buch waren nur ein paar Bilder vom zerstörten Bahnhof nach der Bombardierung, niemand sprach über die Nazizeit in dieser Stadt, auf Fragen gab es ausweichende Antworten. Warum hatte ein Traunsteiner Brandt würgen wollen? Warum war Fritz Rigele mit Hermann Göring geklettert? Wa-

Der Peststein von 1635: Erinnerung an all jene, »welche die wüthende Pest 1633 wegraffte ...«

rum schrieb Fritz Bechtold vom deutschen Heldenmut? Warum gab es immer noch den überwachsenen Bombentrichter gegenüber der Lichtburg?

Die Stadt rückte ins Blickfeld, mit der Hinwendung zur Geschichte und dem später daraus resultierenden Geschichtsstudium interessierte mich die Geschichte der Stadt schon fast zwangsläufig; dadurch, dass ich lernte Zusammenhänge zu begreifen, erhielt insbesondere die Sozialgeschichte einen wesentlichen Stellenwert. Und damit erneut die Unterstadt.

Armenhaus, Leprosenhaus, Peststein, Pestanger ... draußen, jenseits der Traun, in Hl. Geist, außerhalb der Stadt also. Das Hl.-Geist-Kircherl war Ende der 50er Jahre abgerissen worden, aus dem Leprosenhaus war irgendwann das Armenhaus geworden, aus dem Hl.-Geist-Krankenhaus das Bürgerheim, es musste zu Beginn der 70er Jahre der neuen Umgehungsstraße weichen, genauso wie der Fußballplatz unserer Kindheit, wie das kleine Sachl, wo's zum Sparzer Graben reingeht, wie der alte Bauernhof hinterm Traunstein. Und

Das »Weiße Gartl«, hineingebaut in den Stadtbuckel, ist heute eine Musikkneipe.

auch der Peststein, der wohl von 1635 stammt, musste versetzt werden. Seine Inschrift besagt: »Hier in diesem Anger ruhen beynahe alle Einwohner des Vorbergs u. der Wiese, männlich und weiblichen Geschlechts nebst Kindern, welche die wüthende Pest 1633 wegraffte, die noch wenige Anzahl verlobten sich zum hl. Sebastian auf dessen mächtige Vorbitte das Uebel sich endete.« Natürlich hatte uns Buben fasziniert, dass wir barfuß über eine Wiese liefen, unter der Menschen verscharrt lagen, die vor Jahrhunderten an der Pest gestorben waren. Das war uns durchaus makaber vorgekommen.

Jetzt, Jahre später, stellte ich mir andere Fragen: Warum war für das Sebastiani-Amt nur in der Unterstadt gesammelt worden? Die Antwort stand ja auf dem Peststein, aber daraus ergab sich eine neue Frage: Warum wütete die Pest allem Anschein nach nur in den Randbezirken von Traunstein, eben in der Unterstadt, in Haslach, in Haid?

Wieder war die Antwort einfach, doch diesmal erweckte sie Grauen: Weil sich die Stadt verriegelt hatte und geschützt war, wer innerhalb der Stadtmauern lebte.

Die Bürger wussten sich zu schützen. Bei den Pestopfern »handelte es sich beinahe ausnahmslos um Angehörige der gesellschaftlichen Unterschicht, die im Infektionsfall von den Bürgerfamilien abgeschieden wurden ... Die besondere Tragik dieser Ärmsten wird wohl darin zu sehen sein, dass sie neben ihrer physischen Not auch wenig psychischen Beistand erwarten konnten. Jeder halbwegs Gesunde hielt Distanz zu diesen Hoffnungslosen« (Albert Rosenegger). Vereidigte Torwachen sorgten für die Sicherheit der Stadtbürger, der Magistrat ordnete für die abgeschottete Stadt Säuberungsmaßnahmen an, die Pest griff in den Vorstädten um sich, auch in der Au, der ehemaligen Salinenhofmark: »Besonders stark waren dabei die Salinerfamilien von der Seuche betroffen.«

Bürger und andere Leut – man mag dem entgegenhalten, dass die Unterstadt von den beiden Stadtbränden der Neuzeit verschont blieb. Doch solche Aufrechnungen sind müßig; wesentlich ist, dass sich – aus der Sicht der Stadtbürger absolut verständlich – die Stadt gegen das Entsetzen der Pest wappnete, und das war nur mit dieser rigiden Maßnahme möglich, mit Aussperrung.

Ein Begriff muss übernommen werden, der des Proletariats. Man würde es sich zu einfach machen, differenzierte man nach bloßer Polarität, hier die Stadtbourgeoisie, dort das Vorstadt-Proletariat. Götz von Dobeneck hat in seinem Beitrag »Gewerbe in der Hofmark Au« zur Traunsteiner Salzgeschichte (Jahrbuch 1995 des Historischen Vereins) nachgewiesen, dass die Traunsteiner Bürgerschaft vor dem Bau der Salinenleitung »verarmt, schlecht und notig« war, dass noch Ende des 18. Jahrhunderts die aufblühende Hofmark Au zum »unausbleiblichen Ruin der Bürgerschaft« hätte führen müssen. Sie hat es nicht getan, auch dann nicht, als die Au 1818 zur eigenständigen politischen Gemeinde erhoben wurde.

Vielleicht – ein Vielleicht mit vielen Fragezeichen – war es ein latentes Überbleibsel dieser Befürchtungen, dass die Stadtplatzkinder in der Schule meist nur despektierlich von den »Aulern« redeten, wobei der Begriff »Glasscherbenviertel« dann nicht weiter differenzierte zwischen Au und Unterstadt. Ebenfalls ein sehr vages Vielleicht: Die Unterstadt und die Au waren seinerzeit das klassische Proletarierviertel, dem gegenüber das mittelständische Stadtbürgertum stand; war der Blick von oben nach unten also auch ein politischer Blick? Dort unten die Sozis, auch ein paar Kommunisten, dort oben der Wählerstamm der CSU, rund um St. Oswald? Tatsache ist, dass sich das Bürgertum stets vor einem Abdriften ins Proletariat fürchtete und sich auch deshalb abgrenzte, natürlich nicht nur in Traunstein, aber dort auch. Dabei war die Unterstadt stramm katholisch zu unserer Kinder- und Jugendzeit, trotz der Sozis und trotz der wenigen Kommunisten. Im Vereinshaus traf sich die Pfarrjugend, dort war die Kolpingfamilie zu Hause. Und dennoch lebte hier das Proletariat, gemeinsam mit einem mittelständischen Bürgertum, mit Kleinunternehmern und Beamten.

Richtiggehend reiche Familien gab es damals in der Unterstadt nicht, der Wohlstand auch der mittelständischen Bürger war bescheiden, wer größere Unternehmen betrieb, lebte nicht dort. Die Wirtshäuser spiegelten ebenfalls soziale Zugehörigkeit wider, es gab die Wirtshäuser für die Habenichtse – wie das Weiße Gartl oder den Brückenwirt, die folglich für uns tabu waren – und die der Arbeiter, aber auch der Unterstadtbürger. Erst später weichte sich diese Differenzierung auf, aber noch in den 60er Jahren gab es die klare Zuordnung.

Zurück in die 60er Jahre, als der Stadtplatz mehr und mehr Bedeutung für uns erlangte. Die Wendung »in die Stadt gehen« bedeutete, hinauf zum Stadtplatz zu steigen. Es war tatsächlich ein »Steigen«, entweder über die Türlbergstiege rauf zum Löwentor, über die flachen Treppen des Vorbergs, den die Unterstädter niemals Kniebos nannten, über die Büchelestiege, über die Finsterstiege oder die Apothekerstiege. Dort oben lag »die Stadt«, der für unser Empfinden riesige Platz um die Pfarrkirche, der deshalb auch als so weitläufig erlebt wurde, weil die Zugänge beengend waren. Der Vorberg war eine andere Welt, ebenso Höll- und Hofgasse. Da waren Hauswände zusammengerückt, man ging wie durch Schluchten, dann öffnete sich alles, man war »in der Stadt«.

Wenn wir, in der Grauzone zwischen Kindheit und Jugend, nachmittags unterwegs waren, gab es abends nur dann misstrauische Blicke vonseiten der Eltern, wenn wir »in der Stadt« gewesen waren, als ob wir dort der Versuchung unterliegen könnten wie dereinst der hl. Antonius. Das war ganz anders am Sonntag, da mussten wir prinzipiell hinauf in die Kirche, außerdem hatten am Sonntag die Geschäfte geschlossen, die natürlich Begehrlichkeiten weckten, vor allem der Unterforsthuber, für uns der Inbegriff des Städtischen, als wir noch Kinder waren.

In der Unterstadt gab es Lebensmittelgeschäfte, Bäcker und Metzger, dorthin hatte uns die Mutter zum Einkaufen geschickt, mit Glück fiel dabei irgendetwas für uns ab. Der »Untax« jedoch, oben auf dem Stadtplatz, er ließ die Kinderherzen höher schlagen, dort sahen wir all das, was wir nicht hatten, und das war viel, natürlich auch viel Überflüssiges, aber das können Erwachsene nie beurteilen. Wiking-Autos en masse, wir sammelten sie und erwarben sie nicht immer rechtmäßig, auch wenn uns hinterher höllisch das schlechte Gewissen plagte und es beim monatlichen Beichten eine Sonderbuße gab. Später, in der Jerry-Cotton-Phase, gab es Schreckschusspistolen, mit denen wir die städtische Welt vor Verbrechern schützen wollten, die es natürlich nur in der Stadt und nicht im Wald gab. Wieder später, Mitte der 60er Jahre, sehr zum Ärger der Eltern, wird das Musikhaus Fackler zum Gralstempel; stundenlang lassen wir uns Singles vorspielen und kaufen dann doch die, wegen der wir gekommen waren, die neue von den Beatles, von den Rolling Stones, von Sonny & Cher, von den Kinks, »Katzenmusik«, wie es zu Hause hieß. Da existierte längst schon die »Cortina« der Frau Soravia, dort gab es die ersten scheuen Kontakte mit Mädchen nach den Maiandachten, plötzlich – oder war's nicht doch ein längerer Prozess? – verlor die Unterstadt ihre Bedeutung, wir erlagen der Faszination Stadtplatz, auch wenn wir uns dann zu den ersten Tête-à-têtes in die vertrauten Winkel der Unterstadt zurückzogen.

Die Unterstadt wurde nicht zur Hemmnis, was die ersten Liebeleien anbetraf, denn Stadtmädchen erachteten wir, die wir doch aus dem »Glasscherbenviertel« kamen, schlicht für unerreichbar, aber es gab ja auch Mädchen unterhalb des Stadtbuckels. Jetzt, in der Nachschau erst, fällt in der Tat auf, dass wir auch in dieser Beziehung quasi unter uns blieben, die Freundschaften ergaben sich aus der Topografie, die Scheu vor dem Städtischen, das uns insgeheim immer noch fremd war, bestimmte auch die Hinwendung zu den Mädchen.

Und jetzt? Fast ein halbes Leben später, als Nicht-mehr-Traunsteiner und dennoch mit dieser Stadt Verbundener? Wenn ich heute durch »meine« Unterstadt wandere, bestechen nach wie vor die grandiosen alten Häuser in der Scheiben- und Schützenstraße, aber da sind auch renovierte Viertel, am Traundamm, entlang der Trauner Straße, im Bereich der Gasstraße und und und ... Man findet wahre Idyllen, entlang des Mühlbachs zum Beispiel; viele Cafés, Musikkneipen und »In-Lokale« haben sich hier etabliert, auch eine Jugendszene ist präsent. Sparz steht immer noch hoch droben auf dem Buckel, der Bürgerwald ist schön wie eh und je, einige der mystischen Flecke der Kindheit gibt es auch noch.

Ein Steigen hinauf: die »Finsterstiege«

Die Weitläufigkeit des Platzes erlebt man besonders intensiv durch die Beengtheit seiner Zugänge.

Das Leben in dieser Unterstadt hat ganz bestimmt geprägt, bloß dass ich heute den Stadtplatz nicht mehr als geheimnisvollen Mythos empfinden kann, der er in der Kinderzeit zweifellos war. Alles fließt – wie das Wasser der Traun, deren Weg seit urdenklichen Zeiten in weitem Bogen um den Hügel der Stadt führt. Zwischen der Traun und diesem Hügel liegt immer noch unsere Heimat, unsere Kindheit und unsere Jugend, wenn auch längst überlagert von anderem, eben weil alles fließt.

Mit dem Älterwerden verstärkt sich zwar die Verklärung der Kindheit, aber die Fähigkeit zu reflektieren nimmt zu, man hofft es zumindest. Die Ecken und Kanten der Jugend – Jugend jetzt gesehen als eine Zeit des aufmüpfigen Neugierigseins – sind großteils abgeschliffen, doch es haben sich Interessen herausgebildet, eben auch an der Sozialgeschichte, von der wir als Kinder und auch noch als Jugendliche nicht die geringste Ahnung hatten. Doch, eine Ahnung war wohl da, ausgelöst durch dieses Wort »Glasscherben-

Die alten Bürgerhäuser in der Scheibenstraße

viertel« – den Namen für den Ort, von dem wir kamen.

Es stimmt schon: Es gab selbst noch zu unserer Zeit Bürger und andere Leut. An diese Feststellung hängt sich kein Lamento, weshalb auch, wir haben das als Kinder ja nicht als Makel empfunden. Es gab Standesunterschiede und daraus resultierten Zugehörigkeiten, die wesentlich waren; der damit verbundene soziale Aspekt jedoch war uns gänzlich fremd. Der Stadtplatz als Herz der Stadt und damit als Dreh- und Angelpunkt des urbanen Lebens konnte erst dann relevant werden, als das Städtische mit all seinen Reizen die Neugier geweckt hatte, und das war möglich, als mit der Kindheit auch der alte Reiz an dem verloren ging, was unsere Kindheit geprägt hatte. Dann jedoch erwies sich die Stadt als spröde, in gewisser Hinsicht sogar als abweisend und Scheu erweckend, nicht allein deshalb, weil es uns eingebläut worden war, nicht mit unserem gewohnten, alles andere als sauberen Gewand dort hinaufzugehen: »Wennst in d'Stadt gehst, ziehst dir was Ordentliches an!«

Es war, auch von elterlicher Seite, klar differenziert: Die Stadt ist etwas anderes als all das, wo wir uns sonst aufhielten. »Was sagen bloß die Leut, wenn du so daherkommst!« Die Leut, das waren die Menschen oben auf dem Stadtplatz, denen musste man anders erscheinen als denen in der Unterstadt, damit war eine Distanz geschaffen, die lange blieb.

Vielleicht entstand dadurch auch eine Art Empfindlichkeit, die gegenüber der Bürgerlichkeit zum Ausdruck kam, obwohl auch ich im bürgerlichen Milieu aufgewachsen war, inklusive dieser Trennung zum Proletarischen.

Als das geschichtliche Interesse geweckt war, als diese Geschichte mit Willy Brandt die Traunsteiner beschäftigte, als ich kopfschüttelnd den nazistischen Texten eines Fritz Bechtold oder eines Fritz Rigele gegenüberstand, als auch die Fragen sich formulierten, wie das denn damals in Traunstein war zur Nazizeit, oben in der Stadt, unten bei uns, wo ja ehemalige KZ-Insassen wohnten, erhielt ich nur vage und höchst ausweichende Antworten. Dabei war der erste, beim Russland-Feldzug gefallene Mann meiner Mutter einer der beiden Traunsteiner Ritterkreuzträger, abgebildet in dem Buch von Franz Baumeister, in dem ansonsten, wie schon erwähnt, herzlich wenig über diese Zeit zu lesen war. Die Fragen wurden drängender, die Antworten verschwommener, darüber wollte man nicht reden, auch meine Eltern nicht. Literatur über Traunstein zur Nazizeit gab es damals keine, doch das Studium und entsprechende Standardwerke ermöglichten ein ansatzweises Verstehen der Zusammenhänge, wenngleich viele Faktoren zu berücksichtigen sind, heute vielleicht mehr denn je. Analysiert man die Grafiken zu den Wahlen zwischen 1924 und 1933 in Gerd Evers Buch »Traunstein 1918–1945« (S. 77 ff.), so fällt auf, dass in der Unterstadt der Stimmanteil für die NSDAP bei weitem nicht so hoch war wie im Stimmbezirk der alten Oberstadt, entsprechend auch wurde »unten« traditionell mehr links gewählt als »oben«. Politische Weltanschauung schafft Diskrepanzen, dazu bedarf es nicht einmal eines Fanatismus; die Unterstadt als proletarisches Viertel – nicht nur wegen der ehemaligen Salinenarbeiter – kontrastierte auch diesbezüglich zur städtischen Bürgerschaft.

Das Zentrum der Stadt, der Stadtplatz mit seinen Bürgerhäusern und seinen Bürgern, blieb seinerzeit für ein Kind der Unterstadt – und das habe gewiss nicht nur ich so empfunden – eine fremdartige Welt, die einerseits anzog, andrerseits aber kein Wohlbefinden auslöste. Irgendwie, und das ist bestimmt keine Einbildung und keine Schimäre, fühlte man, dass man nicht hierher gehörte und lediglich geduldet war. Die Unterstadt lag und liegt eben unter und vor der Stadt. Heute, da sich die Stadtbürger in großer Anzahl ihre Häuser außerhalb der Stadt gebaut haben, ist diese soziale Abstufung längst aufgeweicht, sie existiert so gut wie nicht mehr. Die Unterstadt hat, so sagt man, an Lebensqualität gewonnen, es gibt Handwerksbetriebe und Geschäfte jedweder Art, es gibt Kneipen und g'standene Wirtshäuser.

Und mit nur wenigen Schritten ist man an der Traun und jenseits von ihr, droben auf dem Sparzer Buckel oder in der Stille des Bürgerwalds. Da sind wir groß geworden, es war eine wilde, wunderschöne Kindheit für uns aus der Unterstadt und um nichts in unserer Welt hätten wir mit Stadtplatzkindern getauscht. Ganz gewiss nicht.

Nach wie vor eine Idylle: der Sparzersteg über die Traun

Herbert Weiermann

Die Stadtpfarrkirche St. Oswald

Eine bau- und kunstgeschichtliche Betrachtung

Die Stadt Traunstein besitzt nur zwei Baudenkmäler von überregionaler Bedeutung. Es sind dies die Stadtpfarrkirche St. Oswald und die Salinenkapelle St. Rupert und Maximilian. Die Stadtpfarrkirche – heute der dritte Bau an derselben Stelle – besitzt eine ganz ungewöhnliche Lage. Innerhalb des längs gestreckten, großzügig angelegten Stadtplatzes steht der mächtige Bau der Kirche zwar ganz frei, doch tritt die Fassade dicht an den Häuserkomplex des westlichen Straßenzuges heran und auch bei den Längsseiten ist wenig Freiraum. Östlich vom Chor hingegen entfaltet sich der Platz jetzt ungehindert und weit. Früher allerdings stand im Ostteil des Platzes eine kleine Kirche, die Georg- und Katharinenkirche. Heute ist es allein die Pfarrkirche, die den Platz beherrscht. Durch die exzentrische Lage der gewaltigen Baumasse mit dem hohen Turm und der östlich anschließenden weiten freien Fläche erhält der Platz eine eigentümliche Spannung. Dies unterscheidet den Traunsteiner Stadtplatz grundlegend von anderen Stadtplätzen im südostbayerischen Raum. Hierzu gibt es drei Varianten: 1. Eine der Längsseiten der Kirche verläuft in etwa gleicher Linie wie die Häuserfront (Wasserburg/Frauenkirche). 2. Die Fassade oder der Chor wendet sich zum Platz hin (Landshut/St.Martin, Burghausen, Schongau, Erding, Rosenheim). 3. Der Platz bleibt fast frei, die Pfarrkirche liegt abseits (Tittmoning, Mühldorf, Rosenheim). In Traunstein aber stellt sich der Stadtplatz durch die allseitige freie Lage der Kirche auch als geistliches Zentrum dar.

Ungewöhnlich ist auch das Patrozinium St. Oswald. Ist es noch eine Nachfolge der zweiten iroschottischen Missionierungswelle des 11. Jahrhunderts?

Oswald (erste Hälfte 7. Jahrhundert) war Sohn eines heidnischen englischen Königs, wurde getauft, später König und starb im Kampf gegen einen heidnischen König. Seine Verehrung auf dem Kontinent begann im 11. Jahrhundert durch Schottenmönche. Er ist für die verschiedensten Anliegen zuständig.

Eine weitere Besonderheit ist, dass Traunstein lange Zeit keine eigene Pfarrei besaß. Kirchlich gehörte es anfangs zu Erlstätt, von 1263 bis 1851 zu Haslach. Bis dahin war die Oswaldkirche zwar Stadtkirche, aber nicht Pfarrkirche.

Die erste Kirche

Zur frühesten Kirche (urkundlich 1342 erstmals erwähnt) besitzen wir über Erbauungszeit und Aussehen keine gesicherten Angaben. Es können daher nur Vermutungen angestellt werden. Die Gründung steht wahrscheinlich im Zusammenhang mit der Erhebung der Ansiedlung zur Stadt, um 1300 oder kurz danach. Der Bau war vermutlich einschiffig, also ein Saalbau, und besaß sicherlich einen Westturm.

Zum Baustil lässt sich keine verbindliche Aussage machen. War er noch romanisch? Oder schon frühgotisch? Die Datierung der kürzlich entdeckten Gewölberippen beim ehem. Salzmaierhaus in den Anfang des 14. Jahrhunderts lässt die Möglichkeit des frühgotischen Stils zu.

(Beim Ausbau des jetzigen Westturms 1884 sah Max Fürst allerdings noch Spuren vermauerter romanischer Doppelfenster). Die Kirche blieb bis ca. 1450 bestehen. Dann musste sie einem Neubau weichen.

Die zweite Kirche

Der Grund für den Neubau lag wohl in dem Wunsch nach einer größeren Kirche im zeitgemäßen Stil der Spätgotik. Den frühesten erhaltenen Hinweis (1443) für den Neubau liefert eine Stiftung »zu dem Paw und Chor« der Kirche. Erst 1501 erfolgte die Weihe.

Zu diesem spätgotischen Bau können genauere Angaben gemacht werden aufgrund einer Baubeschreibung (um 1661) des Langhauses. Danach war er im Typ einer dreischiffigen Basilika mit folgenden Maßen angelegt: Länge 18 m, Breite 14,3 m, Höhe des Mittelschiffs 11–13 m, der Seitenschiffe 7–8,5 m. Nach vier bildlichen Darstellungen besaß die Kirche einen hohen Turm mit Spitzhelm und einen ungewöhnlich großen Chor.

Das Innere hat man sich ungefähr so vorzustellen: Das Gewölbe war als Netzrippengewölbe ausgebildet, im Chor evtl. mit sternförmig angeordneten Rippen. Vielleicht waren die Rippen farbig gefasst und die Gewölbeflächen in der damals üblichen Art mit gemalten Blumen und Rankenwerk geschmückt.

Als Ausstattung, die wie häufig im Laufe späterer Jahrzehnte gewechselt bzw. bereichert wurde, hat man sich zu denken: Hochaltar im Chor, Nebenaltäre an den Stirnwänden der Seitenschiffe, evtl. weitere Altäre an den Stützen aufgestellt, außerdem Kanzel, Taufstein und ein Sakramentshaus, sicherlich auch einige gemalte oder plastische Andachtsbilder. Nichts von all dem scheint heute noch vorhanden zu sein.

Die dritte Kirche

Der dritte und letzte Neubau entstand in der zweiten Hälfte des 17. Jahrhunderts. Nach den Wirren des 30-jährigen Krieges, die allerdings das Gebiet östlich des Inn weitgehend verschonten, setzt in ganz Süddeutschland eine Bautätigkeit ungeahnten Umfangs ein. In der Zeit des beginnenden Hochbarock empfand man sicherlich die spätgotische Kirche als zu klein, mehr noch, als veraltet. Zudem wies sie beträchtliche Bauschäden auf. Die Entscheidung, ob Restaurierung oder Neubau, wurde dringlich und bereits 1673 wandte man sich in dieser Frage an Gaspare Zuccalli. Nach einigen Überlegungen – z. B. bestanden wohl aus Kostengründen die städtischen Behörden auf der vorläufigen Beibehaltung des Turms – bestimmte 1675 der kurfürstl. Hof in München den Abbruch des Langhauses. In zwei Phasen entstand schließlich ab 1675 der jetzige Bau, zunächst das Langhaus, dann der Chor.

Die mit Abstand künstlerisch wichtigste Phase betrifft das Langhaus, das Gaspare Zuccalli entwarf. Da er wegen seiner Münchner Verpflichtungen nur ganz selten in Traunstein war, überwachten örtliche Bauleiter die Ausführung, im ersten Jahr Lorenzo Sciasca, dann bis 1678 Antonio Riva. Die Namen späterer Bauleiter während der Errichtung des Langhauses sind nicht bekannt.

1684 verfertigte Antonio Viscardi einen (abgelehnten) Entwurf für den Turmaufsatz, gleichzeitig wie für Haslach. Ebenfalls 1684 errichtete Sciasca zwei Anbauten für Bruderschaften beiderseits des Turms: nördlich für die Corpus-Christi-Bruderschaft (anstelle des Kapuzinerhospizes von 1628) und südlich für die der Allerseelen. Die Anbauten ragten über die Breite des Langhauses hinaus. Sie hatten drei Geschosse, zwei Fensterachsen und einen Durchgang mit Arkaden; westlich und östlich je eine Arkade, südlich bzw. nördlich je zwei Arkaden.

Sciasca plante im selben Jahr eine Modernisierung und Erhöhung des Turms um zwölf Meter sowie einen Neubau des Chors. Dieser jedoch wurde erst 1694–1696 errichtet, wahrscheinlich nicht nach Sciascas Plan. Das Langhaus war nach 15-jähriger Bauzeit zumindest weitgehend vollendet, sodass der Salzburger Erzbischof Johann Ernst Graf von Thun 1690 die Einweihung vollziehen

Folgende Doppelseite: Blick in den barock gestalteten Kirchenraum zum Hochaltar

konnte. Der Baumeister Zuccalli konnte die Vollendung des Langhauses nicht mehr erleben.

Bei den erwähnten Baumeistern[1] ist zweierlei bemerkenswert: 1. Sie sind namentlich fassbar, es sind von ihnen weitere Arbeiten bekannt und sie treten somit aus der Anonymität heraus, wie sie für die spätgotische Kirche besteht. 2. Sie sind Graubündner und stammen aus Roveredo, Viscardi aus nächster Umgebung. Roveredo liegt im schweizerischen ehmaligen Misox, dem heutigen Mesolcina-Tal. Das ist der südlichste Teil von Graubünden.

Aus dem eng begrenzten Gebiet strömt, vermehrt seit der Mitte des 17. Jahrhunderts, eine große Anzahl von Bauleuten nach Süddeutschland. Gleichzeitig übrigens treten hier Baumeister auch aus Vorarlberg auf. Die Graubündner und die Vorarlberger prägen nun in hohem Maße die Sakralarchitektur. Es ist ein wirklich erstaunliches Phänomen, dass Bautrupps aus diesen beiden, in der Architektur nur gering ausgewiesenen Gegenden in ihren fernen Wirkungsorten so viele Aufträge erhielten und zugleich einer neuen Art der Architektur zum Durchbruch verhalfen. »Weder aus lokalen Werktraditionen noch aus der früheren Kunstgeschichte des Landes ist das Erscheinen der Vorarlberger Barockbaumeister zu erklären oder auch nur zu erwarten« (N. Lieb). Das Gleiche gilt uneingeschränkt für die Graubündner Baumeister.

Das imposante Langhaus in Traunstein hat die Innenmaße: 28,7 m lang, 18,1 m breit, 18 m hoch; Breite des Hauptraums, also ohne Kapellen 13 m. Breite und Höhe des Langhauses stehen im Verhältnis 1:1, es ist also ad quadratum entworfen. Das Langhaus ist ca. 10 m länger und ca. 3,8 m breiter als das spätgotische und es ist im Wesentlichen noch erhalten bzw. erkennbar, trotz der Erneuerungen, die nach den Bränden von 1704 und 1851 durchgeführt wurden. Der Raum besitzt stattliche Abmessungen und vorzüglich ausgewogene Proportionen. Sie erzielen einen großzügigen, machtvollen Raumeindruck. Der Bautyp entpricht dem einer Wandpfeilerkirche mit Emporen.[2] Das Langhaus besteht aus einem einzigen Hauptraum mit vier Jochen. Die Wandpfeiler haben einen fast quadratischen Grundriss und sind an den Stirnseiten mit hinterlegten Pilastern geschmückt. Zwischen den Wandpfeilern sind unten Kapellen, oben Emporen angeordnet. Die Tonnenwölbung (erneuert nach dem Brand von 1851) ist durch Gurtbögen unterteilt. Sie beginnen oberhalb der Pfeiler und überspannen quer den Raum. Unter und über den Emporen liegen Quertonnengewölbe. Über den Emporen sind Stichkappen. Im westlichen Joch erstreckt sich über zwei Pfeilern eine doppelte Empore, die untere in der gesamten Breite des Raumes, die obere schmaler (erneuert). Große Fenster befinden sich in beiden Geschossen, die unteren ursprünglich gerade geschlossen, die oberen mit Rundbogen.

Der Schmuck der Pfeiler beschränkt sich fast nur auf die Stirnseiten. Auf den Pilastern liegt eine auffallend niedrige Art von Kapitell. Es besteht nur aus einem schmalen architravförmigen Streifen mit darauf folgendem Eierstabgesims. Auf diesem erhebt sich ein dreiteiliges hohes Gebälk mit Architrav, Fries und nochmals Eierstabgesims, das in den Raum etwas vorspringt. Von diesem Gesims leitet eine dünne Leiste zur Emporenrückwand über. Die gleiche Abfolge von Kapitellart und Gebälk setzt sich am Chorbogen und über den Pilastern des Chors fort.

Offen bleiben muss die Frage, wie der Gewölbeschmuck geplant oder evtl. auch ausgeführt war, denn das jetzige Gewölbe stammt aus der Zeit nach dem Brand von 1704: Waren es nur Rahmenleisten (wie in Hilgertshausen, Gmund)? Stuckdekorationen (ähnlich wie in München/Theatinerkirche)? Stuck und Fresken (wie in Grassau, Herrenchiemsee/ehem. Domstiftskirche)? Oder nur Fresken (wie in Gars)? – Die Farbgebung der Raumschale muss man sich in leicht abgetöntem Weiß vorstellen, ähnlich wie in München/Theatinerkirche.

Zum Neubau des Chors gab es bereits 1685 erste Überlegungen. Errichtet wurde er in der nächsten Bauphase von 1694–1696 mit einer Länge von 11,7 m und einer Breite von 8,5 m. Ohne Zwischenschaltung eines Querhauses schließt er unmittelbar an das Langhaus an, ist zu diesem hin

Wandpfeiler mit Ansatz der Wölbung, 1675

stark eingezogen und hat drei Joche sowie einen ³/₈-Schluss. In den zwei westlichen Jochen befinden sich über den Sakristeien Räume, die sich durch Fenster oratorienartig in den Chor öffnen. Fenster, die Tageslicht einlassen, gibt es nur im östlichen Joch und im Chorhaupt (hier durch den Hochaltar z. T. verstellt). Hinterlegte Pilaster und Gewölbe (erneuert) sind ähnlich wie im Langhaus.

Wenngleich der Chor durch seinen Grundriss und seine enorme Länge an die Spätgotik erinnert, so ist er doch gänzlich neu gebaut worden. Denn der frühere ragte, wie Maßermittlungen ergaben, bis in den Bereich des jetzigen zweiten östlichen Langhausjoches. Damit sind die Vermutungen hinfällig, wonach der jetzige Chor auf den Grundmauern des spätgotischen stehe und die gesamte Länge der heutigen Kirche bereits aus der Spätgotik stamme.

Allgemein wird der Bau des jetzigen Chors Lorenzo Sciasca zugeschrieben, von dem die Anfertigung eines Planes hierfür überliefert ist. Sciasca starb im Jahr des Baubeginns. Aufgrund der Gestaltung des Chors ist es kaum denkbar, dass nach seinem Entwurf begonnen wurde. Die heutige, durchaus altertümliche Grundform hat mit dem uns bekannten Werk Sciascas nichts gemein. Daher kann der Entwurf nur von einem anderen Baumeister stammen. In den Urkunden finden sich widersprüchliche Angaben zum Neubau. An künstlerischer Qualität kann sich der Chor nicht mit dem Langhaus messen.

Mit der Fertigstellung des Chors war der Barockbau der Kirche vollendet. Am weitaus bedeutendsten ist das Innere des Langhauses, auch wenn manche Einzelheiten nicht recht befriedigen. Dazu gehören die Massigkeit der Wandpfeiler, insbesondere die auffallende Breite; darauf das zu schwache Relief der Pilaster, hier das Fehlen eines eigenständigen Kapitells; die Ähnlichkeit des so genannten Kapitells mit dem Gebälk wirkt etwas gleichförmig; sodann das weitestgehend Ungegliederte der Seitenwände der Pfeiler, wodurch diese Seiten wie quer gestellte Wandteile erscheinen; die sehr schmale Leiste, die die Verbindung von Gesims zur Emporenrückwand herzustellen versucht; außerdem die Bogenzwickel der Kapellen und die Emporen, die bis an die Stirnseite der Pfeiler vorgezogen wird, was die Selbstständigkeit der Pfeiler mindert. All diese Schwächen darf man bei der Charakterisierung des Langhauses ruhig aufzählen, denn trotz alldem und manchem anderen ist festzuhalten:

Der Raum besitzt eine herrlich ausgewogene, meisterhaft angelegte Proportion, außerdem eine entschiedene Gliederung durch die Selbstständigkeit der Wandpfeiler. Diese mit ihren hinterlegten Pilastern und dem Gebälk bewirken eine deutliche Betonung der Vertikalen. Weiterhin besitzt er eine klare Horizontale durch die umlaufenden Emporen, er hat geglückte Höhenverhältnisse von unterer Kapelle zu oberer Emporenöffnung; es eignet ihm eine vorteilhafte Belichtung, auch der Wölbezone. Beeindruckend ist das Monumentale der Raumausbildung.

Der außerordentlich hohe Rang des Langhausinneren ist vor allem dann zu erkennen, wenn man kurz vorher oder gleichzeitig entstandene Bauten mit der Traunsteiner Kirche vergleicht. Die Theatinerkirche in München (1663) bleibt ein Einzelfall. In weitem Umkreis von München und auch von Salzburg gibt es in der zweiten Hälfte des 17. Jahrhunderts keine weitere Wandpfeilerkirche, die sich mit der Oswald-Kirche messen kann. »Der von St. Michael in München ausgehende Bautypus hat hier eine seiner reifsten und harmonischsten, gewissermaßen die klassische Lösung gefunden« (P. v. Bomhard). Man sollte einschränken: in Bayern und im Land Salzburg. Diese zutreffende Wertung ist immer noch nicht ins allgemeine Bewusstsein gedrungen.

Ganz im Gegensatz zum Inneren steht die Schlichtheit des Außenbaus, wie so oft in der süddeutschen Sakralarchitektur des Barock (und noch des Rokoko). Beiderseits des Turms – dieser noch mit dem spätgotischen Spitzhelm – standen die Anbauten von Sciasca für die Bruderschaften, beide gleich nüchtern gestaltet, ohne irgendeine Schmuckform. Auf den Wänden des Langhauses liegen Kolossalpilaster. Sie sind allerdings so flach, dass sie die Wandflächen nur beleben, aber nicht gliedern. Der steile Chor zeigt mit seinen Pilastern

Außenansicht des Chores, 1694

die gleiche Art. Abgesehen von der Westfront und dem Turm ist die Außenerscheinung der Zeit um 1700 im Prinzip heute noch erhalten.

In der Folgezeit wurde die Kirche von zwei schweren Katastrophen betroffen. Im Zusammenhang mit dem Spanischen Erbfolgekrieg wurde 1704 durch Panduren die Stadt in Brand gesetzt. Das war nur acht Jahre nach Fertigstellung des Chors. Sein Gewölbe wurde schwer beschädigt, das Langhausgewölbe stürzte ein, der Turmhelm wurde ganz zerstört. Von der sicherlich noch nicht fertig gestellten Innenausstattung blieb fast nichts erhalten. Doch offenbar waren die gröbsten Schäden bald behoben. Denn schon 1707 fand die neue Einweihung der Kirche statt. Die Gewölbe wurden sicherlich in der alten Art erneuert bzw. ergänzt. Der Turm erhielt eine Zwiebel als Bekrönung. Aus dieser Zeit werden die Bau- und Maurermeister Simon und Matthias Pöllner, Antonio Coralla und Philipp Kögelsberger genannt.

Mit Eifer hat man die Ausstattung bereichert. Nach einer Notiz aus dem Jahr 1747 befanden sich damals in der Kirche 128 Gemälde und Schnitzereien sowie Votivtafeln. Diese erstaunlich hohe Anzahl von Werken ist sicherlich größtenteils der Opferwilligkeit der Bürgerschaft zu verdanken.

1851 verheerte erneut ein Brand die Stadt und die Kirche, dem zwar das Langhausgewölbe standhielt, der aber das Gewölbe des Chors und den oberen Teil des Turms zum Einsturz brachte. Ein Großteil der Ausstattung verbrannte. Doch schon 1855 waren die wesentlichen Bauschäden am Langhaus und Chor behoben. Auf der Decke wurden zunächst nur die Gurtbögen und große, stuckierte Vierpassformen angebracht. Eine Ausmalung von 1855 beseitigte man schon bald. Die vollständige Wiederherstellung bzw. Erneuerung der wandfesten und der beweglichen Ausstattung zog sich bis 1909 hin. Das jetzige Erscheinungsbild des Raums war damit abgeschlossen. Restaurierungen: 1938, 1967 bis 1969, Turm 1998. Dringend erforderlich ist die Restaurierung der Raumschale.

Offenbar erkannte man das ziemlich Unansehnliche der Westfront mit den befremdlichen Oratorien beiderseits des Turms, denn schon 1877 entstand ein Plan zur Neugestaltung. Ausgeführt jedoch wurde sie 1885 nach einem Entwurf des damaligen Traunsteiner Bauamtsassessors Moritz von Horstig. Die Oratorien wurden abgerissen. An ihre Stelle kamen Neubauten in der bisherigen Breite, aber mit derselben Höhe wie beim Langhaus. Neu ist die markante Strukturierung. Die Sockelzone ist rustiziert, die Ecken betonen kannelierte Pilaster, den oberen Abschluss bilden ein Gebälk mit weit ausladendem Konsolgesims sowie eine umlaufende Balustrade. Über den Ecken des gewaltigen Vorbaus stehen zierliche Tabernakel. Anstelle der früheren je zwei Fensterachsen gibt es nur noch eine Achse. Die Portale und die Fenster schmücken aufwendige, stark vorgezogene Rahmungen mit Pilaster und Verda-

chung, ganz im Stil des Neubarock. In Diskrepanz dazu erscheint der Turm. Durch die Rustika sondert er sich von den Anbauten ab, die sich um ein Geschoss oberhalb des Vorbaus hinaufzieht. Außerdem ist in sie eine neugotische Rose eingelassen, die schmächtig und überdies deplaziert ist. Der Turm erreicht eine Höhe von 57 m, der Aufsatz mit Zwiebel und Laterne zeigt neubarocke Formen.

Die Rustika des Turmbereichs soll wohl ans Mittelalter erinnern, die vier kleinen Tabernakel sind Bramantes Entwurf für Neu-St.-Peter in Rom von 1506 entlehnt. Die einachsigen Seitenteile hingegen zeigen Formen wie auf einer barocken Palastfassade. Diese Formenvielfalt, der düstere Charakter und die Monumentalität der Schauseite – auch im Zusammenhang mit der Enge des Platzes davor – verleiten dazu, den Entwurf M. von Horstigs als verfehlt zu bezeichnen. Allerdings plante von Horstig eine Verbindung des Unterbaus mit dem Turm durch eine Mauer, die eingeschwungen von den Ecken bis zum oberen Ende der Turm-Rustika führt. Dies hätte den unerfreulichen Eindruck der breiten Schauseite erheblich gemindert. Der Neubau der Oswald-Kirche war damit beendet.

Zur Ausstattung

Nach der Darlegung der Architektur nun eine Betrachtung der wichtigsten Teile der Ausstattung. Die wandfeste Ausstattung besteht aus Stuck und Fresken und wurde zwischen 1904 und 1909 angebracht. Die Formen des Stucks (Entwurf vom Münchener Architekten Anton Bachmann (vgl. Anmerkg. 5), Ausführung durch die Fa. Maille & Blersch) bestehen vorwiegend aus Rankenwerk, auch Rosetten, Frucht-, Blüten- und Blättergirlanden, dazu aus geschwungenen Rahmen für kleine Freskenfelder. Ein besonders dichtes Geflecht hebt den Chorbogen heraus, im Scheitel mit je zwei Putti und Palmwedel, ähnlich reich verziert

Linke Seite: Ansicht der Westfassade und des Turms, 1885 nach Plänen Moritz von Horstigs

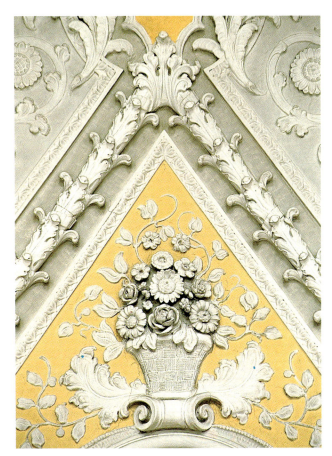

Stuck – Detail in der nordöstlichen Stichkappe, 1904

ist auch der Scheitel des Gewölbes. Je weiter nach unten und zu den Seiten, desto mehr lässt die Dichte nach, am geringsten ist sie auf den seitlichen Tonnen. Charakteristisch ist die geringe Plastizität. Der fast weiße Stuck hebt sich von den teils grau, teils gelb getönten Feldern ab. Man wählte den Anfang des 18. Jahrhunderts üblichen Stil. Die Strukturierung leidet an einer Überfülle, es gibt keine freie Fläche mehr (ähnlich wie in Waging im Langhaus um 1700). Die kleinen Freskenfelder wirken darin verloren.

Die 32 Fresken schuf Max Fürst.[3] Die Themen der mittleren Felder im Langhaus stellen von Ost nach West dar: Verkündigung an Maria, Geburt Christi, Hochzeit zu Kana, Christus am Ölberg. Im Chor: Auferstehung Christi, Schlüsselübergabe an Petrus, Ausgießung des hl. Geistes. Die seitlichen Felder des Langhauses zeigen meist alttestamentarische Szenen, die über den Seitenemporen Propheten und Evangelisten. Der Aufbau der Szenen ist übersichtlich, die Farbgebung gedämpft, der Zustand leider mangelhaft.

Hochzeit zu Kana, Fresko von Max Fürst, 1904

Die bewegliche Ausstattung

Die gesamte Ausstattung der spätgotischen Kirche wurde bewusst beseitigt, denn der Bau wurde 1675 planmäßig abgerissen, also nicht durch Brand zerstört bzw. beschädigt. Nichts von der früheren Ausstattung kam in die jetzige Kirche. Alles wurde neu angefertigt. Diese uns Heutigen fremde Einstellung entspricht ganz dem Denken und Handeln im Zeitalter des Barock.

Die Architektur der Altäre

Der Hochaltar, der dritte seit Fertigstellung des Chors 1696,[4] stammt in seiner jetzigen Erscheinungsform aus drei Epochen. Es ist dem Auftraggeber Joh. Phil. Cajetan Graf von Lamberg zu verdanken, dass der noch unfertige zweite Hochaltar 1732 verkauft und bereits 1731 für einen neuen Altar der Auftrag an Wenzel Mirofsky erteilt wurde. Der architektonische Aufbau besteht bis unterhalb der Kapitelle aus Marmor. Über den 1851 zerstörten Kapitellen befanden sich nur ein Gebälk aus Marmor und ein Auszug in Stuck (Auszug von Alexius Bader). Das ehem. Bild malte Georges Desmarées. Es war eine Stiftung des kurfürstl. Landschaftskanzlers Benno Unertl und stellte den hl. Oswald dar, »wie ihm ein Engel seine Verdienste für den Himmel vorzählt« (M. Fürst). Dem Brand von 1851 hielten nur die Marmorteile einigermaßen stand. Die Wiederherstellung begann mit dem jetzigen Bild von Georg Lacher 1854. Sie endete erst 1909 mit der Anbringung der ganzen oberen Zone von den Kapitellen ab. Nur das Gebälk entspricht dem älteren, da einige Teile davon erhalten blieben und ergänzt wurden. Das Übrige aber, die Kapitelle, Kämpfer, der gesprengte Giebel, die Voluten und der Auszug, ist neu. Den Entwurf für die Ergänzung lieferte der schon erwähnte Architekt Georg Bachmann, ausgeführt vom Bildhauer Ernst Fischer. Sämtliche genannte Künstler waren Münchener.[5]

Die beiden großen Plastiken Maria und hl. Rupert, jetzt wieder an ihrem ursprünglichen Ort, wurden vor dem Brand 1851 auf der Eingangsseite der hiesigen ehem. Kapuzinerkirche aufgestellt und sind dadurch erhalten.

Der Altar reicht bis zum Scheitel des Gewölbes. Mit seinen gestreckten Proportionen nimmt er Bezug auf den hohen Chor. Dementsprechend ist bereits der Sockel hoch. Darauf erhebt sich die zweifach nach vorne gestufte Architektur. Die große Fläche für das Mittelbild rahmen je zwei Säulen. Sie drehen sich etwas nach außen und bewirken dadurch ein leichtes Nach-vorne-Drängen, das wiederum eine gewisse Spannung erzeugt. Die Kapitelle haben dieselbe Höhe wie die auf den Pilastern des Chors. So gelang es Mirofsky, die Al-

Rechte Seite: Hochaltar von Wenzel Mirofsky, 1733 mit Gemälde des hl. Oswald von Georg Lacher, 1854 und Auszug, 1909

tar-Architektur der Chor-Architektur anzubinden, wie vielfach um diese Zeit.

Zu mächtig ist der ganze neue Aufbau. Das beginnt schon beim gesprengten Giebel und bei den Voluten und steigert sich noch beim Auszug selbst. Von seiner Spitze herab breitet sich ein Vorhang aus, in der Mitte die Hl.-Geist-Taube vor einem lang gezogenen Strahlenkranz, vor diesem und unterhalb des Vorhanges vervollständigen die Großfiguren Gottvater und Christus die Dreifaltigkeitsgruppe.

Überdies sitzen große Engel auf dem gesprengten Giebel und kleinere ganz oben über den Pfeilern des Auszugs. – Der Tabernakel, ebenfalls von A. Bachmann und E. Fischer, wiederholt das Überdimensionierte des oberen Aufbaus und verdeckt störend die untere Zone des Bildes. – Der Altar schwelgt jetzt in Vergoldungen, was in seiner Entstehungszeit um 1730 so nicht mehr üblich war. Auch war die wuchtige Art der Giebel damals schon außer Gebrauch. Insgesamt kennzeichnet den Hochaltar der Zwiespalt zwischen der fein differenzierten Gestaltung der noch ursprünglichen Teile Mirofskys und der Überladenheit durch A. Bachmann. Besondere Beachtung verdienen die Schnitzfiguren der Maria mit Kind und Szepter und des hl. Rupert aus der Erbauungszeit des Altars, angeblich von Mirofsky.[6] Maria vermag geziert das Kind nur mit ihren Fingerspitzen zu halten. Rupert hält ebenfalls nur mit den Spitzen von drei Fingern das Buch. Unsinnig jongliert darauf neuerdings ein großes Salzfass (während der Aufstellung bei der ehem. Kapuzinerkirche stand ein Fass am Boden).

Diese Überlegungen berühren nicht den hohen künstlerischen Wert der Plastiken. Der Kopf der Maria neigt sich leicht nach links und wendet sich fast frontal dem Betrachter zu. Das Gesicht ist in weich fließenden Formen gebildet und wird von fülligem lockerem Haar gerahmt. Der Blick hat etwas Distanziertes. Rupert hingegen wendet den Kopf so weit nach rechts, dass er fast im Profil erscheint. Kräftig modelliert ist sein Gesicht mit den markant vortretenden Wangenknochen, dazu lodernde Bartsträhnen. Der Blick scheint energisch ein Objekt zu fixieren. Beide Figuren besitzen feingliedrige, zart gebildete Hände. Virtuos ist die Gewandbehandlung. Ihre Faltengebung ist auf

Am Hochaltar: die Schnitzfiguren der Maria mit Kind und des hl. Rupert

Der Halfinger Hochaltar war bis 1733 der Hochaltar der St.-Oswald-Kirche.
Unten rechts: Stucco lustro am Nebenaltar

Gegensatz angelegt. Jeweils beim Unterkleid fast parallel geführte, ruhige dünne Faltenstege, auf der linken Schulter Ruperts kündigt sich schon feines Knitterwerk an. Bei den Mänteln hingegen reiches, vielfältiges Faltenwerk, teils knittrig, teils weit ausschwingend, dazu abwechselnd enorme Schüsselfalten, besonders beim linken Arm der Maria und ganz verselbstständigt bei Rupert vor dem linken Unterschenkel. Alles weist den Bildschnitzer als bedeutenden Meister des späten Hochbarock aus. Diese Plastiken (und der hl. Thomas, s. später) sind innerhalb ihrer Zeit die vorzüglichsten im ganzen Umkreis.

Eigens hervorzuheben sind die zwei Nebenaltäre am Chorbogen. Sie enstanden nach dem Brand von 1704 und waren 1709 fertig gestellt. Beide besitzen dieselbe, sehr gestreckte Form. Auf relativ hohem Sockel erhebt sich der einfache architektonische Aufbau. Er besteht aus flachen Pilastern in Stuckmarmor, die eine große Bildfläche rahmen. Den Abschluss bildet ein hohes Gebälk mit gesprengtem Segmentbogen, beides aus Marmor. Der Auszug ist geschickt als Nische in die Wand vertieft. Das Besondere bietet die Stirnfläche der Pilaster, die ein fein geformtes symmetrisches Rankenwerk in Stucco lustro ziert. Diese Technik mit Stuckmarmor-Intarsien gibt es besonders häufig seit dem Barock. In dunklen Grund eingelassen hebt sich das Rankenwerk in den hellen Farbtönen rosa und wenig lindgrün ab. Wohl überlegt verzichtet der Entwerfer der Altäre weitgehend auf stark plastische Elemente wie z. B. Säulen, abgesehen vom Gesims und gesprengten Bogen. Dadurch fügen sich die Altäre sehr gut in die schmale Wandfläche ein. Die beiden Bilder malte 1854 Georg Lacher.

Von den Altarbildern liefert Georg Lacher[7] vier größere in den Jahren 1851–1854. Im Hochaltar stellt er 1854 den Titelheiligen dar, »wie er Arme mit den Geschirren seiner königl. Tafel beschenkt« (M. Fürst). Die Szene ist weitgehend symmetrisch aufgebaut. Vorne, überlebensgroß und königlich gekleidet beherrscht Oswald die Mittelachse. Seine ausgebreiteten Arme verweisen auf die Gaben, für die die beiden seitlichen Personen im Vordergrund innig ergriffen danken. Im Mittelgrund dahinter erscheint eine kulissenartige Architektur, dazwischen ein Ausblick auf die Landschaft im Hintergrund. Unmittelbar darüber schließen zwei kreuztragende Engel das Bild ab. Nicht ganz so streng angeordnet sind die Personen mit dem Gekreuzigten am rechten Nebenaltar (1851). Der am Kreuz knienden Magdalena, deren Fuß fast bis zur linken Bildecke reicht und die ein wenig in die Tiefe lenkt, entspricht die hoch aufgereckte Gestalt rechts außen. Am lockersten komponiert ist die Anbetung der Könige am linken Nebenaltar (1851). Zwar thronen Gottvater und das Kind auch hier genau in der

Anbetung der Heiligen Drei Könige, Gemälde von Georg Lacher, 1851, am nördlichen Nebenaltar

Mittelachse, doch führt eine Linie vom knienden König über Maria hinweg zu Josef schräg nach rechts oben. Auch ist der Stall etwas nach rechts versetzt, sodass hier der Ausblick enger und zudem verkürzt ist. Links hingegen wird über herankommende Hirten und andere Figuren hinweg ein breiterer Ausblick in die Ferne auf Berge gewährt. Eine sehr schön gefügte Gruppe bilden die sechs Hauptfiguren im Vordergrund. Die Farbgebung dieser drei Bilder variiert, am gedämpftesten ist sie beim Hauptbild, etwas lichter beim Gekreuzigten.

Die Gestaltung der Seitenaltäre ist belanglos und schlicht, abgesehen vom westlichen Paar. Sie entsprechen sich auf den jeweils gegenüberliegenden Seiten. Die östlichen wurden 1887 errichtet (der Baldachin des rechten Altars 1907), Vorbild für diese waren die mittleren um 1710. Am aufwendigsten sind die westlichen mit gedrehten Säulen, selbst im Auszug, mit gesprengtem Giebel und reichem Ornamentschmuck; vielleicht von Dersch, der den zweiten neuen Hochaltar schuf, jetzt in Halfing.

Weitere Ausstattung

Abschließend sei auf einige plastische Ausstattungsstücke hingewiesen. Bei der kleinen Christus-Thomas-Gruppe (am rechten Nebenaltar) steht Christus als Auferstandener mit der Stange der Osterfahne in der Rechten, seine nach unten gestreckte Linke deutet eine Distanz zu Thomas an. Sehr edel ist die Bildung des Gesichts. Die Faltengebung der Gewandung ist zwar sehr aufwendig, mit ihren vielen gleichartigen Knitterungen wirkt sie aber ziemlich monoton. Thomas hingegen beeindruckt allein schon durch die komplizierte Art seines Kniens, durch die Wendung des Kopfes mit dem Blick schräg und jäh nach oben, durch die schuldbezeugende Haltung des linken Arms und den weit abgewinkelten rechten Arm mit den vor Schreck gespreizten Fingern. Wesentlich differenzierter ist hier auch die Faltengebung. Beim Thomas denkt man sogleich an die Apostel Egid Quirin Asams am Hochaltar in Rohr 1723. In der Werkstatt des Thomas-Meisters wurde vielleicht der Auferstandene gefertigt. Beide sind um 1730–1735 entstanden.

Die beiden großen Engel, irreführend meist als Leuchterengel bezeichnet, sind frei im Chor aufgestellt und wurden erst 1937 erworben. Ihre Haltung wiederholt sich fast spiegelbildlich. Der eine Arm streckt sich steil aufwärts, der andere führt gebeugt leicht nach unten. Dadurch ergibt sich eine entschiedene Höhenentwicklung. Riesige Flügel und die Wolken, auf denen die Engel stehen, verweisen auf die himmlische Herkunft. Es ist der Typ des Verkündigungsengels, aber ohne Maria, dafür ungewöhnlicherweise in doppelter Anfertigung. Ihre gestreckten Proportionen werden besonders deutlich an der Kleinheit des Kopfes und der Überlänge der Beine. Auffallend ist die Kleidung. Große Teile flattern weit weg und tief nach unten, während andere Teile nur knapp den Körper bedecken. Die Wiedergabe der Gewandung ist abwechslungsreich. Sie zeigt teils ru-hige, fast geglättete Partien, aber auch lang gezogene scharfe Faltenstege und außerdem kleinteiliges Knitterwerk. Dieser Typ der Engelsdarstellung setzt die Kenntnis von Werken Ignaz Günthers voraus, wie sie z. B. bei der Verkündigungsgruppe in Weyarn 1764 anzutreffen sind. Das Ausladende der Flügel begegnet ähnlich bei seinem Chronos 1765–1770 in München, Bay. Nationalmuseum. Die beiden Engel besitzen eine hohe künstlerische Qualität und gehören der spätesten Stufe des Rokoko an, entstanden um 1770–1775.

Interessant ist der lebensgroße Kruzifixus an der südlichen Wand. Das schmale Haupt mit erloschenen Augen und geöffnetem Mund rahmen gleichmäßige und kunstvolle Haarlocken, die bis auf die Schulter fallen. Die Arme sind ausgemergelt dünn, die Finger verkrampft eingezogen. Diesem krassen Realismus, wie es ihn in der Spätgotik gibt, widerspricht aber anderes. Zwar wölbt sich die Brust nach vorne, doch treten die Rippen kaum hervor. Auch weist das Lendentuch eine weiche Faltengebung auf. Als Entstehungszeit wurde stets die Spätgotik angegeben. Doch handelt es sich um den Kruzifixus, der ca. 1835–1845 von dem Tiroler Bildhauer Kaspar B(P)ichler für

Kruzifixus von Kaspar Bichler aus Tirol, um 1840 an der Südwand

Von den liturgischen Geräten ist das mit Abstand bedeutendste die Wurzel-Jesse-Monstranz, angefertigt 1648 vom Augsburger Goldschmied Gregor Leider. Sie zeigt den am Boden liegenden Propheten Jesaias (= Jesse), der als Vater Davids im Stammbaum Christi genannt wird (Jes. 11,1). Auf Jesse wurzeln zwei verschlungene Baumstämme, ganz oben erscheinen zunächst Maria im Strahlenkranz als »Reis« und der Gekreuzigte als »Blüte aus der Wurzel Jesses«. Weintrauben verweisen auf das Leiden Christi. Den Hostienbehälter rahmt eine breite, mit Edelsteinen verzierte Fassung. – Der Aufbau der Monstranz ist außerordentlich klar. Das Zentrum bildet der Hostienbehälter. Von diesem gehen kräftige, gebogene Zweige aus, an denen zierlich geformte Trauben und Ranken befestigt sind; in derselben Art auch an der Fassung. Kunstvoll gearbeitet ist auch das Figürliche mit der fein ziselierten Darstellung des Gewandes von Jesse und Maria. – Diese prachtvolle Monstranz ist ein hervorragendes Zeugnis der Goldschmiedekunst Augsburgs, das von

eine Kapelle in Tirol angefertigt wurde. Nach dem Brand von 1851 stiftete ihn der Auftraggeber nach St. Oswald. Er wurde zunächst am beschädigten Hochaltar »zwischen seinen kapiällosen Säulenschäften« aufgestellt (M. Fürst).

1620–1720 das wichtigste Zentrum Süddeutschlands war. Hier wirkte von 1614–1673 Gregor Leider als einer der angesehensten Meister seiner Zeit, der größere Arbeiten bis Bozen und für die Bischöfe in Passau und Salzburg lieferte.

Rechte Seite: Monstranz von Gregor Leider, 1648, Silber vergoldet, 96,5 cm hoch

Judith Bader

Die Brunnen – Zeichen im Platz

Eine saubere Quelle, Wasser oder die Nähe zu einem Fluss waren einmal gute Voraussetzungen für die Gründung einer Stadt. Die Sicherung des Traunübergangs spielte bei der Entstehung von *Travnstain* um 1300 eine entscheidende Rolle und schon die ersten Bewohner, die sich hier niederließen, werden die Quellen auf den Anhöhen jenseits der Traun und ihren natürlichen Falldruck zur Versorgung mit Trinkwasser genutzt haben. Frühe schriftliche Zeugnisse sprechen von Laufbrunnen auf dem Marktplatz, dem heutigen Stadtplatz, die mit Wasser aus dem Bürgerwald (Sparz) und dem Schwobergraben (Hochberg) gespeist wurden. Die Wasserleitungen verliefen größtenteils oberirdisch und bestanden aus Holz. Zahlreiche Rechnungen über Reparaturen geben Aufschluss darüber, wie schadensanfällig diese Deicheln gewesen sein müssen.

1854 wurde die Stadt Traunstein von einer Choleraepidemie heimgesucht. Unter den Einwohnern der Stadt wuchs in der Folge das Unbehagen gegenüber den Holzdeicheln, da befürchtet wurde, dass hierin die Ursache der Epidemie zu suchen sei. Man vermutete, dass infolge des natürlichen Fäulnisprozesses gesundheitsschädliche Keime in die Deicheln eindringen und dadurch die Krankheit mitverursachen könnten. Heute weiß man, dass es vielmehr die vielen privaten Versitzgruben waren, die das Grundwasser und die Quellen verunreinigt hatten. Anfang der 1890er Jahre kam es zu einem zügigen Ausbau eines Hochdruckwasserleitungsnetzes aus Eisenrohren.

Die gesamte Wasserversorgung der Stadt lief also in den Anfängen ihrer Existenz über Zieh- und Laufbrunnen. Alle Menschen waren auf das lebenswichtige Element angewiesen und so bildeten sich um die stadteigenen Brunnen ganz von selbst wichtige Begegnungsstätten der in Traunstein lebenden Menschen. Denn es ging ja nicht allein darum, das Wasser zu holen und wieder nach Hause zurückzukehren. Ganz zwangsläufig wurde das Wasserholen auch zu einem kommunikativen Ereignis. Man tauschte Neuigkeiten aus und kam dann gleichsam nebenher dem ursprünglichen Grund des Kommens nach, indem das Wasser geschöpft, die Tiere getränkt und die Wäsche gewaschen wurde.

Mit der Verlegung von Hochdruckwasserleitungen und mit der Installation der Zapfhähne in den Privathäusern wurde die Existenz von Brunnen scheinbar überflüssig. Man genoss die Bequemlichkeit und die Brunnen, Bäche und Rinnen verschwanden weitgehend aus dem Stadtbild. Bald jedoch erkannte man den Wert von Brunnen für das Leben in einer Gemeinschaft. Was das Element Wasser zusätzlich zu bieten hatte, neben dem lebensnotwendigen Stillen des Durstes, ließ sich nicht mit in die Wohnungen verlegen.

Bei Stadtplanern und Bewohnern entstand ein Bewusstsein dafür, welche zusätzlichen Qualitäten fließendes Wasser in städtischen Brunnen besitzt. Brunnen sind Treffpunkte für Menschen und sie sprechen unsere Sinne auf sehr vielfältige Weise an: Das Plätschern erfreut und beruhigt unser Gehör, in seiner Nähe spüren wir im Sommer die angenehme Kühle, unsere Hände und Füße können erfrischt werden und unseren Augen ist ein optisches Erlebnis geboten, das nie gleichförmig ist, das sich verändert und wie ein Spiegel die Witterung des Tages reflektiert.

Ein Bronzezylinder mit Glasabdeckung sichert den spätmittelalterlichen Brunnenschacht ...

»... ein baugeschichtlich, lokalhistorisch und siedlungsgeschichtlich sehr bedeutsames Baudenkmal ...«

Am 24. September 1998 wurde im Zuge der fortschreitenden Stadtplatzsanierung ein intakter Brunnenschacht entdeckt. Der Schacht hat einen Durchmesser von etwa 1,2 m und ist sorgfältig gefugt; seine Tiefe beträgt 12,85 m, die Sohle war zugeschüttet. Unterhalb der 51 Mauerringe befindet sich eine hölzerne Brunnenstube. Der Standort des Brunnenschachtes liegt zwischen dem Lindlbrunnen und der Kirche St. Oswald. Bereits die ersten vorsichtigen Schätzungen von Fachleuten vermuteten, dass der Schacht über 500 Jahre alt sein könnte. In einem Bericht des Bayerischen Landesamt für Denkmalpflege wird auf Folgendes hingewiesen: »Dieser Brunnenschacht liegt in ca. 30 m Luftlinie von jener vermutlichen Schachteinfassung entfernt, die sich auf der Sohle des kürzlich entdeckten, noch nicht definierten unterirdischen Raumes vor dem Salzmaieramt befindet. Zwei ähnliche Fragmente von Brunnenschächten liegen unter dem Kellergewölbe des heutigen Heimatmuseums (ehem. Gastwirtschaft). Die auffällige Häufung alter, sehr tiefer Brunnenschächte bezeugt deren große, existenzielle Bedeutung in der einstmals mauerberingten mittelalterlichen Altstadt.«

Dem Landesamt für Denkmalpflege ist sehr wohl bewusst, dass derartige »Überraschungsfunde« in den Kämmereien einer Stadt nicht nur ungetrübte Begeisterung auslösen, sind doch meist erhebliche finanzielle Aufwendungen damit verbunden. Deshalb auch wird von Seiten der zuständigen Behörde eindringlich auf die Bedeutung des Fundes hingewiesen: »Dieser einzige glücklicherweise noch vollständig erhaltene Brunnenschacht ist ein baugeschichtlich, lokalhistorisch und siedlungsgeschichtlich sehr bedeutsames Baudenkmal, seine sofortige revisorische Nachtragung in die Denkmalliste ist veranlasst.« Einigkeit bestand zwischen den Verantwortlichen der Stadt und denen des Landesamtes darüber, dass der Brunnenschacht nicht nur unversehrt erhalten werden muss, sondern dass dieses Baudenkmal in die Sanierung des Stadtplatzes einbezogen wird,

... und gewährt dem Betrachter einen faszinierenden Blick in die Tiefe.

damit es als kunsthistorische und städtebauliche Attraktion zutage tritt. Der Schacht wurde deshalb mit einem Zylinder aus Bronze über die Platzoberfläche weitergeführt und mit einer Glasplatte abgedeckt. Auch der Traunsteiner Stadtrat schloss sich der Meinung an, dass sich nur selten für eine Stadt eine so günstige Gelegenheit bietet, Geschichte anschaulich, lebendig und nachvollziehbar zu machen.

Die Fachleute gingen davon aus, dass es sich bei diesem Brunnenschacht um den ältesten nachweisbaren Brunnen auf dem Stadtplatz handeln könnte. Die Untersuchung des Schachtinneren und vor allem des Bodeninhaltes durch Archäologen und Geologen legte jedoch zunächst andere Rückschlüsse nahe. Unter großem öffentlichem Interesse stiegen im Dezember 1998 ein Paläontologe und eine Archäologin in den Schacht und förderten einiges zutage, was einstmals in den Brunnen gefallen war: Pfeifenköpfe, kaputte Glas- und Tongefäße, Rosenkranzperlen, verrostete Nägel, ein fein gearbeitetes, dünnes Goldblatt, ein kleines, hölzernes Spielzeugpferd, ein in Silber gefasster Anhänger, Tierknochen, ein Wärmestein, der wie unsere heutigen Wärmflaschen kalte Füße wärmen sollte, und ein weißer Glasanhänger. Ein ausführlicher Bericht von Herbert Hagn, Robert Darga und Franz Grundner zu den Funden des Brunnens ist nachzulesen in der Zeitschrift des Archäologischen Jahres 1998. Die vermutete Datierung des Brunnens ins Mittelalter bestätigten diese Funde nicht, sondern sie machten lediglich deutlich, dass der Brunnenschacht im 17. und 18. Jahrhundert offen war und gelegentlich als »Müllschlucker« diente. Tatsächlich konnte das Traunsteiner Stadtarchiv bestätigen, dass beim Bau des Lindlbrunnens ein alter Brunnen abgerissen worden war. Höchstwahrscheinlich handelt es sich dabei um diesen Ziehbrunnen. Der über der Erde liegende Brunnenaufbau wurde abgetragen, der Schacht hingegen blieb bestehen. Vor allem die gefundenen Münzen, die sicherlich versehentlich in den Schacht geraten waren, ermöglichen eine ziemlich exakte Festlegung auf die Zeit des Dreißigjährigen Krieges und davor. Aufschlüsse über die Datierung der Brunnenerbauung erhoffte man sich von einer Untersuchung der zum Bau der Brunnenstube verwendeten Hölzer. Es stellte sich jedoch heraus, dass es sich dabei um Erlenholz handelt, das, wie alle Laubholzarten, nicht datierbar ist.

Als Erbauungszeit kann deshalb nur aufgrund der Verwendung der regelmäßigen Tuffquader zum Ausmauern des Brunnenschachtes von der 2. Hälfte des 13. Jahrhunderts ausgegangen werden.

»Lieber Lindl, sollst uns klares Wasser gunnen ...«

Neben Heimathaus und Brothausturm ist der so genannte Lindlbrunnen (auch die Schreibweise »Liendl« ist durchaus üblich) das einzige noch verbliebene sichtbare Zeugnis des mittelalterlichen Stadtbildes, das die beiden Stadtbrände von 1704 und 1851 unbeschadet überstanden hat.

Aufschluss über seine Entstehung geben recht detailliert einige Stadtkammerrechnungen, die im Stadtarchiv nachzulesen sind. »In der Woche von Laetare des Jahres 1525 wurde von Meister Hans Fellinger der ›alte Prun abgebrochen‹«. Da Hans

Brunnenfund: grün glasierter »Kröninger Krug«

Fellinger zu den Zimmerleuten der Stadt gehörte, geht man heute davon aus, dass dieser hier erwähnte alte Brunnen aus Holz gebaut war und identisch ist mit dem erst kürzlich wieder entdeckten Brunnenschacht. Gleichzeitig erhielten »Meister Kaspar, der Mauerer« und »Meister Steffan, der Stainmetz« den Auftrag einen neuen Brunnen anzufertigen. Aus den Rechnungen ist zu entnehmen, dass Meister Steffan in Salzburg Werkzeuge erstanden hat und dass er neben seiner Bezahlung auch ein neues Gewand, einen »Statt-Rokh«, erhalten hat. Die Familiennamen der am Brunnenbau beteiligten Meister sind uns heute nicht mehr bekannt, da es aber in mehreren Stadtkammerrechnungen weitere Nachweise auf sie gibt, ist anzunehmen, dass es sich um alteingesessene Bürger Traunsteins und nicht um für diese Aufgabe herangezogene auswärtige Handwerker handelte.

Eine stadtgeschichtliche Neuigkeit stellt dabei die Tatsache dar, dass es dem Stadtarchiv jetzt gelungen ist, nachzuweisen, dass der Brunnentrog des Lindlbrunnens ursprünglich aus Holz hergestellt und lediglich die Brunnenfigur von einem Steinmetz geschaffen worden war. Erst im Jahr 1646 lässt sich anhand einer Stadtkammerrechnung zeigen, dass der Lindlbrunnen einen barocken Brunnentrog aus Marmor erhielt: »Nachdem der vom Aichenholz alte Prunnen auf dem Plaz aller verfault gewest, und weeder khitten naoch ausbessern nit mehr helfen wellen, ist von weissen Märblstain ein neuer Prunnen gemacht und aufgesetzt.« In einer Stellungnahme des Stadtarchivs fasst der Stadtarchivar diese kleine Sensation in der Traunsteiner Stadtgeschichtsschreibung wie folgt zusammen: »Fazit: Erst 1646 wurde die Brunnenstube samt Umgriff aus Eichenholz durch einen Brunnenbau

Kunstpostkarte des frühen zwanzigsten Jahrhunderts

aus weißem Marmor erneuert. Der Lindl selbst aus rotem Marmor blieb hiervon unberührt!«

Seit 1646 also bis zum heutigen Tag setzt sich die Brunnenanlage zusammen aus einem Sockel mit zwei umlaufenden Stufen, einem achteckigen Brunnenbecken, in deren Mitte eine Balustersäule mit Frührenaissancekapitell aufragt, die von der Brunnenfigur, dem Lindl, bekrönt wird. Am Schaft der Säule sind vier Wappenschilde angebracht: »südlich der bayerische Rautenschild, westlich der pfälzische Löwe, nördlich das Stadt-

Die Ritterfigur des Lindl, ursprünglich wohl ein Symbol für das erstarkende Bürgertum des 16. Jahrhunderts, gilt heute als das Wahrzeichen der Stadt Traunstein.

wappen, östlich das badische Wappen (auf die Gemahlin des damals regierenden Herzogs Wilhelm IV., Jacobäa von Baden, bezüglich)«. Als Material für die Brunnenfigur wurde der rötliche Ruhpoldinger Marmor gewählt und wieder erfahren wir aus Rechnungen, dass dafür der »Gugl von Myssenbach« (heutiger Gemeindeteil von Ruhpolding) und der »Fuermann« entlohnt worden sind.

Die lebensgroße Figur stellt einen selbstbewusst blickenden Ritter in mailändischer (auch burgundisch oder maximilianisch genannter) Rüstung dar. In der rechten beschienten Hand hält er ein auf dem Boden abgestütztes Schild, das mit dem Reichsadler und dem Entstehungsjahr der Brunnenfigur (1526) geziert ist. In der Linken, ebenfalls beschient, trägt der Ritter eine so genannte Renn- oder Reiterfahne mit dem Stadtwappen. Die Spitze der Fahne ist aus Schmiedeisen gefertigt. In der Literatur wird vermutet, dass die eisernen Teile erst später hinzugefügt wurden, da deren Verarbeitung und Gestaltung im Vergleich zum marmornen Schaft eher als nachlässig zu bezeichnen sind. Auf einem Foto, das nach 1865 entstanden ist, kann man noch die zu diesem Zeitpunkt bereits aufgefüllte Rossschwemme sehen, die den Lindlbrunnen, der für die Versorgung der Menschen bereitstand, lange Zeit um die zusätzliche Aufgabe der Tiertränke ergänzt haben muss.

Was nun den Namen der Brunnenfigur und ihre inhaltliche Interpretation betrifft, so kursieren darüber, auch ausgelöst durch wilde Spekulationen selbst ernannter Heimatforscher, die verschiedensten, meist nicht nachweisbaren Vermutungen. Bis weit in das 19. Jahrhundert hinein hieß die Brunnenanlage schlicht »der mittlere Brunnen auf dem Marktplatz«, seine Figur wurde als »der märbelsteinerne Mann auf dem Brunnen« bezeichnet. Der Name Lindl taucht in schriftlichen Zeugnissen erst im 19. Jahrhundert auf, seine Herkunft ist unklar. Schmellers Bayerisches Wörterbuch definiert »Lindl« als »(im Scherz): männliche profane Statue überhaupt. Der Lindl am Brunnen, Brunnenstatue, z. B. in Mühldorf, Ötting, Traunstein etc.« Einleuchtend erscheinen die Erklärungsversuche der Gegenwart, die in der selbstbewussten Ritterfigur ein Symbol für das erstarkende Bürgertum des 16. Jahrhunderts sehen. Der freie Salzhandel brachte der Stadt zu dieser Zeit einen beachtlichen Wohlstand. Aber auch geistesgeschichtlich spiegelt die profane männliche Figur den fundamentalen Wertewandel von der religiös motivierten Gotik zur mehr weltlich orientierten Renaissance.

Allen anderen kursierenden Deutungsversuchen fehlt jede Grundlage. Vielfach wurde die Vermutung geäußert, es handle sich um den hl. Leonhard, und es wurde ein lokaler Bezug zur Ettendorfer Kirche mit seinem traditionellen Osterumzug hergestellt. In einem Beitrag von Georg Schierghofer zum 400-jährigen Bestehen des Lindlbrunnens im Jahr 1926 sind die Erklärungsversuche gebündelt nachzulesen. »Und so erscheint uns der Lindl am Brunnen, in einem ursächlichen Zusammenhang stehend mit der Ettendorfer Kirche, als Repräsentant all dessen, was das Bürgerherz damals bewegte: Das Symbol der Würdigkeit für die privilegierten Stadt- und Marktrechte sowie der Wehrkraft, der Ausdruck von Dank und Freude über die herzogliche Gunst und das Aufblühen des Gemeinwesens, was alles im altbayerischen Roland, dem Lindl-Leonhard, dem traditionellen Brunnwart und Schutzpatron, in freier Auffassung greifbare Gestalt bekam.« Max Fürst äußerte die Vermutung, es handle sich um die Darstellung und Würdigung eines zu »verehrenden, verdienten Stadthauptmanns« mit dem Namen Lindl, der jedoch in den Archivquellen nicht nachzuweisen ist. Schierghofer konstruiert in seinem dennoch lesenswerten Aufsatz einen Zusammenhang zwischen Lindl und den Linden, die zwischen Brunnen und St.-Oswald-Kirche gepflanzt waren, und fügt damit allen anderen Erklärungsversuchen noch einen besonders blumigen hinzu: »Die Linde als deutscher, heiliger Baum, unter dem nicht bloß Gericht gehalten, sondern auch Tanz und Fröhlichkeit nach alten volkstümlichen Regeln gepflegt worden ist, stand sicherlich oftmals mit dem Brunnen – Dorflinde, Dorfbrunnen – in einem innigen, nicht nur räumlichen, sondern auch volkstümlichen, wenn nicht gar kultischen Zusammenhang. In Traunstein wäre ein solcher vielleicht angedeutet durch die –

auf ihr Alter und ihre Echtheit allerdings zur Zeit nicht nachprüfbare – Volkssage, dass sich der Lindl auf dem Brunnen ab und zu einmal des Nachts umschaue, ob die beiden großen Linden, die den Chor der Pfarrkirche flankieren, noch hinten stehen.« Schierghofer verweist diesen Erklärungsversuch selbst in den Bereich der Volksmythen, aber wir verdanken ihm dadurch eine schöne Anekdote, die es lohnt in Erinnerung zu behalten. Auch die Vermutung Schierghofers, die Eisenbänder, die um den Marmortrog befestigt sind, wären ein Hinweis auf den am Brunnen platzierten Pranger, lässt Stadtarchivar Franz Haselbeck so nicht gelten, denn er weiß aus den schriftlichen historischen Quellen, dass der Pranger, den es auch in Traunstein gegeben hat, vor dem Rathaus angebracht war.

In Schierghofers Aufsatz wird nicht nur der hohe Respekt vor einem alten Baudenkmal, sondern auch die Identifikation mit einem geschichtlich gewachsenen Standort spürbar, der für die Traunsteiner im »Lindl« verkörpert ist: »Gar reichlich hat unser Lindl, wohl die populärste Persönlichkeit in Traunsteins Mauern, gefeit vor Sturm und Ungewitter, vor Feuer- und Kriegsgefahr, und auch gegen die Neuerungssucht seiner Umsassen, unsere Anhänglichkeit verdient und sich auch erhalten.«

Sogar ein Kinderlied wurde zu Ehren des Lindls gedichtet und komponiert, dessen Anfangszeilen lauten:

»Lieber Lindl, schütz den Brunnen, / Sollst uns klares Wasser gunnen; / Schütz im Bürgerwald die Quelle, / dass sie fließet rein und helle; / Lindl, sieh am Stadtplatz drauf, / Dass nie trübes Wasser lauf ...«

»... auch St. Florian unnd Stattweppel zusammen zemahlen ...«

Die beiläufige Erwähnung eines unteren Schrannenplatzbrunnens findet sich bereits in den Regesten des Stadtarchivs vom 26.10.1549. Kontinuierlich auftauchende Stadtkammerrechnungen über Reparaturen und Erneuerungen des hölzer-

Eines der wenigen erhaltenen bildlichen Zeugnisse des Florianibrunnens am unteren Stadtplatz, um 1880

nen Laufbrunnens geben immer wieder Hinweise auf die Existenz eines Brunnens, dessen Standort sich etwa auf der Höhe des heutigen Musikhauses Fackler befunden hat. Aus dem Jahr 1653 findet sich eine Stadtkammerrechnung, der zu entnehmen ist, dass wir uns diesen hölzernen Brunnen im 16. und in der ersten Hälfte des 17. Jahrhunderts bemalt vorstellen müssen: »Wolf Jakoben Schrof, Burger und Mallern alhie, von gehörtem Prunen, praun anzustreichen, mit Öhlfarben zu märbelieren und (?), auch St. Florian unnd Stattweppel zusammen zemahlen …« Bereits zu diesem Zeitpunkt war der Brunnen mit einer wahrscheinlich an der Brunnensäule aufgemalten Floriansfigur geschmückt. 1679 schließlich ist in einer städtischen Urkunde zu lesen, dass die gesamte Brunnenanlage aus rotem Marmor neu gestaltet wurde: »Bürgermeister und Rat der Stadt Traunstein und Hans Träxl, Steinmetz und Bürger von Salzburg, schließen einen Vertrag über den Neubau des unteren ›Röhrenbrunnens‹ in der Stadt Traunstein. Der Brunnen erhält eine Brunnenstube aus rotem Marmor und in der Mitte eine Säule, durch die das Wasser ›springen‹ kann.«

1766 schon kam es zu einer Erneuerung dieser Brunnenanlage. Und ein Jahr darauf wurde der Bildhauer Johann Ditrich beauftragt »auf dem underen Stadtpronen die Bildnus des heyl. Floriani von aichenen Holz« anzufertigen.

Der heilige St. Florian gilt als Schutzheiliger gegen Feuer- und Wassergefahr und ist eine häufig anzutreffende Brunnenfigur. Sein Name geht zurück auf Florian (der Blühende), Vorstand der Kanzlei des römischen Statthalters von Norikum. Er ist der Landesheilige von Oberösterreich und die Heiligenlegende berichtet, dass er unter Diokletian im Jahr 304 den Märtyrertod des Ertränkens erleiden musste, indem er mit einem Mühlstein um den Hals in die Ens geworfen wurde. In seiner Jugend, so berichtet die Legende weiter, habe er ein brennendes Haus mit einem Gebet vor dem Untergang bewahrt.

Der achteckige, aus rotem Marmor schlicht gestaltete Brunnentrog ist wegen der Unebenheit des Untergrundes auf der einen Seite ebenerdig angebracht, auf der anderen Seite ruht er auf zwei Stufen. In der Mitte des Brunnentroges erhebt sich eine konkav-bauchige, gedrungene Säule, deren oberes Ende sich zu einer Plattform erweitert, worauf die stilisiert und wenig ausgearbeitet wirkende Floriansfigur steht. Da der Brunnen bis weit ins 19. Jahrhundert hinein genutzt worden ist, existieren auch einige Fotografien davon, die bei Kasenbacher und Jilg abgebildet sind. Das Wasser floss aus zwei langen Metallröhren, die etwa in der Mitte des Säulenschaftes angebracht waren und deren einfache Gestaltung rein funktional ausgerichtet war.

»Fische! Frische Fische!«

Ebenfalls eine alte Fotografie existiert von dem so genannten Fischbrunnen, der in den historischen Unterlagen auch als oberer Schrannenplatzbrunnen bezeichnet wird. Das Foto zeigt uns

Der Fischbrunnen stand zwischen dem Heimathaus und der St.-Oswald-Kirche.

die St.-Oswald-Kirche nach dem Brand von 1851, das Notdach auf dem Kirchturm ist deutlich zu erkennen. Leider liegt der Brunnen auf dieser Abbildung im Schatten der umliegenden Häuser, sodass wir davon heute nur recht unzureichend und vage auf seine Gestaltung schließen können.

Etwas genauer hingegen ist der Fischbrunnen auf einer kleinen Druckgrafik aus der so genannten Klischeesammlung Leopoldseder (heute im Heimathaus Traunstein) zu sehen. Einschränkend muss hinzugefügt sein, dass diese Abbildung, wie die anderen Stadtansichten jener Sammlung auch, wahrscheinlich erst 1909 gefertigt worden ist, also nicht »vor dem Brand i. J. 1851«, wie es die Aufschrift nahe legt. Die Abbildungen zeigen uns eine einfache, quadratische Brunnenanlage mit einer türmchenartigen Mittelsäule, die sich zu einem von einer Fahne bekrönten Spitzdach verjüngt. Das Wasser kam aus geschwungenen Rohren in der Mitte der Säule. Das große, aber flach wirkende Becken ist auf der Druckgrafik mit Brettern abgedeckt und eine Frau hat zum Wasserholen ihren Eimer darauf abgestellt. Wie es der Name nahe legt, wurde dieser Brunnen sowohl zum Wasserholen als auch zum Frischhalten der zum Verkauf bestimmten Fische genutzt.

Seine schlichte Gestaltung und das beinahe völlige Fehlen von Rechnungen, die auf kostspieligere Reparaturen oder künstlerische Verschönerungen hinweisen würden, legen die Vermutung nahe, dass dieser Brunnen anders als zum Beispiel der Lindlbrunnen oder der monumentale Trunabrunnen, die auch deutlich repräsentativen Charakter hatten, vor allem durch seine Nutzung definiert war. Wahrscheinlich wurde der Fischbrunnen deshalb im Jahr 1884 abgerissen. Er war überflüssig geworden.

»... möcht recht Tausend Jahr / Dös Wasserl lustig springa!«

Umfangreiches Archivmaterial und etliche Fotografien existieren vom Truna- oder Luitpoldbrunnen, der 1894 eingeweiht worden war.

Der 70. Geburtstag des Prinzregenten Luitpold eröffnete eine Möglichkeit an öffentliche Gelder zu kommen und so widmete man kurzerhand das Bauprojekt eines »Monumentalbrunnens« dem Regenten. Der lokale Anlass war die Fertigstellung des Traunsteiner Hochdruckwasserleitungsnetzes, von dem man sich erhoffte, der Gefahr von Epidemien aufgrund von Wasserverschmutzungen endgültig Herr zu werden. Traunstein bekam tatsächlich die finanzielle Förderung zugesprochen. 16 000 DM wurden von den auf 24 000 DM geschätzten Gesamtkosten von Prinzregent Luitpold bewilligt. Den Wettbewerb um die künstlerische Gestaltung gewannen der in München lebende Bildhauer Jakob Stolz und der Architekt Emanuel Seidl. Die zu Recht in den historischen

Die Säule des Fischbrunnens fand 1954 beim Bau des Marienbrunnens im benachbarten Vachendorf Verwendung. Gestiftet wurde sie von dem Traunsteiner Steinmetz und Bildhauer Kassian Weinmann, der auch die Marienstatue schuf.

Der Luitpoldbrunnen: Schaubrunnen mit königlicher Namensgebung

Quellen als »Monumentalbrunnen« bezeichnete Anlage war von imposanter Höhe, vom Sockel bis zum Kopf der Brunnenfigur wurden fast sieben Meter gemessen. Dieser Brunnen besaß ausschließlich repräsentativen Charakter. Dem männlichen Lindl war mit der Allegorie Truna ein weibliches Pendant gegenübergestellt. Das Wasser floss in verspielten Fontänen in drei nach unten hin immer größer werdende, terrassenförmig angeordnete Becken. Im Gegensatz zu allen bisher geschilderten Brunnenanlagen entsprach die Wasserführung rein ästhetischen Bedürfnissen und bot dem Betrachter die unterschiedlichsten optischen und akustischen Wahrnehmungen. Die Wasserspiele spiegeln die Vielfalt der auch in der Natur zu beobachtenden Erscheinungsformen des kühlen Nass wider: Da gibt es im unteren Becken die nahezu glatt und still daliegende Wasserfläche, deren Oberfläche sich nur im Wind sanft kräuselt; aus dem zweiten Becken ergießt sich ähnlich einem Gebirgsbach ein kräftiger Strahl auf einen der Natur nachgestalteten Felsaufbau aus Nagelfluh, wo er sich dann unregelmäßig als Rinnsal seinen Weg durch das poröse Gestein sucht. Die bis zu einer Höhe von etwa einem Meter steigenden Fontänen im oberen, kleinsten Brunnenbecken ergießen sich in sauberen elliptischen Bögen in das zweite Brunnenbecken und boten je nach Sonneneinstrahlung das faszinierende Naturschauspiel der Regenbogenfarben.

Auch aus größerer Entfernung betrachtet, muss der Trunabrunnen ein imposantes Bauwerk gewesen sein. So begrüßt die aus Erz gestaltete, schlanke Brunnenfigur der Truna, als Allegorie der Stadt, den von St. Oswald kommenden Spaziergänger mit einer Körperhaltung, die ihn willkommen heißt. Ihr rechter Arm und eine die offenen Handflächen darbietende Geste verweisen stolz auf die sie umgebenden Häuserfronten des Stadtplatzes. Ihr zierlicher Kopf wird geschmückt mit einem bronzenen Krönlein, »bestehend in runden Stadtmauern mit vier Türmen nach jeder Himmelsrichtung«. Zwei der insgesamt vier kreisförmig der Brunnenfigur zugeordneten Kindergestalten oder Putten tragen Salzfass und Getreidegarben. Hinweise auf den Salz- und Getreidehandel, der Jahrhunderte hindurch das Leben auf dem Schrannenplatz beherrschte. Die anderen beiden Putten hingegen tragen Embleme seiner Königlichen Hoheit des Prinzregenten und des Chiemgaus, »und zwar so, dass an der der Pfarrkirche zugekehrten Vorderseite des Brunnens die linksseitige Figur das Relief seiner Königlichen Hoheit des Prinzregenten auf goldenem Grunde trägt, während die rechtsseitige Kindergestalt die Huldigung darbringt. Die breite dazwischen liegende Bassinrundung ist zur Aufnahme einer monumental wirkenden Schrift verwendet. An der Vorderseite des Postaments befindet sich ein L mit Krone im Lorbeerkranze angebracht.«

Trotz Widmung und bildlicher Huldigung an Prinzregent Luitpold, der maßgeblich an der Finanzierung des Bauprojektes beteiligt war, geriet der Name Luitpoldbrunnen bald in Vergessenheit und man sprach allgemein nur vom Trunabrunnen. Die eigene Geschichte lag den Bürgern der Stadt eben doch näher als die großen politischen Zusammenhänge. Gleichwohl – die Einweihungsfeier und der wenig später stattfindende Besuch des Prinzregenten Luitpold wurden zu großen Feierlichkeiten mit Volksfestcharakter. An Mariä Himmelfahrt 1894, dem 15. August, fand die feierliche Brunnenenthüllung statt. Es muss eine freudige und lebhafte Stimmung geherrscht haben, denn die Archivunterlagen berichten von Menschenmassen, die zu diesem Ereignis in die Innenstadt von Traunstein gekommen sind. Die Reichsbahn setzte von Rosenheim und Trostberg aus Sonderzüge ein. Das reich gestaltete Rahmenprogramm mit Festschießen der Feuerschützengesellschaft, einem »Herrenabend« im Gasthaus Hutter und den rund siebzig geschmückten Festwagen der verschiedenen Vereine machten die Einweihungsfeier zu einem lokalgesellschaftlichen Ereignis ersten Ranges. Der verdienstvolle Bürgermeister Hofrat Josef Ritter von Seuffert hielt die

Feierliche Enthüllung des neuen »Monumentalbrunnens« am 15. August 1894

Festrede und das Publikum lauschte ergriffen den – ganz im Stil der Zeit – feierlich-pathetischen Gedichtrezitationen: »Von Dir gerufen / Aus dunklem Schachte / Drängen die Wellen / Freudig zum Lichte, / Grüßen mit tausend / Zungen Dir dankend / Heil Dir Leopold! (…) Und Truna selber, / Unsichtbar waltend, / Kränze Dir heute / Segnend die Stirn / ›dass unseren Wünschen / werde Erfüllung‹ / Heil Dir Leopold!« Der Volkspoet Johann Georg Entmoser hatte anlässlich der Einweihungsfeier gedichtet: »… o, möcht recht Tausend Jahr / Dös Wasserl lustig springa! / Und Stadt und Gau den reichst'n Seg'n / Mit jed'n Tröpferl bringa.«

Doch dieser Wunsch sollte sich nicht erfüllen! Nur knapp 50 Jahre lang grüßte Frau Truna auf dem Traunsteiner Marktplatz. Über den Zeitpunkt des endgültigen Abtragens der monumentalen Brunnenanlage gibt es unterschiedliche Auffassungen. In einem Aufsatz von 1960 wird die vermutlich richtige Annahme geäußert, dass die Figuren der Kriegsmetallsammlung in den 40er Jahren zum Opfer fielen. Der Beitrag von Otto Kögl im Traunsteiner Wochenblatt aus dem Jahr 1969 konkretisiert dies noch weiter: »Während des zweiten Weltkrieges – 1942 – wurde die aus Erz gegossene ›Truna‹ mit ihrer grünen Patina abgetragen und entfernt. Man erzählt, auf dem Platz inmitten der Stadt, wohin bereits starke Wasseradern zur Speisung des Brunnens führten, habe man ein großes Bassin angelegt, um bei eventuell mit Bränden verbundenen Luftangriffen diese desto leichter bekämpfen zu können.« Franz Baumeister vertritt 1976, ebenfalls in den Chiemgau-Blättern, die These, dass der Brunnen an »einem Morgen im Jahre 1940« in einer Nacht- und Nebelaktion, und ohne »dass Stadtrat oder sonstwie Verantwortliche gefragt und um Erlaubnis« gebeten wurden, abgetragen worden sei.

»Aufenthaltsatmosphäre und Erlebbarkeit des Elementes Wasser …«

Im Zuge der 1998 begonnen Stadtplatzsanierung, die sich als Ziel eine »Steigerung der funktionalen wie auch der optischen Attraktivität« gesetzt hat, entstand die Idee der Erbauung einer neuen Brunnenanlage an der Stelle des abgetragenen Trunabrunnens. Dreizehn regional und überregional ansässige Bildhauer und Steinmetze wurden aufgefordert Modelle für die künstlerische Gestaltung einer Brunnenanlage am Traunsteiner Stadtplatz einzureichen. Die in der Ausschreibung vorgegebenen gestalterischen Rahmenbedingungen spiegeln die im Einleitungskapitel angedeuteten Anforderungen wider, die heute an einen Brunnen gestellt werden. Von »Identifikationsmöglichkeit«, »Aufenthaltsatmosphäre« und von der »Erlebbarkeit des Elementes Wasser« ist dort die Rede. Freilich boten bereits die Ausschreibungsformulierungen reichlich Konfliktpotential und verursachten den um Vorschläge gebetenen Künstlern vermutlich großes Kopfzerbrechen, denn es ist nicht leicht, dem Gebot des »historischen Bezugs« und der zeitgenössisch motivierten Identifikationsmöglichkeit gleichzeitig zu entsprechen. Aber hierin lag eine der Herausforderungen für die Künstler, denn ein Brunnen kann heute nur dann als gelungen bezeichnet werden, wenn er von der Bevölkerung auch angenommen wird. Ein für sich bestehendes Kunstwerk muss nur seinen inneren künstlerischen Kriterien folgen, während sich ein Brunnen erst in der Benutzung, im Kontakt mit der Bevölkerung vollendet und rechtfertigt. Bekanntermaßen ist des Volkes Meinung höchst unterschiedlich und schwer vorauszusagen und die Frage, ob ein Brunnen akzepziert wird, ist kaum zu beantworten.

So kennzeichneten sich denn auch die eingereichten Modelle vor allem durch ihre fundamentalen Unterschiede: Traditionell Historisierendes und Verspieltes fand man darunter ebenso wie modernistisch anmutende Versuchsanordnungen mit Multimedia-Effekten. In die engere Auswahl der Jury kamen schließlich drei Arbeiten, die kurz skizziert werden. Eine Brunnensteinsäule, mit durch Wasserkraft drehbaren Elementen in einem quadratischen Becken stehend, löste bei der Jury Anerkennung, aber auch Bedenken hinsichtlich ihrer Funktionsfähigkeit aus. Eine zweite in Erwägung gezogene Alternative war das Modell einer

Eine stilisierte Lilie als verborgener Hinweis auf das Traunsteiner Stadtwappen bildet den Mittelpunkt des neuen Brunnens.

kreisförmigen Brunnenanlage, die in zwei Segmente geteilt die Funktionen von Bühne/Tribüne einerseits und flach angelegter Schwemme andererseits vereint. Zwar fand die Jury Gefallen an der Idee einer offenen Veranstaltungsbühne, letztendlich jedoch überwogen die Kritikpunkte, die vor allem die optische Zweiteilung und den fehlenden Dialog mit dem räumlichen Umfeld hervorhoben. Einigen konnte sich die Jury auf den Vorschlag von Dietrich Clarenbach.

Der 1935 geborene, in Gauting bei München lebende Künstler kann bereits auf große Erfahrung in der Realisierung von Kunst im öffentlichen Raum (u. a. Faltfigur Stadtbücherei München/Hadern; künstler. Gestaltung der Eingangshalle des Bay. Hauptmünzamtes in München) zurückschauen. So zeichnet sich denn auch sein Entwurf durch ein hohes Maß an Professionalität und ästhetischer Souveränität in der Handhabung der künstlerischen Mittel aus. Es handelt sich um eine quadratische Brunnenanlage, die von allen vier Seiten durch breite Stufen, die zum Wasser hinabführen, zugänglich ist. In der Mitte der Wasserfläche erheben sich in eine Höhe von etwa einem Meter vier streng geometrisierte, stilisierte Lilienblätter, die als zurückhaltender ikonografischer Hinweis auf das Traunsteiner Stadtwappen fungieren. An der Unterseite des »Kelches« strömt das Wasser an vier Seiten gleichmäßig in einem geschlossenen Wasservorhang in das flach angelegte Becken. Klare Proportionen und geometrische Stimmigkeit überzeugten ebenso wie die gute Zugänglichkeit von allen Seiten.

Die Frage, inwieweit sich diese Brunnenanlage, deren Hauptkennzeichen wohl die formale Reduktion ist, in das Ambiente von Häuserfassaden einpasst, die stilistisch der Maximilianszeit, dem Spätklassizismus und der Neurenaissance zugeschrieben werden, wird wohl weiterhin für Gesprächsstoff sorgen.

Die Wahrnehmung der Bedeutung von Brunnenanlagen im städtischen Leben hat sich im Laufe der Jahrhunderte verändert. Waren es zu Beginn lebensnotwendige Versorgungseinrichtungen für die Bevölkerung, so wurden mit der Zeit der repräsentative, schmückende Charakter und die soziale Funktion eines Brunnens immer wichtiger und rückten ins öffentliche Bewusstsein. Brunnen sind Zeichen im Platz und vermögen so einiges über das Denken und Handeln der jeweiligen Zeit zu erzählen. Dies zeigt sich auch in Traunstein, wo die Entdeckung eines vergessenen Brunnens mit seinen aus dem Inneren geborgenen Fundstücken Geschichte lebendig werden lässt. Aber auch die gut erhaltene Brunnenfigur des Lindls prägt das Gesicht des Stadtplatzes und ist als Denkmal der Renaissance ein Dokument des erstarkenden Bürgertums der Neuzeit.

Heutzutage, dies verdeutlicht auf dem Stadtplatz die neue Brunnenanlage von Dietrich Clarenbach, ist es den Planern und den politischen Entscheidungsträgern einer Stadt besonders wichtig, dass ein Brunnen die Voraussetzungen für einen sozialen Ort erfüllen kann. Ästhetische und funktionale Kriterien werden diesem zwischenmenschlichen Gesichtspunkt zur Seite gestellt. Der Begriff der Lebensqualität wird zur Jahrtausendwende neu gefasst und im Vergleich zu den vorausgehenden Jahrhunderten kommt der menschlichen Kommunikation dabei eine größere Rolle zu. Auch daran lässt sich ein grundsätzlicher Wertewandel ablesen.

Rechte Seite: eine Oase der Ruhe, kommunikatives Zentrum oder einfach Planschbecken für Kinder an heißen Tagen

Jürgen Eminger

Das Heimathaus – bewahren und erinnern

Als Elise Angerer mit notarieller Urkunde vom 19. März 1919 ihr Haus Stadtplatz Nr. 3, »der Stadtgemeinde Traunstein schenkungsweise zu Eigentum für Zwecke des städtischen historischen Museums« übereignet, geht für viele Traunsteiner Bürger ein lang gehegter Wunsch in Erfüllung: denn seither beherbergt das vormalige »Zieglerwirtsanwesen« zusammen mit dem benachbarten »Brothausturm« das Heimatmuseum Traunstein, in dessen Räumen heute die stadtgeschichtlichen Sammlungen und das Spielzeugmuseum der Familie von Heimendahl untergebracht sind.

In dem wohl ältesten Baudenkmal Traunsteins, einem urkundlich erstmals 1572 erwähnten Bürgerhaus und dem benachbarten spätgotischen Stadtturm werden auf vier Etagen mit insgesamt etwa 750 Quadratmeter Ausstellungsfläche über 3500 Exponate aus zwei Jahrtausenden präsentiert. In regelmäßigen Abständen werden daneben im großzügig umgestalteten, zum Maxplatz hin gelegenen Erdgeschoss Sonderausstellungen gezeigt. Die Bestände reichen von der Vor- und Frühgeschichte zu den Anfängen der Stadtgeschichte bis in die Neuzeit. Schwerpunkte liegen zum einen auf dem Wirtschaftsleben der Stadt sowie in den Bereichen Handel und Handwerk. Zum anderen stellt das Museum die bürgerliche und bäuerliche Kultur des Chiemgaus vor; und es gibt die Abteilungen Porträtmalerei sowie die für sakrale Kunst und Volksfrömmigkeit. Weitere Abteilungen befassen sich mit der Haus- und Museumsgeschichte, zeigen Bader-Gerätschaften, alpenländische Krippenfiguren, Möbel, Schützenscheiben sowie Bestände der umfangreichen Waffensammlung.

Geschichte des Hauses

Von den verheerenden Stadtbränden des 18. und 19. Jahrhunderts kaum beeinträchtigt, stellt das Museum ein architektonisches Kleinod dar. Wo sonst in der Stadt kann man wohl besser die einstige mittelalterliche Stadtbefestigung veranschaulichen und sogar erlebbar machen als am Brothausturm? Auch kann man hier am Ziegleranwesen, das bis ins frühe 20. Jahrhundert hinein als Wirtschaft geführt wurde, am besten die für die Stadt einst typische Inn-Salzach-Bauweise studieren.

Erstmals erwähnt wird dieses Bürgerhaus am 22. Dezember 1572, doch dürfte es wegen seiner unmittelbaren Lage an der Stadtmauer und der sich daraus ergebenden befestigungstechnischen Überlegungen deutlich früher, vielleicht noch ins ausgehende 13. oder frühe 14. Jahrhundert zu datieren sein, wie dies auch der hochmittelalterliche Gewölbekeller mit seinem Hausbrunnen vermuten lässt.

Wie die wechselvolle Geschichte des Hauses belegt, bestand das ursprüngliche Gewerbe, das durch den jeweiligen Besitzer ausgeübt wurde, in der Fragnerei, das war eine Art Kleinhandel. Als Nebenerwerb kam seit 1660 ein persönliches Weißbierzäpflerrecht hinzu; seit dem 18. Jahrhundert wurde das Anwesen als Tafernwirtschaft geführt. Das von 1678 bis 1744 in eine obere und eine untere Haushälfte aufgeteilte Gebäude verdankt seinen bis heute gebräuchlichen Namen »Zieglerwirtschaft« dem aus Laufen zugewanderten Besitzer Georg Ziegler, der das Haus 1691 erwarb und bis 1712 betrieb. Im Sinne ihres früh verstorbenen Sohnes, des Architekten und Heimatforschers Josef Angerer, überließ im Jahr 1919 die letzte Zieglerwirtin, Elise Angerer, ihr Haus der Stadt Traunstein und ermöglichte damit die Umwandlung der Gastwirtschaft in ein Museum.

Älter noch als die Zieglerwirtschaft ist der wegen Baufälligkeit im 16. Jahrhundert abgebrochene und im Jahr 1541 neu aufgebaute obere Turm, der Brothausturm: Es ist der letzte Rest der einstigen Stadtbefestigung.

Am Freitag nach Pfingsten 1548 konnte, wie es die Quellen belegen, der Rat bei der Bauabnahme den Turm »beschauen« und noch im gleichen Jahr besuchte der Herzog Traunstein und bewunderte den Bau gebührend. Mit seinem imposanten Äußeren und den Nischen und Schießscharten im Inneren hat sich hier bis heute der Charakter vom spätmittelalterlichen Traunstein am besten bewahrt.

Die in der Literatur immer wieder gebräuchliche Bezeichnung »Brothausturm« ist eine Erfindung der frühen Heimatforschung, denn tatsächlich wurde hier nur für kurze Zeit bis zur endgültigen Gewerbefreiheit das von Traunsteiner Bäckern erzeugte Brot verkauft.

Spuren vergangener Zeiten

Die Bemühungen, Traunsteins Vergangenheit in Zeugnissen für kommende Generationen zu bewahren, greifen bereits mehr als 150 Jahre zurück. Wie andernorts auch liegen die Anfänge heimatgeschichtlicher Forschungs- und Sammlungstätigkeit in der Zeit König Ludwigs I., der bald nach seinem Regierungsantritt die Gründung historischer Vereine anregte.

Sein Aufruf vom 29. Mai 1827 zum Sammeln von Altertümern und zur aktiven Pflege der Heimatgeschichte muss in Traunstein auf fruchtbaren Boden gefallen sein, begannen doch bereits in den 30er Jahren des 19. Jahrhunderts interessierte Bürger stadt- und regionalgeschichtlich bedeutsame Gegenstände zu sammeln, die offenbar von Anfang an für ein geplantes Museum bestimmt waren.

Durch den verheerenden Traunsteiner Stadtbrand von 1851, in dem viele der bis dahin gesammelten Objekte vernichtet wurden, mussten die Traunsteiner Bürger zunächst ihre ehrgeizigen Museumspläne zurückstellen. Der Rückschlag hat die Kräfte allerdings nur kurz gelähmt. Es war der Apotheker Joseph Pauer, der nun die Anregung des Germanischen Museums in Nürnberg zur Gründung von landschaftsgebundenen Pflegschaften in die Tat umsetzte.

In Privatinitiative begann sich rasch ein Freundeskreis um den rührigen Stadtapotheker zu bilden. Gemeinsam schloss man sich dem frisch gegründeten Historischen Verein von Oberbayern an und auch die Annalen des Römisch-Germanischen Museums in Mainz und der Anthropologischen Gesellschaft in München weisen Mitarbeiter aus Traunstein aus.

Seit 1868 sind neuerliche Bestrebungen zur Gründung eines städtischen Museums im Gange. Joseph Pauer, selbst leidenschaftlicher Sammler und zugleich treibende Kraft, stellt 1873 einen entsprechenden Antrag und übergibt dem Stadtmagistrat eine Liste der Schenkungen. Aufgeführt sind u. a. Geschirrscherben aus der Römerzeit, weiterhin neuzeitliche Gegenstände wie Dolch, Halskette, Vorhängeschloss, aber auch Münzen und diverse Schriften und Karten.

War die ursprüngliche Herberge der historischen Sammlung in der Apotheke ein »Gewölbe mit eiserner Thür und steinernen Pfosten, trocken und durch ein großes Fenster beleuchtet«, so kann die Errichtung der »Städtischen Hystorischen Sammlung« auf Betreiben Joseph Pauers am 6. Juni 1882 als eigentliche Geburtsstunde des Museums angesehen werden.

Eine Bekanntmachung vom 20. August 1888 informiert uns darüber, dass das neu gegründete Museum in den Sommermonaten an »Mittwochen, Samstagen, Sonn- und Feiertagen gegen eine Eintrittsgebühr von 20 Pfennig« besichtigt werden konnte. Die Eintrittskarten wurden anfangs bezeichnenderweise noch in der Marienapotheke abgegeben.

Dieses erste Museum war im Rathausrückgebäude untergebracht. Ein Stadtführer aus der Zeit um

Rückseitige Ansicht des »Gasthauses zum Ziegler«, um 1890

1900 unterrichtet uns anschaulich über die damaligen Bestände:

»Im Vorraum sehen wir Gegenstände aus Eisen, wie Waffen, Beschlägtheile, Grabkreuze … und an den Wänden hauptsächlich Ansichten von Traunstein. Im ersten Saale, den wir betreten, sind sämtliche Abschnitte der Prähistorie sowie der Römerzeit vertreten. Im Saale rechts ist die von Privatier Köchel dem Museum geschenkte Bildersammlung … in der Mitte dieses Saales steht das vom verstorbenen Ministerialsekretär Beck gefertigte Relief der Stadt Traunstein … im Saale links mit schwarz-weiß gemaltem Fries ist die Münzensammlung aufgestellt und sind da Gegenstände aller Art und aus allen Zeiten des Mittelalters bis auf die Neuzeit zum größten Theile aus dem Chiemgau. Der vierte Raum stellt eine kleine gothische Kapelle dar mit kirchlichen Gegenständen, hauptsächlich Werke der Plastik.«

Schon bald führte die Vielzahl der Erwerbungen zu Raumnot. Mit dem Umzug des Museums in das »Heimathaus« und der feierlichen Eröffnung am 2. April 1923 erlebte die Sammlung in der Folgezeit eine Reihe von Neuaufstellungen und Umgruppierungen.

Den Stand der 20er Jahre gibt eine Beschreibung von Hanns Pauer, dem damaligen Konservator des Museums, wieder. Er erwähnt als Ausstellungsstücke unter anderem Objekte aus der prähistorischen und Römerzeit, etwa den gut erhaltenen Meilenstein, der an der von Augsburg nach Salzburg führenden Römerstraße stand, ferner ein Stück eines Mosaikfußbodens aus einer römischen Villa bei Erlstätt. Als Herzstück des Museums bezeichnet Pauer aber die Wirtsstube und die Küche. »Dem Kunst- und Heimatfreunde lacht das Herz im Leibe, wenn er in die schlichte niedere Stube tritt, in der die blank gescheuerten

Tische stehen, die noch messingbeschlagene Kerzenleuchter mit Fidibushaltern zieren. Tretet hinein in das Geschehen, das euch einen Blick gestattet auf die Pfarrkirche St. Oswald und unter dem das Leben von alters her vorbeizog.«

Außerdem nennt er als Ausstellungsgebiete sakrale Kunst im Kapellenraum, Geografie und Geologie des Chiemgaus, ein eigenes »alpwirtschaftliches Museum« und das Salinen- und Triftwesen. Unter Leitung des Apothekers Dr. Georg Schierghofer wurde außerdem in den Jahren 1919-20 das Traunsteiner Stadtarchiv summarisch verzeichnet, ins Heimathaus verbracht und dort für mehrere Jahre aufgestellt. Bezeichnend für die Heimatbewegung der Zeit nach dem Ersten Weltkrieg lautet der Spruch an der Turmwand. »Stadt und Land, Hand in Hand, eines Gau's Heimathaus«. Er stammt von dem gebürtigen Traunsteiner Prälaten und bekannten Volkskundler Dr. Rudolf Hindringer und bringt den Anspruch des Museums als Regionalmuseum deutlich zum Ausdruck.

Nach dem Tod der Stifterin konnte die Ausstellungsfläche um deren fünf Wohnräume erweitert werden, wodurch vor allem die Bereiche städtisches Handwerk sowie bäuerliches und bürgerliches Wohnen anschaulich dargestellt werden konnten.

Infolge des Zweiten Weltkrieges wurden Teile der Sammlung ausgelagert, manches ging verloren, etwa Ausgrabungsfunde aus der Keltenzeit, die Münzsammlung und fast die gesamte alpwirtschaftliche Abteilung.

Auf Initiative des Historischen Vereins entwickelte sich in den 50er Jahren eine rege und viel beachtete Ausstellungstätigkeit. So namhafte Besucher wie der damalige Bundespräsident Theodor Heuss trugen sich seinerzeit in das Besucherbuch ein. Sonderausstellungen im Erdgeschossraum des Heimathauses wie »Alte Kunst« (1950) und »Alte Krippen« (1951) oder die Feierlichkeiten anlässlich des 300. Geburtstages von Balthasar Permoser (1951) unterstreichen diese

Zu besonderen Anlässen noch immer in Betrieb: die historische Zieglerwirtsstube mit Blick in die Küche

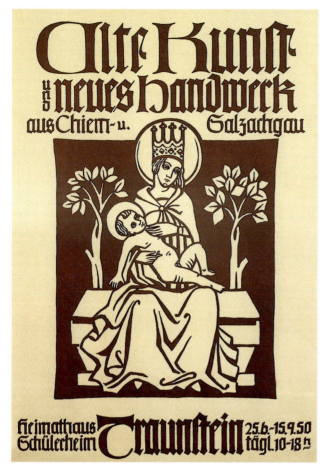

Ausstellungsplakat aus dem Jahr 1950

Aktivitäten eindrucksvoll. Träger des Museums war bis 1951 die Stadt Traunstein. Genau einhundert Jahre nach dem letzten großen Stadtbrand wurde 1951 auf Anregung des 1889 gegründeten Historischen Vereins für den Chiemgau die »Stiftung Heimathaus Traunstein« ins Leben gerufen. Diese Stiftung verfolgt seither als oberstes Ziel die »Pflege des heimatgeschichtlichen Gutes und die Förderung der heimatgeschichtlichen Forschung zum allgemeinen Nutzen sowie die Erhaltung des Heimathauses als Heimatmuseum und als Heimstätte für geschichts- und kunstwissenschaftliche Ausstellungen und Zusammenkünfte«. Als juristische Person des öffentlichen Rechts ist sie eine rechtlich selbstständige Einrichtung, deren Geschicke der Aufsicht des Vorsitzenden des Historischen Vereins, des Oberbürgermeisters und des Stadtkämmerers unterstehen.

Zu einem wahren Schatzkästlein entwickelte sich das Museum in den 70er und 80er Jahren. Dank ihres unermüdlichen Wirkens formte die langjährig ehrenamtlich tätige Kustodin Frau Dr. Editha Habersetzer das Heimatmuseum zu einem vorbildlich geführten Bildungsinstitut, das mit seinen liebevoll zusammengestellten Schausammlungen nicht nur Einheimische, sondern auch Besucher, die von weit her kommen, stets aufs Neue begeistert.

Die einzelnen Abteilungen: Exempla

Schon der Eingangsbereich zum Museum mit seiner Tonnenwölbung und tief einschneidenden Stichkappen empfängt den Besucher mit ausgewählten Kostbarkeiten: Im Fenster unter den Arkaden die Mater Dolorosa aus der Mitte des 18. Jahrhunderts, die sich ehemals in der Blitzkapelle befand, und in der Vitrine rechts vom Eingang sind Raritäten aus der Spielzeugsammlung zu bestaunen, etwa der prächtige, knallrote Doppeldecker aus den 30er Jahren.

Blechspielzeug, eine Marionettenbühne mit beweglichen Kulissen und Puppenstuben werden in regelmäßigen Abständen auch im vorderen Teil des Sonderausstellungsbereiches gezeigt, weiter hinten kann der Besucher auf dem freigelegten, ehemaligen »Saumarkt« aus dem 17. Jahrhundert »historischen Boden« betreten oder sich vor dem grandiosen Stadtmodell aus dem Jahr 1890 auf einen fiktiven Stadtrundgang durch Alt-Traunstein begeben.

Gebäude, die schon längst nicht mehr existieren, findet man hier wieder: das Karl-Theodor-Sudhaus, das alte Bahnhofsgbäude, das Hl.-Geist-Kirchlein, die Haßlberger Mühle, das Gasthaus »Zum Sametz« und andere mehr.

Mit etwas Phantasie kann man vor diesem Modell eintauchen in die Welt Ludwig Thomas, der in seinen »Erinnerungen« über Traunstein Folgendes festhält: »Am Hauptplatz stand ein Wirtshaus neben dem anderen, Brauerei neben Brauerei, und wenn man von der Weinleite herab sah, wie es aus mächtigen Schlöten qualmte, wusste man, dass bloß Bier gesotten wurde. Durch die Gassen zog viel versprechend der Geruch von gedörrtem Malz, aus mächtigen Toren rollten leere

Bierbanzen und am Quieken der Schweine erfreute sich der Spaziergänger in Erwartung solider Genüsse«.

Auch wer sich über die Saline Traunstein informieren will, kommt im Erdgeschoss voll und ganz auf seine Kosten. Salinarische Arbeitsgerätschaften wie Krucke, Trifthaken und Deichelbohrer, Berufsbezeichnungen wie Fuderträger, Pfieseldirn und Salzmaier – wem sagen diese Begriffe heute noch etwas?

Eine Antwort auf diese Fragen und einen umfassenden Einblick in die Produktionsabläufe einer Saline im 18. Jahrhundert gewährt der Traunsteiner Salinenbilder-Zyklus, eine Folge von insgesamt 12 Gemälden, die vermutlich einst als repräsentative Bildtapete eine Wandseite des Sitzungszimmers im Salzmaieramt schmückte.

Im ersten Obergeschoss lassen die bezaubernd eingerichtete Zieglerwirtschaft und die Rauchfangküche aus dem 17. Jahrhundert die Herzen aller Besucher höher schlagen.

In der Küche werden dem Besucher Kupfer- und Messingformen und ein reicher Bestand an Tongeschirr, etwa die so genannte »Kröninger Ware« präsentiert. Dieses braun, grün, gelb oder blau glasierte Geschirr war einst wegen seiner Feinheit und damit seines geringen Gewichts hoch geschätzt. Bäuerliche und auch bürgerliche Haushalte hatten bis vor wenigen Jahrzehnten noch einen reichen Bestand an Tongeschirr dieser Art. Der Dampfnudeltopf mit dem Deckel war aus Ton, ebenso wie die Seiher und Weidlinge, in denen die Milch zum Abrahmen aufgestellt wurde, der Essig wurde in Tonkrügen angesetzt und der Braten in einer Tonreine geschmort.

Wissenswertes über die Bereiche städtisches Handwerk und bürgerliches Wohnen vom 17. bis 19. Jahrhundert wird dem Museumsbesucher im 2. Obergeschoss vermittelt. Ein aufmerksamer Gang durch die Abteilung »Altes Handwerk« gibt beispielsweise ein Bild vom Reichtum handgeschmiedeter Geräte, die bis ins 19. Jahrhundert allgemein üblich waren. Aus Eisen waren Bänder, Griffe, Waffeleisen und Schlösser gearbeitet, mit denen Truhen, Kästchen und Kassetten vor unbefugtem Öffnen geschützt wurden. Studieren kann man hier das immer komplizierter werdende, technisch auf die verschiedenste Weise funktionierende Schloss, das vom einfachen Sperrriegel über das römische Schiebeschloss, die verschiedensten Dreh- und Steckschlösser bis zum heutigen Sicherheitsschloss weiterentwickelt wurde.

Doppeldecker, um 1935, vermutlich von der Firma Mettoy

Kunst und bürgerliche Wohnkultur der Biedermeierzeit

Aber auch die von Franz Anton Ringl, einem Schmied aus der Schaumburger Straße, 1721 gearbeitete ehemalige Kirchturmuhr von Haslach ist hier ausgestellt. Sie war noch bis 1952 in Betrieb.

In einer Virtine ist Zinn, das »Silber der armen Leute«, zu bestaunen. Vom Können Traunsteiner Zinngießer zeugen kunstvoll gearbeitete Teller, Kannen und Humpen. Ein Prachtstück ist das in Form eines Stiefels gearbeitete Tischzeichen der Schuhmacher. Es stammt aus der Werkstatt des aus Dingolfing nach Traunstein zugewanderten Meisters Johann Martin Reitmayr (1695–1770) und wurde im Jahr 1729 gefertigt. Auf seiner Sohle ist die Inschrift »EINER ERSAMEN PRIEDERSCHAFT DER SCHUHE KNEDTEN IN DRAUNSTAIN ANGEHERIG 1729« eingraviert. Mittels Schraubverschluss lässt sich der Stiefel öffnen und als Behältnis für Hochprozentiges verwenden.

Der Entwicklung der Porträtmalerei im Übergang vom Barock zur Biedermeierzeit ist eine weitere Ausstellungseinheit im 2. Obergeschoss des Museums gewidmet.

Interessant ist diese Abteilung aber auch deshalb, weil man hier vielen Traunsteiner Persönlichkeiten von einst begegnet. Ein schönes Beispiel ist das von dem Vachendorfer Künstler J. B. Neumüller (1799–1840) gemalte Bildnis des

Tischzeichen der Traunsteiner Schuhmacher

Brauereibesitzers Nikolaus Schwinghammer, der 1826 das Bier anlässlich der Straßenbauarbeiten nach Maria Eck stiftete. Das Gemälde ist zugleich ein hervorragendes Zeugnis für den hohen Standard der Neumüllerschen Porträtkunst, die die Tradition der Münchner Bildnismalerei der Zeit um 1800 im Sinne des anspruchsvollen Empire aufs Beste fortsetzt und belegt, dass die Werke Neumüllers einen Vergleich mit solchen anderer bedeutender Maler der Biedermeierzeit keineswegs zu scheuen brauchen.

Schließlich gilt es in diesem Geschoss noch einen Blick in die liebevoll eingerichtete große Wandvitrine mit den Puppenstuben zu werfen, ehe sich im 3. Obergeschoss die Welt des Blechspielzeugs auftut: Autos, Schiffe, Dampfmaschinen, Tanzfiguren, Zinnsoldaten, Penny-Toys und Eisenbahnen geben hier einen Querschnitt durch die verschiedenen Teilbereiche der Spielzeugwelt. Wer mag, kann in dieser Abteilung per Knopfdruck einige kuriose Bewegungsmodelle selbst in Gang setzen oder sich an der Vorführung von etwa 70 Jahre alten Märklin-Eisenbahnen vergnügen. In einem 15-minütigen Videofilm werden außerdem einige besonders lustige Bewegungsabläufe von originellen Aufziehspielzeugen gezeigt, die aus der Zeit von der Jahrhundertwende bis zu den 1930er Jahren stammen.

Für Liebhaber von sakraler Kunst und Volksfrömmigkeit gibt die letzte Abteilung des Museums im Dachgeschoss einen breiten Überblick über Zeugnisse des Volksglaubens wie Votivgaben, Hinterglasbilder oder Klosterarbeiten. Klosterarbeiten oder »Schöne Arbeiten« nannte man im 18. Jahrhundert zumeist in Frauenklöstern angefertigte Ausschmückungen von Reliquien oder Gnadenbildkopien. Es handelt sich bei diesen Gegenständen vorwiegend um kleinere, eingerichtete Glaskästchen oder Bildwerke aus Holz oder Pappmaché.

Während die Kästchen szenische Darstellungen wie Begebenheiten aus dem Leben Jesu oder Mariä, der Heiligen oder Ordensfrauen enthalten – allen voran Krippen und Christkindl –, steht im Mittelpunkt der kastenförmig vertieften Bilder ein Andachtsbild, ein Wachsrelief, ein Agnus-Dei-Medaillon oder eine Reliquie. Zu den »Schönen Arbeiten« zählen weiterhin Annahände, Nepomukszungen, Reisealtärchen und Aufbewahrungsschreine »heiliger Sachen«.

Diese Werke konnten als Zeichen eines gewissen Wohlstandes verstanden werden, verwiesen zugleich aber auch auf die fromme Grundhaltung ihrer Besitzer und erinnerten an bedeutende Ereignisse, wie etwa eine Hochzeit.

Für Kenner und Freunde sakraler Kunst hält diese Sammlungsabteilung ebenfalls einige beson-

Bildnis des Brauereibesitzers Nikolaus Schwinghammer

Bozzetto von Balthasar Permoser, um 1700

Mit einem Spitzenwerk der oberbayerischen Plastik aus der Zeit der Hochgotik wollen wir unseren fiktiven Rundgang durch das Museum und seine Abteilungen beschließen. Auf eine frühe Gruppe von Bildwerken, die in Oberbayern schon vor dem Jahr 1400 eine bedeutende Qualität erreicht, lenkt uns der Chiemgau und das in seinen Bereich einzubeziehende Salzburg mit dem Namen Hans Heider. Von ihm bzw. aus seinem unmittelbaren künstlerischen Umfeld stammt eine Christophorusfigur, die vollplastisch gestaltet ist und die die charakteristischen Züge seiner Hand aufweist.

Die ebenso sorgfältige Behandlung der Rückenpartie wie die Vorderseite bestärkt die Zuschreibung an diesen Meister. Kühn und mit sicherem Blick sind auf den Gesichtszügen des Heiligen die Sorgenfalten eingegraben, während mit höchster Präzision das zierliche, in kreisförmigen Windungen sich schließende reiche Gelocke der Haare gezogen ist.

ders kostbare Exponate bereit. Ein Heiliger Sebastian mit stark verkohlten Beinen erinnert auf drastische Weise an ein düsteres Kapitel Traunsteiner Stadtgeschichte, nämlich an den großen Stadtbrand von 1851.

Eine stattliche Anzahl kleiner Tonbozzetti aus der Werksatt J. G. Itzelfeldners (1704?–1790) gibt einen schönen Überblick über die Arbeitsweise eines im 18. Jahrhundert in der Region tätigen Bildhauers. In diesem Zusammenhang zu erwähnen ist auch ein Bozzetto, der von Balthasar Permoser (1651–1732) gefertigt wurde. In Kammer bei Traunstein als Sohn eines wohlhabenden Bauern geboren avancierte Permoser zu einem der herausragenden Künstler des Barock und machte als Hofbildhauer und Erbauer des Dresdner Zwingers in Sachsen Karriere. Sein kleines, in Ton modelliertes und gebranntes Modell datiert in die Zeit um 1700. In heftigen Kampf sind ein Knabe, ein Adler und ein Hund verstrickt. Über dem Adler ruht eine Brunnenschale. Das Ganze ist bei aller drängenden Fülle von Bewegung und Gegenbewegung in allseits erkennbarer Formklarheit bravourös komponiert.

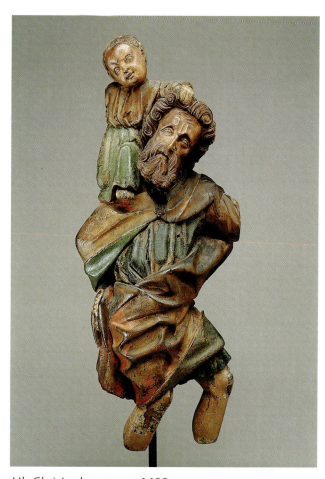

Hl. Christophorus, um 1400

Eva-Maria Ilsanker

Im Tiefgeschoss

Kellergeschichten, teilweise verschüttet

Wie die Bürgerhäuser aller altbayerischen Städte sind auch die Gebäude, die den Traunsteiner Stadtplatz säumen, unterkellert. Die Bezeichnung »Keller« leitet sich her vom Lateinischen »cellerarium«, Speisekammer; der Keller wird im Wörterbuch der Architektur als »ein ganz oder teilweise unter dem Erdboden liegender Raum« bezeichnet, »der meist von einer massiven Decke oder von einem Gewölbe abgeschlossen wird«. Weiter heißt es: »Der Zugang zum Keller bzw. Kellergeschoss liegt entweder im Gebäude oder außerhalb«, mit Querverweis auf »Kellerhals«. Für den Stadtplatz sind verschiedene Keller mit Kellerhälsen noch für die erste Hälfte des 19. Jahrhunderts nachgewiesen, auch wenn heute von außen nichts mehr darauf hindeutet. Ein besonders eindrückliches Bild davon erhalten wir von einer Lithografie von Franz Wieninger, die den Stadtplatz von Osten her gesehen darstellt und die um 1847 herum entstanden sein dürfte. Etwas abgerückt von den Gebäuden erkennt man an der Nord- und Südseite des Stadtplatzes flache Pultdächer, deren Ecken durch Steinpoller gesichert sind: die abgedeckten Außenzugänge zu den Kellern.

Vergleicht man die Lithografie mit dem Uraufnahmeblatt von 1809, wird man feststellen, dass dieselben Außenzugänge auch dort eingezeichnet sind. Sie lassen sich den heutigen Hausnummern eindeutig zuordnen, an der Südseite des Platzes liegen sie vor den Gebäuden Stadtplatz 33 und 36 a, an der Nordseite vor den Häusern Nr. 20 und 21. Im Urkataster sind an dieser Seite, weiter zum westlichen Platzabschluss hin, zwei weitere Kellerabgänge vor Haus Nr. 10 und vor der westlichen Hälfte von Haus Nr. 13 eingetragen, diese Zugänge waren laut Plan unterirdisch miteinander verbunden. Bei näherer Betrachtung der Lithografie sieht man auf der rechten Bildseite zwei handgezogene kleine Planwagen, von denen Säcke abgeladen und vor einem Kellerhals gestapelt werden. Das dazugehörige Gebäude ist durch das ausladende Nasenschild mit dem Stern eindeutig als Sternbräu zu identifizieren.

Die Außenzugänge zu den Kellern in dieser Form sind auch aus anderen Inn-Salzach-Städten wie Burghausen, Mühldorf und Neuötting bekannt. Die für den bayerischen Raum wohl älteste Darstellung davon ist auf dem Modell der Stadt Burghausen von Jakob Sandtner, fertig gestellt 1574, zu sehen. Kleine, die Fläche des Stadtplatzes nahezu in einer Reihe unterbrechende Pultdächer beziehen sich auf die abgedeckten Kellerhälse.

In der Regel sind die Gebäude am Stadtplatz teilunterkellert, wobei die Keller auf der dem Platz zugewandten Seite liegen. Mittels eines Kellerhalses konnte man Vorräte und Waren direkt vom Stadtplatz aus in den Kellerraum einbringen. Eine vollständige Unterkellerung trifft man meist nur in jenen Bürgerhäusern an, die durch ein entsprechendes Gewerbe auf weitläufige Kellerräume angewiesen waren. Hierzu zählten in erster Linie die Gasthöfe und Bierwirte, die häufig mit einer Brauerei verbunden waren, sowie die Weinwirtschaften. Aber nicht nur die Fässer wurden im Keller gelagert, auch die Schänken waren häufig dort eingerichtet. Großen Wert auf den Ausbau eines weiträumigen Vorratskellers legten in der Regel auch die Lebzelter und die Kaufmannshäuser sowie gelegentlich Krämereien. Der Keller war

»Kellerhälse« am Stadtplatz, Detail einer Lithografie von Franz Wieninger, um 1847

neben dem Ort der Aufbewahrung in früheren Zeiten zugleich Arbeits- und Verkaufsraum. Zu den auf dem Uraufnahmeblatt von 1809 dargestellten Kellerabgängen gehören kleinere, tonnenüberwölbte Keller vor den Häusern, die im Urkataster nicht mit aufgenommen sind. Diese Außenkeller waren zum Teil untereinander durch Gänge verbunden. Drei bis vier Stufen tiefer gelangte man dann durch eine Tür in der mächtigen Außenmauer in den eigentlichen Keller unter dem Gebäude. Diese Tür war mit einem kräftigen, oft eisenbeschlagenen Flügel und einem zusätzlichen Riegel zu verschließen, manchmal auch noch mit einem Eisengitter.

Die Gebäudekeller selbst sind riesige Tonnengewölbe, zum Teil noch mit Bachkugelpflaster. Auf die Fassade übertragen, sind die Gewölbe über eine Breite von drei bis vier Fensterachsen gespannt. Die Kellerräume der einzelnen Häuser sind unterschiedlich hoch, auch ihre Böden liegen in verschiedenen Höhen. Nicht selten haben sogar zwei Keller eines Gebäudes eine unterschiedliche Höhenlage, wie z. B. die beiden Keller im ehemaligen Salzmaieramt, die je einer Gebäudehälfte zuzuordnen sind. Vergleicht man die Lage der Keller und ihre jeweilige Breite mit den dazugehörigen Fassaden, dann wird man feststellen, dass die Höhenlage der Keller unter anderem ein Hinweis darauf ist, dass zwei schmale mittelalterliche Parzellen zu einem Grundstück zusammengelegt wurden.

Die Keller sind also mit Sicherheit älter als die darauf gebauten Häuser. Die bisher einzige Datierung ist in den weitläufigen Kellergewölben des Sternbräus zu finden: Ein Werksteingewände zu dem noch vorhandenen, aber verkleinerten Außenkeller ist auf der dem Stadtplatz zugewandten Seite im Scheitel auf das Jahr 1748 datiert, mit den Initialen des damaligen Besitzers und mit einem Fisch als Wappentier. Dieses Datum weist zwar in die Zeit nach dem ersten gesicherten großen Stadtbrand von 1704, geht aber sicher mit einer Renovierung einher. Die Keller sind Zeugnisse der frühesten festen Bebauung auf dem Stadtplatz und gehen auf das Mittelalter zurück, mindestens ins 14. Jahrhundert. Eine Bauvorschrift der Stadt Landshut von 1405 besagt z. B., dass alle vor die Häuser auf die Straße hinausgehenden Anbauten, unter denen auch Kellerhälse und Fassrutschen genannt werden, abzubrechen seien. Die mit Brettern abgedeckten Kellerhälse mussten daraufhin mit Erdreich zugeschüttet werden. Auch in Traunstein sind die Keller sicher schon mit dem Ausbau zur Bürgerstadt entstanden. Wie viele Häuser Kellerhälse als Außenzugänge hatten, ist bisher nicht erforscht, man kann aber davon ausgehen, dass fast zu jedem Haus auf den Längsseiten des Stadtplatzes ein Kellerhals gehörte. Der Traunsteiner Stadtplatz war als nicht unbedeutender Handelsplatz des 15. Jahrhunderts, was auch die Steuerkraft von 600 Pfund Pfennigen für das Jahr 1459 deutlich macht (Burghausen 1000 Pfd. Pf., Rosenheim 400 Pfd. Pf.), sicher ähnlich strukturiert wie Burghausen.

Die meisten Kellerhälse und ein Großteil der Außenkeller wurden sicher schon nach dem bereits erwähnten Stadtbrand aufgegeben, nur die sechs im Urkataster erfassten Außenzugänge dürften bis zum zweiten Stadtbrand 1851 bestanden haben. Dazu gehört auch der Kellerhals zum Sternbräu mit dem aufwendigen Rotmarmorportal, sicher ein Beweis dafür, dass der Keller im 18. Jahrhundert als Gast- und Schankraum genutzt wurde, den man direkt vom Stadtplatz aus betreten konnte. Eine Kellerwirtschaft mit angeschlossener Kegelbahn, allerdings nur noch von innen über das Erdgeschoss zugänglich, war hier bis in die 1960er Jahre in Betrieb.

Fast alle Außenkeller sind aufgegeben und verfüllt, die Zugänge zu den Gebäudekellern bereits historisch vermauert und von innen nicht mehr als solche zu erkennen. Erst im Sommer 1998 wurde bei den Bauarbeiten am Stadtplatz vor Haus Nr. 18, an der Nordseite des Platzes, ein bisher unbekannter außen liegender Keller entdeckt. Seine Grundfläche von gut 5,5 qm wird von einer Längstonne überdeckt, seine Breite von etwa 1,7 m führte ursprünglich als Kellerhals weiter auf den Stadtplatz. Die Abmauerung zum Platz hin dürfte nach dem Stadtbrand von 1704 erfolgt sein.

Werksteingewände mit den Initialen des damaligen Besitzers, Fisch und Jahreszahl

Entlang der Kelleraußenwand stellte ein Gang nach Osten eine Verbindung zum Außenkeller des Nachbargebäudes Nr. 19 her. Dieser Verbindungsgang wurde vermutlich bereits zur gleichen Zeit wie der Außenzugang abgemauert. Schöne Stufen aus Rotmarmor führten zu dem tiefer liegenden Keller unter dem Gebäude, der ebenfalls abgemauert und von innen nicht mehr kenntlich ist. Ein weiterer aufgegebener »Außenkeller«, auf den im Folgenden näher eingegangen wird, wurde bereits im Frühjahr 1998 entdeckt.

In Zusammenhang mit den Neu- und Umbaumaßnahmen an Rathaus, ehemaligem Amtsgericht und ehemaligem Salzmaieramt stieß man bei Bauarbeiten an der Nordseite des Salzmaieramtes auf die Reste eines bislang unbekannten Gebäudes. Diese bestehen aus den Umfassungsmauern eines rechteckigen Baus sowie Gewölbefragmenten an der Kelleraußenseite des Salzmaieramtes. Gewölbeansätze mit Birnstabprofil, die auf Konsolen ablasten, sowie spitz zulaufende Schildbögen ließen das abgegangene Gebäude, das seit unbekannter Zeit im Erdreich unter dem Gehweg verborgen war, der Gotik zuordnen.

Der zerstörte Bau wurde in zwei Etappen freigelegt und in allen Phasen zeichnerisch und fotografisch dokumentiert. Die Stadt Traunstein entschloss sich, zumindest einen Teil dieses Gebäudes bis zu seiner Fußbodensohle freizulegen, weiter zu dokumentieren, zu untersuchen und dann für die Bevölkerung sichtbar zu belassen. Da bereits im Aushub der ersten Freilegungsphase verschiedene Kleinfunde zutage kamen, wurde der weitere Aushub zwischengelagert und später gesiebt um anhand von Funden Rückschlüsse auf das Alter zu ermöglichen.

Der aufgefundene Raum von 6,3 x 2,85 m Grundfläche befindet sich an der Südseite des Stadtplatzes auf Höhe des Chores der Stadtpfarrkirche St. Oswald. Er schließt mit seiner Längsseite direkt an die nördliche Kelleraußenwand des ehemaligen Salzmaieramtes an und ragt mit seiner

Linke Seite: Der wieder entdeckte Raum mit gotischen Gewölbeansätzen und segmentbogenüberwölbten Nischen an der Außenwand des ehemaligen Salzmaieramtes

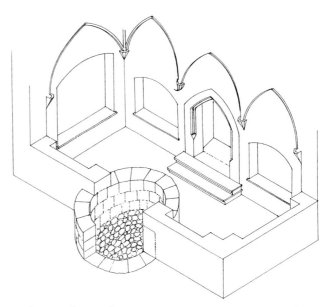

Rekonstruktionsskizze mit ergänztem Brunnenrund

ganzen Breite in den Straßenraum hinein. Seine Längsausdehnung reicht von der Ecke des östlich anschließenden Gebäudes Stadtplatz Nr. 39 (Nischenrückwand und Vorderkante Nachbargebäude liegen in einer Flucht) bis zu dem in der Mittelachse liegenden Durchgang des ehemaligen Salzmaieramtes, dessen östliche drei Fensterachsen der gotische Bau einnimmt. Die Südwand des Raumes bildet zugleich die Nordwand des anschließenden Ostkellers des Salzmaieramtes, beide Räume sind jetzt mittels eines wieder geöffneten bauzeitlichen Spitzbogendurchgangs verbunden.

Die Decke des Raumes wurde ursprünglich von einem Kreuzrippengewölbe über drei querrechteckige Joche gebildet. Erhalten geblieben sind lediglich die Umfassungsmauern in unterschiedlichen Höhen. Alle vier Wände sind durch segmentbogenüberwölbte Nischen gegliedert, die knapp unter Kniehöhe ansetzen und deren Bänke entsprechend der Befunde mit dickeren Holzbrettern abgedeckt waren. An den Stirnseiten sind die Nischen breiter und höher, an der südlichen Längswand liegt deren Scheitelpunkt noch unter dem Gewölbeansatz. Die mittlere Achse nimmt hier das hohe spitzbogige Türgewände mit gekehlter Phase auf.

Die ursprüngliche Raumhöhe lässt sich an der Südseite, der Kelleraußenwand, noch annähernd nachvollziehen: Die Scheitel der Schildbögen lagen etwa auf Höhe des heutigen Gehsteigniveaus.

Über die Höhe der Gewölbescheitel lassen sich keine Aussagen mehr machen. Das Gewölbe ist mit Sicherheit zu den Rippenkreuzungen hin leicht angestiegen, sodass man einen Boden über dem Gewölbe bei etwa 50 cm über dem heutigen Platzniveau annehmen darf. Ein weiteres Stockwerk kann nicht ausgeschlossen werden, ist aber durch die zweimalige Zerstörung des Salzmaieramtes nicht mehr nachweisbar.

Von den drei Gewölbejochen haben sich der östliche und westliche Schildbogen an der Südwand erhalten, der mittlere wurde durch eine historische Veränderung zerstört: Im Erdgeschoss des Salzmaieramtes zeichnete sich vor dem Neuverputzen im Bereich des mittleren Jochs auf Fußbodenhöhe im Klaubsteinmauerwerk ein mit Ziegeln gemauerter, weiter Bogen ab: Hier wurde eindeutig eine später eingebrochene Öffnung wieder mit Tuffquadern vermauert.

Die spitzbogigen Kreuzrippengewölbe sind nur noch mit ihren Anfängern erhalten, die auf unterschiedlich geformten Spitzkonsolen mit profilierten Plinthen ablasten. Die Grundrissform der vier noch erhaltenen Konsolen entwickelt sich aus drei bzw. fünf Ecken eines gleichseitigen Achtecks, jede ist anders ausgeformt: mit gerade geschnittenen Flächen, mit Kanelluren und mit rippenförmig ausgebildeten Graten. Besonders auffällig ist eine hornartig gebogene, kannelierte Konsole. In der südwestlichen Ecke ist ein kleines Stück eines Gewölbesegels stehen geblieben. Die Gewölberippen sind alle gleich dimensioniert, es besteht kein Unterschied in der Ausformung von Gurtbögen und Kreuzrippen. Der Rippenquerschnitt ist einem Birnstabprofil ähnlich ausgebildet, das aus einem Rundstab mit angeformter rechteckiger Nase besteht. In den Schildbögen leiten Hohlkehlen zur Wandfläche über.

Das zweischalige Mauerwerk, mit der Kelleraußenmauer des Salzmaieramtes im Verband gemauert, sowie das Gewölbe sind aus vermutlich vor Ort anstehendem Material gefügt. Zur Verwendung kamen Bachkugeln, die z. T. bearbeitet sind, Quelltuff und vereinzelt Bruchsteine. Insbesondere die Eckverbände, Nischen und Architekturglieder bestehen aus Tuff, wobei Konsolen, Gewölbeanfänger und Schildbogensegmente an Mauerquader angeformt sind, die die Verzahnung mit dem aufgehenden Mauerwerk herstellen. Der zum Mauern verwendete Mörtel ist ein sehr heller, fast weißer Kalkmörtel mit Sand und wenig Kies als Zuschlagstoff. Auffallend ist der hohe Anteil an beigemischtem Ziegelsplitt und -mehl.

Direkt in der Mittelachse schließt an die platzseitige Außenwand ein halbkreisförmiger Einbau von etwa 2,6 m Außendurchmesser an, mit sorgfältig in der Rundung behauenen Tuff- und Nagelfluhquadern als Einfassung. Der Raum ist mit kleineren Bachkugeln gepflastert, die sauber an diesen Einbau, der sofort an einen Brunnen denken lässt, anschließen.

Wände und Gewölbereste sind verputzt und mehrfach gestrichen. Der einlagige Wandputz entspricht in seiner Konsistenz dem Mauermörtel von Wand und Gewölbe. In seiner ersten Fassung wurde der Raum putzsichtig belassen, wobei das Türgewände und die Konsolen steinsichtig blieben. Die Gewölberippen, Gurt- und Schildbögen waren in einem kräftigen Rosaton gestrichen. Die Fassung wurde als Schlämme direkt auf den Tuff aufgetragen und zog mit einem 30 bis 50 mm breiten Streifen auf die Rücklageflächen. In einer zweiten Phase wurden die Wände und Gewölbesegel weiß gekalkt, die Architekturglieder wurden mit den Konsolen in einem hellen Grau abgesetzt und zusätzlich durch dunkelgraue Begleiter betont. Die dritte und vierte Fassung waren einheitlich ockerfarbene Anstriche, ohne Differenzierung von Rücklagen und Gliederung; kleinere Putzausbrüche wurden ohne Ausbesserung überstrichen. Der letzte Anstrich besteht aus einer weißen Kalktünche.

Bereits zu Beginn der Freilegung setzte ein großes Rätselraten darüber ein, welchen Zweck dieses Gebäude ursprünglich erfüllte und aus welcher Zeit es eigentlich stammen könnte. Erschwerend kam noch hinzu, dass die schriftliche Überlieferung zum herzoglichen Kastenamt, dem späteren Salzmaieramt, erst mit dem Jahr 1590 einsetzt (freundlicher Hinweis von Frau Dr. Karin Berg), wobei der gotische Gewölberaum jedoch nirgends erwähnt wird. Die erhaltenen Bauteile

Hornartig gebogene, kannelierte Konsole am östlichen Bogenansatz

können daher vorerst ausschließlich mit Hilfe der Bauforschung und der Stilanalyse ihrem ursprünglichen Zweck und ihrer Entstehungszeit zugeordnet werden.

Das ehemalige Gebäude mit dem »Gotischen Gewölbe« nimmt mit Sicherheit die Breite einer mittelalterlichen Parzelle auf und stand von jeher mit einem nach Süden anschließenden Gebäude in baulicher Verbindung. Die nähere Untersuchung hat ergeben, dass der ursprüngliche Boden dieses Raumes, ein nur noch in den Randbereichen erhaltener Estrich, etwa 30 cm tiefer lag als die jetzt sichtbare Pflasterung mit Bachkugeln; damit werden auch die Proportionen des Raumes wieder klarer. Die Einfassung des »Brunnens« liegt auf einem sauberen Kalkmörtelbett, das oberflächenbündig an die Pflasterung anschließt und das im Beckenbereich den Boden bildet. Darunter befindet sich eine Auffüllung, überwiegend aus Bachkugeln mit lehmigem Kies, die einen vormaligen Brunnenschacht verfüllt. Der Raum war nach Norden, zum Platz hin, etwa in der Breite des mittleren Gewölbejochs offen. Erst mit Aufgabe der ursprünglichen Nutzung wurde die Öffnung zugemauert, wobei die Mauer quer durch das Brunnenbecken führt. Die Anstriche auf der Zusetzung beginnen mit der ersten Ockerfassung.

Bei dem aufgefundenen Raum handelte es sich also ursprünglich um ein vertieft liegendes Brunnenhaus, wobei der Brunnen zwar vom Platz aus benutzt werden konnte, der Raum selbst aber offensichtlich nur von dem Gebäude aus zugänglich war. Damit erklärt sich auch die auf Ansicht gearbeitete Südseite des Raumes mit den unterschiedlich geformten Konsolen und dem profilierten Türgewände. Ungeklärt bleibt, wie das Gebäude von außen aussah.

Im Stadtarchiv befindet sich ein Akt mit dem Vermerk »Brunnen beim Amtshaus des Salzmaiers« mit einem Auszug aus dem Protokoll der Stadt Traunstein vom 21. Mai 1660. Darin ist die Rede von einem »Prunenfluß so vor dem Salzmayr Haus in offen Prunkhor gangen«, womit wohl das gesuchte Gebäude gemeint sein dürfte, als „Khor" bezeichnete man einen Erker oder Vorbau. Weiter heißt es darin, »das Überwasser heraus in einen grossen Grandt, alwo das alte Khor gestandten, ... damit heraussen die Nachbarschaft von diesen Wasser gehaben«. Dies ist die bisher einzige schriftliche Erwähnung des Brunnenhauses, das wohl im Lauf der Zeit an Bedeutung verloren hatte und verfiel. Der vermutliche Zieh- oder Schöpfbrunnen wurde 1660 durch ein oberirdisch gespeistes Brunnenbecken ersetzt, das die Funktion eines Nachbarschaftsbrunnens hatte und wie sein Vorgänger vom

Stadtplatz aus zugänglich war. Die noch vorhandene Einfassung und die Bachkugelpflasterung sind demnach in das Jahr 1660 zu datieren.

Wann dieser Brunnen aufgegeben wurde, ist nicht festzustellen, die Verwüstungen und der Stadtbrand von 1704 würden sich als Datum dafür anbieten. Möglicherweise war das Gewölbe bereits zerstört, im untersuchten Auffüllmaterial fanden sich nur noch ganz wenige Fragmente der Gewölberippen. Der Raum wurde wohl noch bis zum Stadtbrand 1851 als Keller genutzt, die einheitliche Verfüllung des Raumes, darunter auch Brandschutt von Gebäuden, sowie die zeitliche Einordnung der geborgenen Funde verweisen in diese Zeit.

Auffallend an der Architektur dieses Raumes ist seine hohe Qualität. Aufgrund der noch greifbaren Formen von Konsolen und Rippenquerschnitt sowie der farbigen Fassungen kann man den Bau wohl in die Zeit um 1300 einordnen, wobei das ausgehende 13. Jahrhundert, ungefähr ab 1285, als wahrscheinlich anzusehen ist. Teile des Mauerwerks, vor allem der Brüstungsabschluss der Westnische und die Art der Ausführung der Segmentbögen, sind durchaus noch romanisch geprägt. Auch die Verwendung von Kalkmörtel, dem noch ganz der römischen Überlieferung entsprechend Ziegelmehl und -splitt als Hydraulezusatz beigefügt ist, sowie der einlagige Innenputz sprechen für eine für Südostbayern sehr frühe Bauzeit der vorgefundenen Formen. Der zisterziensische Einfluss, der sich u. a. in der fast spielerischen Ausformung der Spitzkonsolen, insbesondere in der »zisterziensischen« Hornkonsole niederschlägt, lässt einen Baumeister aus Kreisen der Zisterzienser oder Prämonstratenser, vielleicht auch der Augustiner, vermuten.

Der Einbau eines Gewölbes an sich ist für eine Datierung der Bauzeit nicht aussagekräftig, da Flachdecken und Gewölbe zeitgleich nebeneinander gebaut wurden. Man findet frühe Kreuzrippengewölbe jedoch hauptsächlich bei kleineren Einheiten wie Apsis, Chor, Seitenschiffen oder Seitenkapellen, vergleichbare Profanbauten sind nicht überkommen. Die Birnstabform der Rippen hat nicht die Eleganz wie z. B. die Birnstabrippen im Regensburger Dom. In Zusammenhang mit dem Kehlprofil der Schildbögen und den gleichmäßigen Stärken der Rippen und Gurtbögen zeigt sich hier jedoch eine frühe, aber bereits ausgereifte gotische Architektur.

Die Erstfassung in einem Rot-Ton mag manchen verwundern. Es ist aber längst bekannt, dass sich das vermeintlich graue Mittelalter in seinen Bauten sehr farbenfroh dargestellt hat. In relativer räumlicher Nähe zu Traunstein findet man eine vergleichbare Farbfassung mit dem kräftigen Rosa der Gewölberippen im Befund des Hochchores der Stiftskirche in Berchtesgaden (freundlicher Hinweis von Restaurator Herrn Wolfgang Lauber), der um 1290 entstanden ist. Vergleichbare Fassungen aus dem 13. Jahrhundert sind u. a. aus Bamberg und Regensburg, vor allem aber aus dem Rheinland bekannt. Udo Mainzer meint dazu: »Möglicherweise haben sich die Zisterzienser seit dem 12. Jahrhundert als Promotor solcher rosafarbigen Innenraumfassungen bewährt.« Alle genannten Kriterien zusammengenommen lassen eine Bauzeit noch vor 1300 als wahrscheinlich erscheinen.

Der aufgefundene Raum ist mit Sicherheit eine der frühesten gotischen Architekturen im südostbayrischen und salzburgischen Kunstbereich. Er verdient nicht nur wegen seiner handwerklichen Qualität Achtung: Die originalen Oberflächen mit Kalkputz, die nur noch in wenigen Fällen so großflächig zu finden sind, sind ein wertvolles Zeugnis historischer Bautechnik und nicht zuletzt ist er ein Beispiel für profane »Gebrauchsarchitektur« aus dem ausgehenden 13. Jahrhundert. Man weiß nicht, wer den Bau in Auftrag gegeben hat, möglicherweise waren es ja sogar die bayerischen Herzöge – wertet man die Rosafassung als imperial und nicht als Zeiterscheinung. Auch seine Lage vor dem herzoglichen Kastenamt könnte dafür sprechen. Da die schriftlichen Quellen zum herzoglichen Kastenamt nie das Brunnenhaus erwäh-nen und auch die einzige Archivalie hierzu unter den städtischen Akten zu finden ist, liegt die Vermutung nahe, dass es ein Geschenk des Herzogs an die Bürger war, wie so viele »Obrigkeitsbrunnen«.

Dorica Zagar

Der neue Platz – warum und warum so?

Gedanken zur Neugestaltung

Die Neugestaltung des Stadtplatzes ist ein Kernstück der Traunsteiner Altstadtsanierung. Bevor ein solches Projekt angegangen werden kann, sind zahlreiche Vorbereitungen erforderlich. In Traunstein mussten durch die Sanierung und Neuordnung des Rathauskomplexes mit der Errichtung einer Tiefgarage und dem Bau des Parkhauses an der Scheibenstraße zuerst die Rahmenbedingungen für verkehrsberuhigende Maßnahmen am Stadtplatz geschaffen werden. Erst danach konnte die zentrale Aufgabe der Altstadtsanierung, die Umgestaltung des Traunsteiner Stadtplatzes, in Angriff genommen werden.

Die Stadt Traunstein strebt mit der Altstadtsanierung die Revitalisierung ihres gesamten Stadtkernes und der wertvollen, historisch gewachsenen Altstadt an. Dabei sollen die vielfältigen Funktionen als Wohn-, Arbeits- und Einkaufsstadt gestärkt werden um den Altstadtkern wieder als lebendigen und liebenswerten Mittelpunkt Traunsteins und seiner Umgebung aufzuwerten. Die Altstadt im Rahmen der Sanierung für Gegenwart und Zukunft zu rüsten ist wegen der sozialen, kulturellen und ökonomischen Wirkungen eine städtebauliche Aufgabe von großer Bedeutung. Ein Bündel fein und sinnvoll aufeinander abgestimmter Maßnahmen ist dabei Voraussetzung für den Erfolg.

Das Ziel der Sanierung und Neugestaltung des Stadtplatzes ist die Förderung der Attraktivität der Innenstadt. Hierfür sollen die Fußgängerfreundlichkeit, die Aufenthaltsatmosphäre, das Erscheinungsbild und die Gestaltung verbessert und die Belastungen durch den Kfz-Verkehr bei Erhalt der Erreichbarkeit verringert werden.

Der Traunsteiner Stadtrat beschloss am 29. Juni 1995 die Neugestaltung des Stadtplatzes und lud fünf Büros zu einem Plangutachten ein. Wir, Christian Bäumler und ich, das Büro Plankreis, waren dazu eingeladen. In dieser Phase der Grundlagenerhebung waren mehrere Fragen zu beantworten.

Warum überhaupt eine Veränderung? Wie sieht der Platz jetzt aus, was ist momentan störend am Bestand? Und wie war es früher?

Die Gedanken am Anfang des Planungsprozesses

Auffallend am Bestand des Stadtplatzes des Jahres 1995 waren die zwei Platzseiten, die jeweils mit Fahrstraße und Parkfläche ausgestattet und durch eine parallel dazu verlaufende Grünanlage getrennt waren. Es war keine größere zusammenhängende Freifläche für städtische Aktivitäten vorhanden, kein wirklicher Stadtplatz – aber zwei Verkehrsstraßen. Der kräftige Baumbestand der Grünanlage, die acht alten Linden, Nachlass einer Promenade des beginnenden 20. Jahrhunderts, betonte diese Teilung in zwei Straßenzüge noch. Die Kirche war zudem optisch hinter zwei großen Bäumen versteckt.

Funktionale und gestalterische Mängel, schlechter Bauzustand, überalterter Baumbestand und schadhafte Leitungen bestimmten den Zustand. Es gab also genug Gründe zu handeln.

Zu Beginn der Planung stand die Frage nach der Vergangenheit des Platzes. Die Beschäftigung damit führte zu aufschlussreichen Erkenntnissen.

Bestand vor dem Umbau, November 1995

Historische Fassung, um 1850

Historische Bilder dokumentieren die Geschichte der Platzentwicklung: Eindrucksvoll ist die Raumwirkung der ersten historischen »Schicht«, dagegen eher bedauerlich der Umbau des frühen 20. Jahrhunderts in eine parkähnliche Promenade. Die historischen Bilder aus der Zeit vor dem 20. Jahrhundert waren ein Wegweiser in die Zukunft. Der Platzcharakter hatte nämlich in einer früheren Phase schon einmal bestanden – in einer wunderbar einfachen, aber konsequenten Art und Weise. Es war ein scheinbar leerer Raum mit vermischten Nutzungen, der Platzboden war vermutlich nur durch Bachkugeln befestigt.

Der Zusammenhang der beiden Platzseiten war damals gegeben, es war also ein Raum, in dem die Kirche in voller Bedeutung sichtbar war. So wünschten wir es uns wieder. Mit dieser strengen Konsequenz, ohne Gliederung, Absperrungen, ohne Nutzungszeichnungen, ohne Mobiliar und mit dieser Einheitlichkeit des Bodens wäre die Neugestaltung kaum möglich, das wussten wir damals. Aber wir wollten dem überlieferten historischen Bild möglichst nahe kommen.

Die größten Sorgen hatten wir mit den Veränderungen des Baumbestandes: Würden die Traunsteiner auf ihre Linden verzichten können? Aus dieser Sorge heraus entstand die erste Planfassung. Die vorgeschlagene Lösung versucht eine neue Mischung aus einem historischen Zustand und dem Bestand des Jahres 1995:
1. Ein großer »steinerner« Platz mit Kirche und Lindlbrunnen als Hauptplatz.
2. Eine nach Osten verschobene grüne Mittelzone mit wieder aufgebautem Brunnen und Aufenthaltszonen als Erinnerung an die Anlage des frühen 20. Jahrhunderts.
3. Eine strenge Axialsymmetrie, unabhängig von der momentanen Nutzungsvorstellung.

Dieser Beitrag wurde von der Jury als Grundlage für die weitere planerische Vertiefung ausgewählt.

Es gab natürlich Lob, aber auch Kritik an der Arbeit. Zitat aus dem Bewertungstext: »Durch das Abrücken der Baumstellung von der Kirche wird der Sakralbau wohltuend so freigestellt, dass er seine Dominanz zurückerhält und im Sinne des ursprünglichen Entwurfs in den Platz hineinwirken kann. Die Baumgruppe selbst erscheint allerdings zu mächtig, es entstünde ein problematisches Gleichgewicht zwischen dem Baukörper Kirche und dem Baumkörper.«

Für die nächsten Stufen der Planung, die danach folgte, waren dies wichtige Hinweise.

Planungsprozess – der Weg zur konsensfähigen Fassung

Im Unterschied zum Plangutachten, bei dem sich Architekten im »stillen Kämmerlein«, nur mit einem Ausschreibungstext ausgestattet, allein etwas ausdenken, hat der konkrete Auftrag ganz andere Dimensionen und Qualitäten. Das Wesentliche dabei ist der Dialog mit den Auftraggebern und den Bürgern.

Der gut vorbereitete Dialog aller Beteiligten des Planungsprozesses ist eine entscheidende Voraussetzung für das Gelingen des Projektes. In Traun-

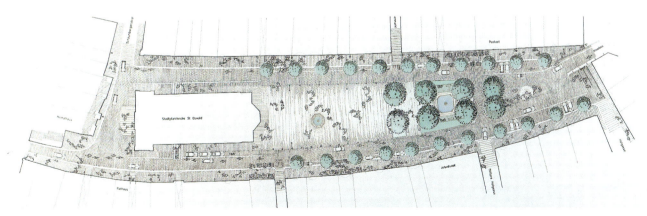

Das Ergebnis des Plangutachtens, März 1996

stein gab es von der Stadtverwaltung vorbildlich organisierte Gesprächsrunden zu allen wichtigen Themenbereichen der Planung mit Verwaltung, Arbeitsgruppe Stadtplatz, Planungsausschuss und Stadtrat einerseits und mit Anliegern, Interessengemeinschaften und Gesamtbürgerschaft andererseits.

Die Traunsteiner Bürger sollten sich mit der Maßnahme identifizieren können und man scheute nicht das dazu notwendige, mit großem Aufwand verbundene Verfahren gegenseitiger Information und gemeinsamer Konsensfindung. Eine entscheidende Frage für uns planende Architekten ist dabei, ob in demokratisch organisierten Planungsprozessen die Qualität der Planung erhalten bleibt. Oft nagen Kompromisse, Zugeständnisse und »politische« Vereinbarungen an konsequenten gestalterischen Ideen. Dieser Prozess ist aber in Traunstein außergewöhnlich gut verlaufen.

In besonders guter Erinnerung werden wir die erwähnenswert positive Einstellung behalten, die Bürger, Anlieger und auch die Presse der Sanierungsmaßnahme Stadtplatz entgegenbrachten. Dies ist nicht selbstverständlich; oft erschweren doch Vorurteile und mangelndes Interesse für das, was vor der Haustür geschieht, konstruktives, gemeinsames Arbeiten. Bemerkenswert war auch die Geduld der Anlieger während der Zeit, in der ihre Nachbarschaft eine Baustelle war.

Die Fachbehörden spielten in diesem Prozess eine wichtige beratende Rolle: Die Regierung von Oberbayern/Städtebauförderung, das Bay. Landesamt für Denkmalpflege und das Straßenbauamt trugen mit wichtigen Anregungen und Empfehlungen zu dem Ergebnis bei.

Planungsthemen

Alle für die Neugestaltung des Stadtplatzes relevanten Themen wurden mit alternativen Skizzen in Arbeitsgesprächen intensiv durchgearbeitet, abgewogen und entschieden, denn offene Planungsprozesse brauchen eine systematische Aufbereitung der grundsätzlich unterschiedlichen Lösungsansätze und ihrer Vor- und Nachteile. »Was gewinnen wir, was haben wir verloren?« – Das ist die entscheidende Frage. Die Sanierung lässt sich grob in Themen der Platznutzungen, z. B. Fahren, Parken, Anliefern, Fußgängerzonen, Fahrradfahren, Taxis, Ärzte-Parken und -Parkflächensonderberechtigungen, Märkte, Freischankflächen etc., und in Themen der Platzgestaltung einteilen. Letztere sind das Bodenmaterial, Platztopografie, Bepflanzung, Beleuchtung, der neue Brunnen, der Fries um die Kirche, gotische Bögen, »Brunnenfund«, Trinkwassersäule, Möblierung etc.

Es folgt ein kleiner Einblick in die Arbeit an einigen Planungsthemen.

Wie soll der Platz genutzt werden?

Das intensivste Diskussionsthema war verständlicherweise die Art der Nutzungen auf dem Platz. Hierzu wurden die Themen Fahren, Parken und Aufenthaltsflächen eingehend besprochen. Aus diesen Gesprächen, aber auch aus der Erfahrung mancher anderer Umgestaltungsmaßnahmen wissen wir, dass die Nutzungsvorstellungen kurzlebig sind, viel kurzlebiger als der »gebaute Platz«. Das führte sehr früh zu der Auffassung, dass ein hoher Grad an Flexibilität erreicht werden muss. Flexibilität in der Funktion bedeutet gleichzeitig eine gewisse Neutralität der Gestaltung; so soll der Unterschied zwischen der überfahrbaren und der nicht überfahrbaren Seite nicht durch die Verwendung verschiedener Baumaterialien betont werden. Es musste also eine Lösung gefunden werden, die beiden Ansprüchen genügt.

Die »Gastgärten« beispielsweise sollten daher auch nicht im Bodenmaterial baulich ablesbar sein, weil sich solche Standorte lagemäßig und größenmäßig verändern. Auch kann die »Sommernutzung« eine andere als die im Winter sein!

Vorherige Doppelseite: der noch menschenleere Platz am frühen Morgen

Rechte Seite: Der Oberflächenbelag ist eine Mischung aus Steinplatten und Pflastersteinen.

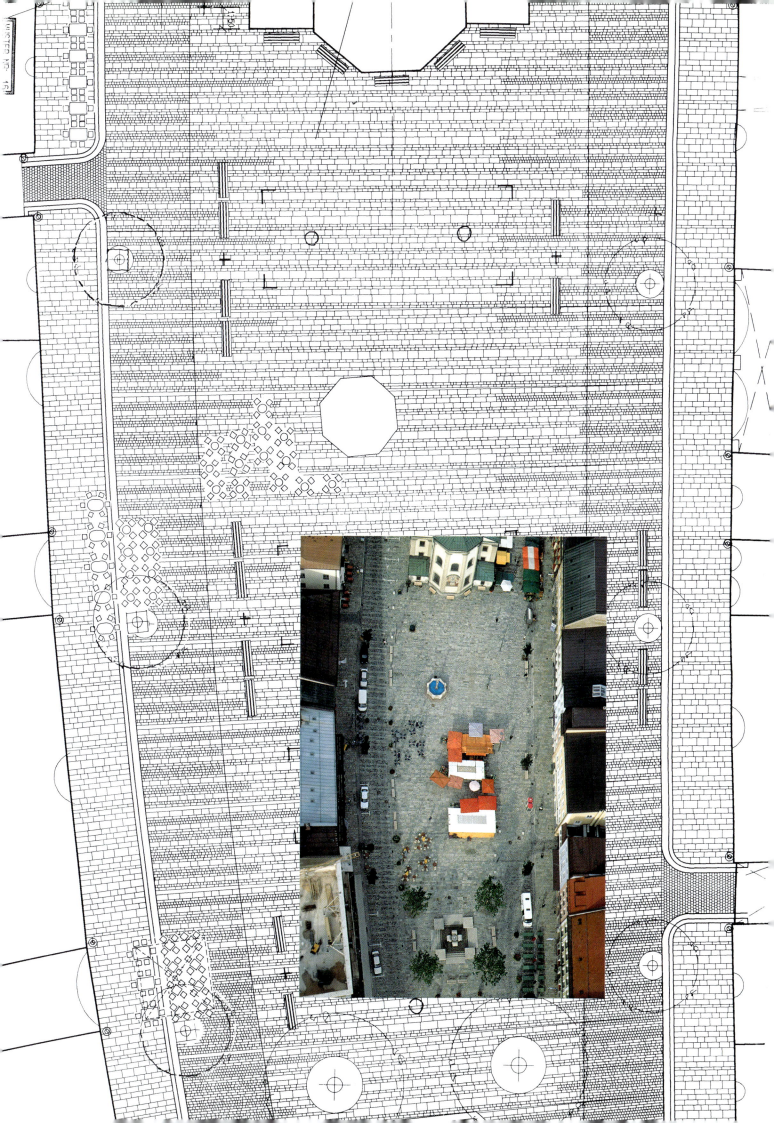

Wie steinern kann der Boden sein?

Sollte man sich für eine wassergebundene Decke oder Gesamtpflasterung entscheiden? Wenn alles steinern und sehr gehfreundlich sein soll (möglichst viele Platten), wie kann man die Fläche so anlegen, dass sie in der Oberflächenstruktur dennoch lebendig und interessant wirkt? Können die unterschiedlichen Formate der Steinplatten und Pflastersteine in einem harmonischen Gesamtbild zusammenfließen? Wodurch wäre das zu erreichen?

Durch die Verzahnung und Ähnlichkeit der Steingrößen soll eine Platzeinheit geschaffen werden, wobei in den Hausvorbereichen nur und in der Platzmitte vermehrt Plattenformate vorkommen. Mit der Verwendung von Großsteinen bis in die Platzmitte hinein soll der Gesamteindruck der einheitlichen Platzgestaltung unterstrichen werden.

Der Gehfreundlichkeit für Fußgänger wurde insofern Rechnung getragen, als so genannte »Plattenbänder« über die gesamte Platzbreite führen, die z. B. zum Überqueren auch mit Kinderwagen benutzt werden können.

Alle Steinreihen, die von Rinne zu Rinne »spannen«, sind senkrecht auf eine gedachte Achse ausgerichtet.

Da die südliche Seite des Stadtplatzes geometrisch länger als die nördliche ist, ergeben sich zwangsläufig in regelmäßigen Abständen so genannte Zwickel, die mit Großsteinen gepflastert werden.

Für die Verwendung von Granitsteinen sprechen einige Gründe: die Langlebigkeit des Materials, seine Wiederverwendbarkeit, die Variabilität für Nutzungen, die Reparaturfreundlichkeit, Wirtschaftlichkeit und Gestaltqualität. Den höheren Investitionskosten stehen die Vorteile gegenüber, wie günstige Pflege- und Reparaturkosten auf lange Sicht wie auch vor allem die Wetterbeständigkeit des Materials und die Wiederverwendbarkeit zur Erneuerung der technischen Anlagen. Nicht

Vorherige Doppelseite: Der steinerne Platz bietet ungeahnte Nutzungsmöglichkeiten.

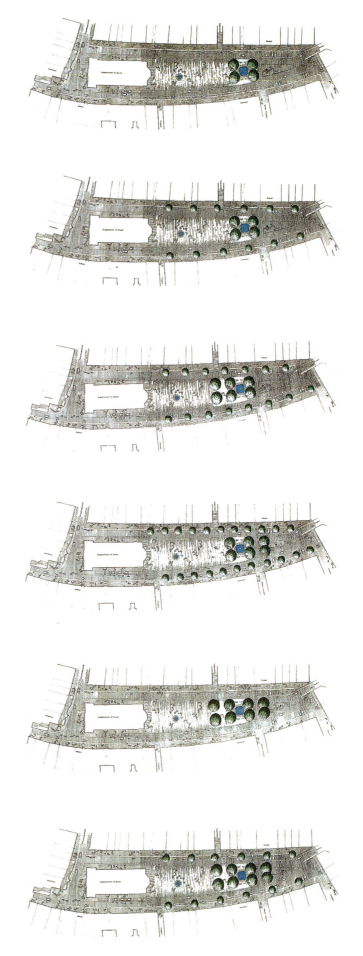

zuletzt sprechen aber auch ökologische Gesichtspunkte für Naturstein.

Da es sich bei den verwendeten Granitplatten um so genannte »Krustenplatten« handelt, die nicht über eine einheitliche Sohle verfügen, wurden sie der Stabilität wegen nicht in ein Splittbett verlegt, sondern auf wasserdurchlässigem Einkornbeton. Somit soll verhindert werden, dass sie bei hoher oder ungünstiger Belastung brechen.

Wie viele Bäume verträgt der Platz?

Grundsätzlich stellt sich die Frage, wie mächtig die zentrale Baumgruppe sein darf. Sind vier, sechs oder acht Bäume angemessen, braucht man neue Bäume entlang der Häuser?

Es ergaben sich Dilemmas und Konflikte aus der Zielsetzung, denn Funktion und Gestaltung sollten gleichermaßen berücksichtigt werden:

Einerseits stört die Reihung der kleinen Bäume entlang der Platzfassaden vor allem auf der Südseite die Erlebbarkeit der sehr reizvoll geschwungenen Platzwände, andererseits machen die Bäume diesen »steinernen« Platz freundlicher – der Aufenthaltswert wird erhöht.

Der endgültige Entwurf – die konsensfähige Planung

Anhand zahlreicher Skizzen und Vorentwürfe wurde jedes dieser Themen in Arbeitsgruppen, mit der Interessengemeinschaft Stadtplatz und der Bevölkerung immer in Abwägung der jeweiligen Vor- und Nachteile diskutiert und durchgearbeitet, bevor der Stadtrat Beschlüsse fasste. Die so entstandenen Ergebnisse zu einzelnen Themenbereichen wurden zu dem verbindlichen Entwurf zusammengefasst, der die Grundlage für die Realisierung werden sollte.

Die Planung sieht eine Kombination aus Fußgängerzone, verkehrsberuhigtem Bereich und Kurzzeitparkplätzen vor. Die Durchfahrtmöglichkeit wird erhalten, die Hausvorbereiche werden mit Platten belegt und entschieden verbreitert. Ein grundlegendes Planungsziel ist es, die Variabilität der Nutzungen zu sichern.

Die Sanierung des Stadtplatzes muss gemäß dem Beschluss des Stadtrates auf eine solche Weise erfolgen, dass Änderungen bzw. Weiterentwicklungen von Funktionen oder Nutzungen auch künftig möglich sind. Besonderen Wert legt die Planung darauf, dass die Oberfläche die Einheitlichkeit des Platzes widerspiegelt und die Ausführung fußgänger- und radfahrfreundlich ist. Durch die Wahl der Materialien bzw. die Größe der Steine soll einerseits die »natürlich« gegebene Zonierung des Stadtplatzes hervorgehoben und andererseits durch die Verzahnung und Ähnlichkeit der Steingrößen die Gesamtheit des Platzes verdeutlicht werden. Auf eine »harte« Ablesbarkeit der Fahrspur wurde bewusst verzichtet:

Fußgängerzone und überfahrbare Zone unterscheiden sich baulich nicht! Die auf dem Platz

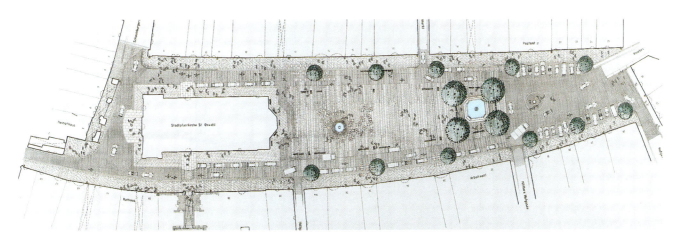

Oben: der Entwurfsplan für die Ausführung der Baumaßnahme, Mai 1997
Linke Seite: kleine Auswahl der Varianten zur Anzahl der Bäume

vorhandenen Granit-Großsteine werden wieder verwendet und durch weiteres gebrauchtes Material ergänzt.

Der am 14. Mai 1997 beschlossene Entwurf wird für die Ausführungsplanung, Ausschreibung und Realisierung vom Stadtrat freigegeben. Im Laufe der Ausführungsplanung erfährt er sowohl weitere für die Ausführung notwendige Präzisierungen wie auch eine gestalterische Weiterentwicklung, vor allem im Bereich der Kirche. Ein Fries um die Kirche herum wird nicht angelegt – die Kirche steht unmittelbar im Platzboden. Dies war eine wichtige Anregung des Landesamtes für Denkmalpflege.

Welcher Brunnen?

Ein grundlegender Gedanke war es auch, am historischen Standort des Luitpoldbrunnens wieder einen Brunnen zu errichten. Dieser Brunnen sollte im Unterschied zum vorhandenen Lindlbrunnen das Wasser auch für Kinder erreichbar machen und so eine angenehme Aufenthaltssituation schaffen.

13 Künstler und Steinmetzmeister reichten im Rahmen eines Wettbewerbs anonym Vorschläge ein. Der Entwurf des Bildhauers Dietrich Clarenbach überzeugte die Jury wegen seines »ästhetischen Erscheinungsbildes« und der »formalen Schlüssigkeit«. Besonders hervorgehoben wurde die hohe Aufenthaltsqualität, die sich durch eine Zugänglichkeit von allen Seiten manifestiert, sowie die Maßstäblichkeit, die für diesen Teil des Platzes als sehr geeignet empfunden wurde.

Welche Stadtmöblierung passt zum neuen Stadtplatz?

Auch im öffentlichen Raum gibt es »Möbel«: Poller zur Abgrenzung der unterschiedlichen Verkehrsnutzungen, Sitzbänke für entspanntes Ausruhen, Abfallbehälter, Fahrradständer und weite-

Neue Brunnenanlage nach dem Entwurf des Künstlers Dietrich Clarenbach

Bequem und der Formensprache der Leuchten angepasst: die neuen Bänke

res mehr. Es wurden zwei verschiedene Möblierungskonzepte erarbeitet. Das eine ist eher streng und geometrisch, der Formensprache des Brunnens zugeordnet. Hieraus wurden entsprechende Poller in Würfelform ausgewählt, da sie aus dem gleichen Material wie der Brunnen und die Platzoberfläche sind. Das andere Konzept entspricht mit seinen runderen Formen den metallischen Elementen am Platz, den neu entwickelten Mastleuchten und Kandelabern. Die ebenfalls aus Metall gefertigten Radlständer und Abfallbehälter wurden zu diesen Elementen passend ausgewählt, die Metallgestelle der neuen Bänke wurden entsprechend entwickelt.

Welche Stadtbeleuchtung gibt gutes Licht?

An über hundert Tagen des Jahres müssen Straßen und Plätze hierzulande zum Teil auch tagsüber künstlich beleuchtet werden. Von der Art der »Straßenbeleuchtung« hängen also Stadtqualität und Aufenthaltsatmosphäre weitgehend mit ab. Anlass genug, die Möglichkeiten moderner Lichtgestaltung zu Hilfe zu nehmen um auch für diese »düsteren« Zeiten des Jahres Komfort, Wohlbefinden, gute Gestaltung und nicht zuletzt die Sicherheit durch optimale Ausleuchtung zu verbessern. Natürlich spielen dabei auch wirtschaftliche und ökologische Gesichtspunkte eine wichtige Rolle. Es war keine leichte Aufgabe, die wir gemeinsam mit Fachplanern eines Büros für Lichttechnik und erfahrenen Entwerfern eines Lichtherstellers zu lösen versuchten.

Verschiedene Wünsche mussten bei der Auswahl berücksichtigt werden. So sollte die Straßenbeleuchtung ein möglichst auch bei Tag »neutrales« Erscheinungsbild haben und mit einer hohen Wirtschaftlichkeit der gesamten Anlage und realistischen Anschaffungskosten auf das aktuelle Nutzungskonzept abgestimmt sein.

Das Beleuchtungssystem ist in seiner Wirkung so neutral, dass es späteren Nutzungsänderungen leicht angepasst werden kann. Die einzelnen Stadtplatzbereiche wie Fassaden, Kirche, Arkaden, Durchfahrt Taubenmarkt, Jacklturm, Platzmitte, Kniebos, Fahrwege, Brunnen und wei-

tere werden entsprechend ihren Anforderungen, die sich durch die Nutzungen ergeben, beleuchtet.

In die Planung müssen auch die unterschiedlichen Bedürfnisse von Fußgängern und anderen Verkehrsteilnehmern sowie den Bewohnern bzw. Nutzern der Gebäude einbezogen werden; niemand darf geblendet werden und die Fußwege müssen gut ausgeleuchtet sein. Die Kirche muss harmonisch in das Platzensemble eingebunden sein. Nicht erwünscht sind schlecht beleuchtete, damit benachteiligte Platzbereiche. Die Beleuchtung des Stadtplatzes soll zum Verweilen einladen. Mit Kunstlicht kann man die sehenswerten Details hervorheben und die weniger attraktiven Elemente in den Schatten stellen. Natürlich war dies ein Ziel bei der Auswahl der richtigen Beleuchtungsanlage – genauso wie die Schaffung der Platzwirkung: Die Platzwände – die dritte Dimension – sollten auch in der Nacht raumbildend sein.

Die praktische Umsetzung

Der nach all diesen Gesichtspunkten sorgfältig geplante Platz wurde in einer Bauzeit von nur 14 Monaten (ohne Winterpause) realisiert. Dies ist vor allem den großen Anstrengungen und der außergewöhnlichen Einsatzbereitschaft der am Bau beteiligten Handwerker und Firmen zu verdanken. Durch die Organisation der Baumaßnahme in Bauabschnitten wurde außerdem versucht, den Stadtplatz weitestgehend nutzbar zu erhalten und die Störungen für die Anlieger und Nutzer so gering wie möglich zu halten. Am 17. Juli 1999 wurde der sanierte und neu gestaltete Stadtplatz festlich eingeweiht und den Traunsteiner Bürgern übergeben.

Vorherige Doppelseite: Durch den Einsatz moderner Lichttechnik wirken die Platzwände auch in der Nacht raumbildend.

Rechts: Erleben und genießen – erweitertes gastronomisches Angebot in der Fußgängerzone

ERLEBNIS ZEIT
BAU STELLE

Max Burghartswieser

Der »Förderverein Alt-Traunstein«

Bürgerbewegung zur Wiedererrichtung des Jacklturms

Im Frühjahr 1983 ging es im Planungsausschuss des Traunsteiner Stadtrates eigentlich nur darum, mit der Sanierung von Rathaus, ehemaligem Landgericht und Salzmaieramt auch eine entsprechende Neugestaltung des Traunsteiner Stadtplatzes vorzubereiten. Historisches Bildmaterial wurde gesichtet und schnell stellte sich heraus, dass in vergangener Zeit – bis zum großen Stadtbrand im Jahr 1851 – die Lücke am Kniebos eigentlich durch den Jacklturm geschlossen war. Aber er war nun einmal abgebrannt – fertig, aus!

Die Traunsteiner hatten sich an dieses Loch am Stadtplatz gewöhnt und schnell hieß es, es sei viel zu viel Geld für eine Ergänzung der Stadtsilhouette aus ästhetischen Gründen erforderlich. Schnell war die Meinung gebildet, dass öffentliche Mittel für wichtigere Dinge aufzuwenden seien. Wenn man mit solchen Fragen konfrontiert wird, denkt man unwillkürlich zurück an die eigene Kindheit, die Schulzeit und den Heimatkundeunterricht. In den frühen fünfziger Jahren lernten wir in der Schule von unserer Heimatstadt mit seiner Stadt-

Ansicht der Stadt mit St.-Oswald-Kirche und Jacklturm, 1836

mauer und den Türmen, was auch auf der Gedenktafel am Kniebos eingemeißelt war: »Hier stand das sogenannte untere Tor oder Salzburgertor mit dem Maut- oder Jacklturm, beide zerstört durch den Brand vom 26. April 1851. Die Zeit der Erbauung ist unbekannt.«

Heimatkunde und Geschichte haben mich damals eigentlich schon sehr interessiert, aber dass mich dieser Jacklturm gut 30 Jahre später noch so stark beschäftigen sollte, das konnte ich damals natürlich nicht ahnen.

Doch nun wieder zurück ins Jahr 1983. Sollte der Turm nun ein weiteres Mal sterben, diesmal nicht in den Flammen, sondern am fehlenden Interesse von Stadträten und Bürgern und damit in den Papierkörben der Behörden? Aber wie meistens im Leben gab es auch hier einen kleinen Funken Hoffnung – noch dazu, wo so maßgebende Leute wie Oberbürgermeister Rudolf Wamsler, Stadtbaumeister Rudolf Simhofer und Stadtrat Fritz Seehuber bemüht waren die Glut für den Wiederaufbau anzufachen und auch durch Gegenwind nicht zum Erlöschen bringen zu lassen. Man bemühte sich um weitere Mitstreiter und versuchte mehr Leute für diese Idee, den Jacklturm wieder zu errichten, zu begeistern.

Was braucht man in unserem Land um etwas zu erreichen? Einen Verein. Ein Name musste gefunden werden, eine Satzung war zu erarbeiten und Mitglieder waren zu werben, die Bereitschaft zeigten in diesem neuen Verein auch Verantwortung zu übernehmen. Wir legten uns einen relativ langen, offiziellen Vereinsnamen zu, um für alle möglichen Aktivitäten in der Zukunft gerüstet zu sein. Wir nannten uns: »Verein zur Förderung öffentlicher und gemeinnützig anerkannter Maßnahmen zur Wiedererrichtung, Erneuerung, Sanierung und Erhaltung historischer Bauwerke, Anlagen und Einrichtungen in der Stadt Traunstein (Förderverein Alt-Traunstein e. V.)«.

Im Volksmund waren wir sehr schnell nur der »Förderverein« oder der »Jacklturmverein«, was wir gar nicht so gerne hörten, da unsere Vorstellungen für die ersten Jahre etwas weiter gefasst waren. Unser Satzungsentwurf wurde auf Herz und Nieren geprüft, damit sichergestellt war, dass wir zu den steuerfreien Körperschaften gehören.

Alles war bestens vorbereitet und so haben Oberbürgermeister Wamsler, Fritz Seehuber und ich für den 19. September 1983 zur Gründungsversammlung in den Gasthof »Sternbräu« eingeladen. 68 Damen und Herren haben sich dazu eingefunden – quer durch alle Bevölkerungsschichten. Mit 56 Gründungsmitgliedern nahm der Verein seine Arbeit auf. Ein Vorstand aus fünf Personen, sieben gewählte Beiräte und drei Beiräte, die Kraft ihres Amtes mit Sitz und Stimme mitarbeiten sollten. Es sind dies der jeweilige Oberbürgermeister, der Stadtbaumeister und der Stadtkämmerer, eine Konstellation die sich über all die Jahre hinweg sehr gut bewährt hat und viele zusätzliche Wege und Schreibereien ersparte.

Bereits 1984 begannen wir mit der Renovierung der Blitzkapelle an der Haslacher Straße, deren erste Erwähnung auf das Jahr 1562 fällt. Es war

Folgende Doppelseite: Eines der ersten Förderprojekte ist die 1984 neu gefertigte Patrona Bavariae.

dies ein erster Test für uns, wie wohl unsere Vorstellungen bei der Traunsteiner Bevölkerung ankommen würden. Für uns auch ein Test dafür, wie wir all die anstehenden Probleme einer Renovierung mit den zuständigen Behörden lösen konnten. Anträge für Genehmigungen und Zuschüsse mussten rechtzeitig gestellt werden, das Mauerwerk war nach neuesten Methoden trockenzulegen, Farbuntersuchungen eines Kirchenmalers waren notwendig. Die Bevölkerung wurde zu Spenden aufgerufen und zu unserer Überraschung waren in kurzer Zeit rund 60 000 DM für diese Renovierungsarbeiten beisammen. Mit einer kirchlichen Feier und einem anschließenden Straßenfest der Handwerker, Anlieger und Bewohner des Altenheimes begingen wir die Fertigstellung dieses geschichtlichen Kleinodes.

Wir hatten unsere erste Bewährungsprobe bestanden, haben uns durch all diese Arbeiten in Vorstand und Beirat besser kennen gelernt und dabei gespürt, dass wir uns aufeinander verlassen können. Dies war die Grundvoraussetzung für unsere weiteren Aktivitäten, die dazu beitragen sollten, für das Großprojekt Jacklturm eines Tages gewappnet zu sein.

Unsere Unterstützung galt auch dem Projekt der »Schrödlgassler«, die Patrona Bavariae am Reiter Eck neu erstehen zu lassen. 1984 wurde diese neu gefertigte Madonna in feierlicher Form auf ihren alten Platz zurückgebracht.

Mit der Renovierung der Nepomukkapelle am ehemaligen Triftrechen – die 1792 von den Salinenarbeitern errichtet wurde – begannen wir im Frühjahr 1985. Mauerwerk und Dach mussten erneuert werden, ebenso der Boden und die Inneneinrichtung, die Kapelle war einfach furchtbar heruntergekommen. Die Stadt hat dann auch das gesamte Umfeld neu gestaltet und mit einem zünftigen Straßenfest haben wir die Fertigstellung gefeiert. Wiederum konnten wir 53 000 DM bereitstellen, dazu noch den großen persönlichen Einsatz von Vorstand und Beirat.

Die Renovierung des Kreuzwegs nach Sparz machten wir uns 1986 zur Aufgabe. Die Stationen waren teils verfallen, der Weg durch den Wald war kaum begehbar, die Bilder nicht mehr zu erkennen. Diese Kostbarkeit in wunderbarer Landschaft – am 13. September 1896 eingeweiht – durfte einfach nicht verfallen. Steinmetze, Dachdecker und Schlosser sicherten und erneuerten die einzelnen Stationen. So wie einst Max Fürst die Stationsbilder des Kreuzweges auf Kupferplatten gemalt hatte, tat dies nun Ernst Rappel in ausgezeichneter Weise. Wer bezahlte das alles? Für alle 14 Stationen fanden wir Patenschaften – Privatpersonen, Firmen, Vereine. Wir konnten es kaum glauben, wie spontan die Traunsteiner Bürger dazu beitrugen, der kulturellen Vergangenheit ihrer Stadt eine Zukunft zu geben. Aber was wäre ein Denkmal ohne Leben? Die Stadt hat den Weg neu hergerichtet und so beten nicht nur Einzelpersonen den Kreuzweg von Station zu Station, auch die Pfarrei St. Oswald geht diesen Weg betend in der Fastenzeit.

Am 15. Oktober 1837 wurde der Obelisk im Traunsteiner Stadtpark enthüllt. Er erinnert an die Opfer der Napoleonischen Kriege und zählt zu den ältesten Kriegerdenkmälern in Bayern. Zur Restaurierung wurde der Obelisk – der aus Gusseisenplatten besteht – in eine Spezialwerkstatt gebracht und am 27. Juni 1987 feierlich der Öffentlichkeit übergeben. Auch das Raupenhelmdenkmal im Stadtpark, das an die Gefallenen des deutsch-französischen Krieges 1870/71 erinnert, wurde vom Förderverein restauriert. Über 40 000 DM haben diese Arbeiten gekostet.

Wohl kaum einer der vielen Autofahrer, die täglich die Strecke unterhalb des Sparzer Berges entlangfahren, wird je den gotischen Peststein beachtet haben, der an die unglückseligen Jahre erinnert, als die Pest in Traunstein wütete. »Hier in diesem Anger ruhen beinahe alle Einwohner des Vorbergs und der Wiese, männlichen und weiblichen Geschlechts, nebst Kindern.« So beginnt die Inschrift auf dem Peststein und erinnert uns an die Zeit vor gut 350 Jahren. Förderverein und Stadtgärtnerei haben das Umfeld dieses Gedenksteines neu gestaltet. Im Jahr 1991 wurde mit der Restaurierung der vielen wertvollen Grabplatten im Haslacher Friedhof begonnen. Auch hier beteiligte sich der Förderverein und hat die Kosten für drei Marmorepitaphe übernommen, die

Traunsteiner Bürgergeschlechter des ausgehenden Mittelalters gewidmet sind.

Einem Volksfest glich am 1. Mai 1991 die Inbetriebnahme des 1. Gusseisernen Brunnens im Traunsteiner Salinenviertel, der auf Betreiben des Fördervereins nach alten Vorlagen originalgetreu angefertigt und auf historischem Boden wieder aufgebaut wurde. Der 2. Brunnen wurde anlässlich des Auerfestes im Jahr 1992 übergeben. Es handelt sich hier um echte Bürgerbrunnen, denn zehn Prozent der Gesamtkosten von über 100 000 DM übernahm die Stadt und die restlichen 90 Prozent wurden aus Spenden der Traunsteiner bestritten.

Für all diese Renovierungsmaßnahmen haben wir über 500 000 DM benötigt. Neben ganz beträchtlichen Spenden aus der Bevölkerung haben wir über viele Jahre hinweg die unterschiedlichsten Aktivitäten entwickelt um an Geld für unsere Bauvorhaben zu kommen. Natürlich wollten wir auch die Mittel beschaffen für die Realisierung unseres eigentlichen Ziels: die Wiedererrichtung des Jacklturms. Der Fleiß unserer Mitglieder steckte an und so gab es immer wieder neue Ideen. Begonnen hat alles mit der Prägung eines Turmguldens anlässlich einer Veranstaltung in der Aula der Berufsschule am 23. September 1983.

Mit einem 600 Kilogramm schweren Fallhammer aus dem 15. Jahrhundert prägte Oberbürgermeister Wamsler persönlich die ersten Exemplare. Den Turmgulden gab es in Silber und Zinn, auf der einen Seite der Jacklturm, auf der anderen Seite das Stadtwappen. Der Reinerlös aus dem Verkauf erbrachte die ersten Tausender in unsere Vereinskasse. Bis über den letzten Platz hinaus besetzt war die Berufsschulaula bei einer Lesung mit dem Mundartdichter Prof. Helmut Zöpfl und auch der vom Pettinger Singkreis mitveranstaltete Abend unter dem Motto: »Boarisch gredt und gsunga« brachte klingende Münze in die Kasse des Vereins, ebenso wie ein zünftiger Musikanten-Hoagart auf einem Chiemseeschiff. Die ergiebigste Einnahmequelle waren unsere Glückshafen auf dem Maxplatz und dann alle zwei Jahre auf der Traunsteiner Gewerbeschau, der Truna. Über 350 000 Lose verkauften viele fleißige Helfer und auch so mancher Gegner des Jacklturm-Projekts kaufte sich ein Los, da schöne Preise winkten. Außerdem gab es viele nützliche Gespräche an diesen Losständen und so mancher Besucher ging als Jacklturm-Fan wieder weg. Mit allen möglichen Sonderverlosungen zogen wir die Leute an unsere Stände, denn die Traunsteiner Firmen stellten uns Reisen, Waschmaschinen, Fernsehgeräte und Fahrräder als Preise zur Verfügung. Unsere Flohmärkte waren jeweils große Erfolge, sogar eigene Bücherflohmärkte veranstalteten wir und das Rathaus-Café am Blattlsonntag wurde zur festen Einrichtung. Viele, viele Kuchen wurden gebacken und verkauft. Wir handelten mit alten Schulbänken und Gasthausgeschirr und ein großer Renner waren die 200 ausrangierten »Groschengräber« – alte Parkuhren, die die Stadt nicht mehr brauchte. Viele fleißige Hände banden wunderschöne Blumensträuße, die am Maxplatz zu Gunsten des Jacklturm-Baus verkauft wurden.

Im Sommer 1994 gab es in der Klosterkirche eine sehenswerte Ausstellung zum Thema Restaurierung. Die Ausstellung gab in zwölf Stationen anhand von Texten, Bildern und Objekten Aufschluss über Aufgabenfelder, Zielsetzungen und Vorgehensweisen von Restaurateuren. Auch wir als Förderverein stellten einen Querschnitt über unsere Arbeit der ersten 10 Jahre vor. Neben all diesen Aktivitäten gab es natürlich unsere Mit-

Der Beginn: Prägung eines Turmguldens 1983

gliederversammlungen und am 1. Mai jeweils die Besichtigung einer Kirche oder eines Museums in der näheren Umgebung. Unsere jährlichen Studienreisen führten uns nach Rom, Budapest, Paris, Dresden und Prag, Holland und Belgien, Florenz und in die Toskana, nach Köln und Bonn, nach Burgund und ins Elsaß. Unser Hauptaugenmerk legten wir dabei natürlich auf die historischen Stadtplätze und die Türme. Unter anderem auf den schiefen Turm von Pisa.

Gerade durch diese Reisen wuchs der Verein zusammen und fand immer neue Mitstreiter für den Jacklturm. So manches Versprechen für eine kostenlose Leistung beim Turmbau wurde an historischer Stätte gegeben. Manchen Mitgliedern ging natürlich auch alles zu langsam: Jetzt plant ihr schon so lange, wann beginnt ihr endlich mit dem Bau? – Solche Fragen waren häufig zu hören. Aber wir wussten, dass nur eine gewissenhafte und bis ins Letzte festgelegte Vorbereitung und Planung so ein nicht alltägliches Bauvorhaben sicher durch alle Genehmigungsverfahren der Behörden bringen würde. Außerdem gab es ja im Vorfeld schon Unterschriftensammlungen gegen die Wiedererrichtung des Turmes, in Leserbriefen wurde darauf hingewiesen, wie viele andere Dinge in Traunstein wichtig seien, die abenteuerlichsten Behauptungen wurden aufgestellt und selbst vor persönlichen Verleumdungen wurde nicht Halt gemacht. Gerade auch dieser Gegenwind hat uns ermutigt das schwierige Projekt erst recht zu realisieren und als Verein zusammenzuhalten.

Aber natürlich waren wir nicht untätig. Am 28. April 1992 haben wir an die Stadt folgenden Brief geschrieben: »Die Vorstandschaft und der Beirat des Fördervereins Alt-Traunstein wollen das eigentliche Vereinsziel, die Wiedererrichtung des 1851 abgebrannten Jacklturms, in den nächsten Jahren verwirklichen. Bevor wir nun die Unterlagen für das Baugenehmigungsverfahren einreichen, bitten wir um eine grundsätzliche Entscheidung der Stadt, ob dem Förderverein Alt-Traunstein die Überbauung der Straße am Kniebos genehmigt wird.«

Es folgte eine Zeit intensiver interner Beratungen und wir veranstalteten Informationsabende für die Stadträte und die neu gegründete Bürgerinitiative gegen den Bau des Jacklturmes. Wir ließen ein Modell anfertigen, das maßstabsgetreu den Jacklturm und die umliegenden Häuser und Straßen zeigte.

Die Hauptargumente der Gegenbewegung waren: Die untere Stadt werde abgeschnitten; der Vereinszweck sollte anders ausgerichtet sein und die große Verschattung der Nachbaranwesen könne nicht in Kauf genommen werden. Wir hielten dagegen, dass die Durchfahrt nach wie vor erhalten bleibe und der Turm ein besonderes Verbindungszeichen darstelle. Mit Fritz Seehuber, Fritz Lackenbauer und mir waren es ausgerechnet drei Leute aus der unteren Stadt, die an vorderster Front für die Errichtung waren und keine Gefahr einer Abschneidung sahen. Unseren Vereinszweck zu ändern kam nicht in Frage. Vom ersten Tag an haben wir unsere Absicht klargemacht und unser Ziel war es, in den Genehmigungsverfahren die gleichen Rechte zu haben wie jeder andere Bauherr, ob für Garage, Wohn- oder Geschäftshaus. Die Verschattung der Nachbaranwesen war der einzige Punkt, den wir auch kritisch sahen und der dann im Baugenehmigungsverfahren noch eine besondere Rolle spielen sollte.

Die Diskussionen in der Bevölkerung waren sehr lebhaft, gingen quer durch die Familien und die Stadtratsfraktionen. Der Ausgang der Abstimmungen in den Ausschüssen und im Stadtrat war selbst für Eingeweihte nicht genau vorherzusagen. Auch Oberbürgermeister Fritz Stahl führte viele Vermittlungsgespräche und nahm dabei viel Zündstoff aus der Debatte. Im März 1993 fanden die entscheidenden Abstimmungen statt. Planungs- und Bauausschuss stimmten mit jeweils 6 zu 2 Stimmen für die Überbauung, der Finanzausschuss lehnte dieses Ansinnen bei einer Stimmengleichheit von 4 zu 4 ab.

So kam alles auf die entscheidende Stadtratssitzung am 25. März 1993 an. Die Zuschauerränge waren übervoll und nach langer Debatte stimmten von den 21 stimmberechtigten Stadtratsmitgliedern zwölf für unseren Antrag und neun dagegen. Wir konnten also damit weiterarbeiten und auf der am gleichen Abend stattfindenden Jahres-

Der wieder errichtete Turm als markantes Bauwerk des neuen Platzes

hauptversammlung des Fördervereins einen ersten Teilerfolg vermelden.

Der ehemalige Stadtbaumeister Rudolf Simhofer wurde mit der weiteren Planung beauftragt und schon gingen die nächsten Debatten los. Wie sollte der Turm ausschauen, so wie er vor seiner Zerstörung war oder sollte man ihn modern gestalten? Es folgte eine Diskussion, die auf höchster Ebene geführt wurde. Am 27. Juli 1994 kam der Generalkonservator des Bayerischen Landesamtes für Denkmalpflege, Prof. Dr. Michael Petzet, mit seinen engsten Mitarbeitern nach Traunstein und gemeinsam mit der Stadt und dem Förderverein wurde die endgültige Lösung gefunden.

Auch bei den Verantwortlichen des Denkmalamtes gingen die Meinungen auseinander. Schließlich wurde eine »frei erfundene« Turmfigur abgelehnt. Als Vorbilder für eine Rekonstruktion kamen nur noch die letzte Ausformung vor dem Stadtbrand 1851 oder das nach dem Stadtbrand geplante neugotische Projekt in Frage. Grundsätzlich wurde es vom Landesamt für Denkmalpflege begrüßt, die alte Stadtsilhouette durch die Rekonstruktion des einst sehr signifikanten Jacklturms wiederherzustellen. Damit war ein wichtiger Schritt getan.

Wir bekamen hinsichtlich der Gestaltung Planungssicherheit und entschieden uns für die Form des Jacklturms, die er vor dem Stadtbrand gehabt hatte. Dann wurde gezeichnet. Das Modell für die neue Turmform wurde ergänzt und wegen der Einzigartigkeit des Bauvorhabens wurde bei der Stadt die Aufstellung eines Bebauungsplanes beantragt.

Mit den Eigentümern des Nachbarhauses Kaiser wurden Gespräche geführt, um dort ein Anschlussgebäude errichten zu können. Hier sollten in den unteren Stockwerken die Nebenräume und ein Lift untergebracht werden, um im Turm mehr Platz zu gewinnen. Für das Nachbarhaus Wieser gab es das wohl größte Problem. Sechs Fenster müssen zugemauert werden und für das Einverständnis der Besitzer dieses Hauses hierzu sind wir zu größtem Dank verpflichtet. Ebenso der Familie Strohmayer am Kniebos 1. Die drei direkten Nachbarn haben die Baupläne unterschrieben

Ein Dachziegel zur Erinnerung, 1999

und ohne deren Bereitschaft wäre das Turmprojekt wohl nicht durchführbar gewesen.

Am 12. Juni 1995 haben wir schließlich die Baupläne bei der Stadt eingereicht. An Unterschriften fehlten die der Wohnungs-, Büro- und Geschäftseigentümer des Kniebos 3. Speziell für diesen Personenkreis stellten wir unser Projekt mit neuesten Plänen und Modell noch einmal vor. Jene erwarteten beträchtlich negative Auswirkungen in vielfältigster Form. Da wir als Verein keine

Abfindungen bezahlen können, wurde von der Eigentümergemeinschaft eine Münchner Anwaltskanzlei beauftragt, ihre Interessen im Baugenehmigungsverfahren zu vertreten. Wir wussten, dass gerade die Verschattung ein gewichtiges Argument war, und beauftragten deshalb eine Spezialfirma, ein Verschattungsgutachten zu erstellen. Dieses Gutachten zeigt zu verschiedenen Jahres- und Uhrzeiten die Verschattung der Fassaden, Dächer und Straßen an. Einmal mit und einmal ohne Turm. Erstaunliches kam dabei zu Tage. Die Verschattung ist zu bestimmten Jahreszeiten aufgrund der großen Stadtplatzhäuser schon so gewaltig, dass der Turm sie kaum verstärken würde. Ein zwar teures Gutachten, aber für das Baugenehmigungsverfahren von größter Bedeutung.

Die örtliche Presse, Rundfunk und Fernsehen haben sehr ausführlich über die neuen Pläne berichtet und die Turmansichten fanden breite Zustimmung. Sehr wichtig war für uns auch die Stellungnahme des Landesamtes für Denkmalpflege zur neuen Planung: »Die Initiative des Fördervereins Alt-Traunstein zum nunmehrigen Wiederaufbau des Jacklturmes entstand im Rahmen der städtischen Absichten, das Rathaus, das Alte Landgericht und das Salzmaieramt sowie den Stadtplatz denkmalgerecht zu gestalten und auch die städtebaulich sehr schmerzhafte Lücke wieder zu schließen. Diese Initiative verdient aus denkmalpflegerischer Sicht hohe Anerkennung; die formelle Zustimmung zur Erteilung der Baugenehmigung wird hiermit gegeben.«

Eine Vielzahl von Besprechungen und Detailplanungen folgte. Am 26. Juli 1997 trat der Bebauungsplan in Kraft und der Bauausschuss des Traunsteiner Stadtrates entschied am 16. Oktober 1997 einstimmig, das Bauvorhaben zur Wiedererrichtung unter bestimmten Auflagen zu genehmigen. Unsere jahrelange, gewissenhafte Vorbereitung hatte sich gelohnt. Am 19. Januar 1998 haben wir den Baugenehmigungsbescheid erhalten.

Lange Zeit standen unsere Chancen 50 zu 50, doch als dann die Eigentümergemeinschaft vom Kniebos 3 darauf verzichtete, Widerspruch gegen den Baugenehmigungsbescheid der Stadt einzulegen, blieb uns ein Verwaltungsgerichtsverfahren erspart. So wurde dieser Bescheid am 27. Februar 1998 rechtskräftig – wir konnten beginnen.

Die Bauarbeiten bei der Stadtplatzneugestaltung kamen gut voran und wir begannen Ende April 1998 mit den Gründungsarbeiten. Rund sieben Meter tief wurden die vier Bohrpfähle mit einem Durchmesser von 90 cm in den Boden eingebracht. Eine schwierige Arbeit, da die Nachbarhäuser teilweise ohne Fundament waren und Meter für Meter mit Beton unterfangen werden mussten. Anfang Juli wurde auf diese Pfähle ein Fundament-Rahmenbalken gelegt und mit 23 Kubikmeter Stahlbeton ausgegossen. 3800 Kilogramm Stahleinlagen geben die erforderliche Festigkeit, um den Turm später auf sicherem Fundament zu wissen.

Im Herbst wurde mit den Arbeiten am Nebengebäude begonnen und bereits im Januar 1999 wurden die Pfeiler für den Durchfahrtsbogen betoniert. Ein harter Winter mit starkem Frost und andauerndem Schneefall machte den Bauarbeitern zu schaffen. Trotzdem wurde der betonierte Durchfahrtsbogen schon Mitte Februar fertig. Das Wetter wurde besser und am 20. Mai konnte der Dachstuhl aufgestellt werden. Das Richtfest feierten wir am 18. Juni in der historischen Zieglerwirtsstube des Traunsteiner Heimathauses. Statt einer Richtkrone wurde die Wetterfahne mit der Jahreszahl 1999 auf den Glockenturm aufgesetzt.

Nur fünf Wochen später – pünktlich zum Stadtfest – konnte das Baugerüst auf der Stadtplatzseite entfernt werden. Rund 1,5 Millionen DM kostet der Turm ohne Inneneinrichtung. Bauherren sind der Förderverein Alt-Traunstein und die Firma Berger & Hösch GmbH, die für die Stockwerke 1–4 zuständig ist, während die Etagen 5 und 6 im Eigentum des Fördervereins verbleiben.

Die Stadtsilhouette, in der der Jacklturm fast 150 Jahre lang fehlte, ist nun wieder komplett. Wir vom Förderverein freuen uns über das gelungene Bauwerk und nach 16 Jahren intensiver Arbeit sind wir stolz darauf, dass wir Traunsteins Vergangenheit eine Zukunft geben konnten.

Folgende Doppelseite: Nach 150 Jahren ist die Stadtsilhouette wieder komplett.

Paul Werner

Der Jacklturm

Rekonstruktion eines Wahrzeichens
aus der Sicht der Denkmalpflege

Der Wiederaufbau des Jacklturms steht nicht isoliert in der Zeitgeschichte. Rekonstruktionen, aber auch Transferierungen von Bauwerken besonderer Bedeutung ziehen sich wie ein roter Faden mit einzelnen dicken Knoten durch die gesamte Baugeschichte; ihre Planung, Durchführung und vor allem ihre Beurteilung sind ein Spiegel des jeweils herrschenden Zeitgeistes und des Kulturhorizontes.

In der modernen Denkmalpflege erscheinen solche Unternehmungen immer wieder als Reizthema und gerade dies macht sie so interessant. Beim letzten großen Stadtbrand in Traunstein im Jahr 1851 wurde auch der Jacklturm, einer der beiden mittelalterlichen Tortürme der Stadtbefestigung, zerstört. 540 Jahre lang hatte er gestanden. Über den Verlust ihres geliebten Jacklturmes sind viele der echten Traunsteiner nie ganz hinweggekommen. Die schmerzliche Lücke im Grundriss der Stadt klaffte fast 150 Jahre lang; nun konnte sie endlich wieder geschlossen werden. Im Rahmen der Sanierung und Neugestaltung des Stadtplatzes hat Traunstein ein wichtiges, signifikantes und identitätstiftendes Merkmal zurückerhalten.

Es ist lohnend, dieses Unterfangen mit ähnlichen Beispielen zu vergleichen und es in den Rahmen weiter gafasster kulturgeschichtlicher Zusammenhänge einzuordnen. Zum Vergleich bieten sich unter anderem der Campanile von San Marco, die Münchener Residenz sowie die Dresdener Frauenkirche an. Es ist auch interessant, anhand der verschiedenen Überlegungen eine »Standortbestimmung« des neuen Bauwerks im Nebel der Fachbegriffe zu wagen.

Meilensteine in der jüngeren Rekonstruktionsgeschichte

Einige markante Beispiele der jüngeren Rekonstruktionsgeschichte veranschaulichen die Bedeutung der Wiedererrichtung von Baudenkmälern in exemplarischer Weise. Rekonstruktion kann notwendig werden, weil ein Gebäude in den Jahrhunderten seines Bestehens durch natürlichen Verfall an Substanz verliert.

Am 14. Juni 1902 stürzte der berühmte Campanile von San Marco in Venedig ein. Die Katastrophe kam nicht überraschend, sie war vorhersehbar und weitsichtige Fotografen hatten ihre Kameras so rechtzeitig aufgestellt, dass der mehrere Sekunden dauernde Einsturz in sensationellen Bildfolgen festgehalten werden konnte. Für die Venezianer war dieses seit langem angekündigte Malheur ein Verlust ohnegleichen, das Echo der Weltpresse hallte laut, die Suche nach den Schuldigen war erbittert.

Noch am Abend desselben Tages beschloss der Stadtrat spontan den Wiederaufbau. Diese Entscheidung, die vor fast einem Jahrhundert fiel, war unter Laien und Fachleuten höchst umstritten. Man baute jedoch den Turm bis zum Jahr 1912 in seinem äußeren Erscheinungsbild originalgetreu wieder auf. Viele waren aber davon überzeugt, dass der Verlust des Originals dennoch weiterhin bewusst bleiben würde.

Allerdings schrieb bereits ein zeitgenössischer Autor, künftige Generationen würden »dem neu erstandenen Turm die gleiche Reverenz wie die früheren dem jetzt gefallenen alten Turm erweisen und eines Tages, wenn die Erinnerung an die Katastrophe verblasst ist, werden sie nicht mehr gewahr sein, dass er nur ein Abbild ist.«

Die kulturbewussten Venezianer wussten oder hofften zumindest, dass dieses Abbild die Tradition der Stadt in die Zukunft weitertragen würde; und sie haben Recht behalten.

Gewalteinwirkung und Brandkatastrophen sind weitere Ursachen für die Zerstörung. So fanden nach dem Zweiten Weltkrieg in weiten Teilen Europas Wiederaufbaumaßnahmen nach altem Vorbild in einem nie da gewesenen Ausmaß statt. Als ganze Städte samt ihren Kulturdenkmälern in Trümmern lagen, wurde deren Wiederaufbau ein Synonym für jedes auf eine bessere Zukunft ausgerichtete Handeln schlechthin. Staat, Kirche, Gesellschaft und Denkmalpflege standen vor einer nahezu unlösbaren Fülle von Aufgaben. Dementsprechend unterschiedlich fielen im Einzelnen die Entscheidungen aus und die Beurteilungen sind bis heute widersprüchlich.

In die Architekturgeschichte eingegangen ist auch der Wiederaufbau der Münchner Residenz nach dem Bombardement im Zweiten Weltkrieg. Auch hier fiel die Entscheidung für den Wiederaufbau wesentlicher Teile des umfangreichen Komplexes spontan gleich nach der Zerstörung. Das wichtigste Argument für die Rekonstruktion der originalen Architekturelemente bis in die kleinste Einzelheit war jedoch die Existenz der geborgenen und ausgelagerten historischen Ausstattung. Diese Originalausstattung und ihr rekonstruierter Rahmen gingen in Form eines neuen Raumkunstwerkes eine einzigartige Symbiose ein.

Die Rekonstruktion der im Zweiten Weltkrieg zerstörten Dresdener Frauenkirche, die um ein halbes Jahrhundert verzögert wurde, ist zu einem Symbol der Wiedervereinigung, für Frieden und Versöhnung geworden. Nach den Plänen des genialen Architekten Georg Bähr 1726–1743 erbaut, war dieser Sakralbau eines der größten Monumente abendländischer Kultur. Nach dem verheerenden Bombenangriff am 13. Februar 1945 stürzte der steinerne Kuppelbau in sich zusammen. Seine Trümmer waren mehr als 40 Jahre lang ein Mahnmal gegen Krieg, Zerstörung und Unterdrückung. Zwei Jahrhunderte lang hatte die markante Kuppel die großartige Stadtansicht maßgeblich gekennzeichnet. Als sie zusammenstürzte, war eine geniale Architekturschöpfung der westlichen

»Aus der Erinnerung gemalt« wurde 1855 dieses Aquarell.

Welt verloren, für die evangelischen Christen ihr schönstes Gotteshaus und für die Stadt Dresden die Krönung ihrer Silhouette. Erst nach der politischen Wende rückte der in Dresden eigentlich nie aufgegebene Gedanke an einen Wiederaufbau in greifbare Nähe. Am 45. Jahrestag der Zerstörung wandte sich eine Gruppe engagierter Dresdner Bürger an die Öffentlichkeit. Sie rief zu internationaler Hilfe für den Wiederaufbau auf und hatte erstaunlichen Erfolg.

Der archäologische Wiederaufbau der Frauenkirche – unter Wiedereinbau großer Teile der Originalsubstanz – ist eines der spannendsten Architektur-Abenteuer der Gegenwart und das anspruchsvollste Rekonstruktionsprojekt in der Geschichte der Denkmalpflege geworden. Mit der Weihe der »Unterkirche« am 21. August 1996 wurde der erste Bauabschnitt beendet. Von diesem Zeitpunkt an wird das Außenmauerwerk stetig in die Höhe wachsen. Zur 800-Jahr-Feier Dresdens im Jahr 2006 soll die »Steinerne Glocke« wieder das Stadtbild prägen.

Dieser Exkurs zu einigen bedeutenden Meilensteinen der Rekonstruktionsgeschichte, die spannende Vergleichsbeispiele darstellen, lehrt mehrerlei: Jeder Fall liegt anders und wirft eigene Probleme auf; Laien und Experten urteilen meist unterschiedlich und schlagen dementsprechend verschiedene Lösungen vor. Und auch in den verschiedenen Epochen variieren die Auffassungen von der richtigen Form der Rekonstruktion. Dies hat sich auch am Beispiel des Jacklturms gezeigt. Es ist jedoch fraglich, ob den Akteuren in diesem jüngsten Akt des Dramas um die Wiedererrichtung des Jacklturms bewusst war, dass sie sich mit ihren Auffassungen und Entschlüssen auf einer kulturgeschichtlich ehrwürdigen, aber spannungsreichen und emotional aufgeladenen Diskussionsebene bewegen, auf der auch in Fachkreisen die Auseinandersetzungen mit der emotionalen Heftigkeit von Glaubenskriegen geführt werden können.

Ein endgültiges und gültiges Urteil über den Ausgang des »Falles Jacklturm« wird es nie geben, denn zukünftige Generationen werden wieder anders urteilen als wir Heutigen.

Die Rekonstruktion des verloren gegangenen Originals – Licht im Nebel der Begriffe

Den heute Lebenden kann der Jacklturm nicht mehr bekannt sein; aus Gründen des biologischen Lebensalters haben sie das Original nie gesehen – außer auf historischen Abbildungen. Welche Bedeutung hat nun seine Wiedererrichtung? Und welche Bedeutung hat der Begriff der Rekonstruktion?

»Mit Rekonstruktion wird heute landläufig die Wiederherstellung eines Originalobjektes aufgrund von Bild-, Schrift- oder Sachquellen bezeichnet, neben den vielfältig möglichen Teilrekonstruktionen im Arbeitsfeld der Denkmalpflege. Rekonstruktion bedeutet im heutigen Sprachgebrauch die Teilwiederherstellung oder Gesamtwiederherstellung eines stark beeinträchtigten oder zerstörten Originals, wobei schon die Übersetzung Probleme aufwirft: Wiederaufbau müsste an sich vorhandene Materialsubstanz verwenden. Sonst spräche man besser von einem Nachbau.« (M. F. Fischer). Gemäß dieser Definition ist der wieder aufgebaute Jacklturm eigentlich ein Nachbau.

Der Begriff soll noch etwas differenzierter aufgefächert werden: »Obwohl Rekonstruktion eigentlich Wiederaufbau heißt, sind Wiederaufbau und Rekonstruktion in unserem Sprachgebrauch nicht genau das gleiche: Mit Wiederaufbau ist eher die Wiederherstellung von Gebäuden gemeint, die durch einen Unfall, eine Naturkatastrophe wie ein Erdbeben oder aber durch kriegerische Ereignisse zerstört wurden, wobei der Zeitpunkt der Zerstörung meist nicht lange zurückliegt. Der Begriff ›Wiederaufbau‹ schließt nicht die Notwendigkeit der Annäherung des Erscheinungsbildes an das verlorene Original ein. Mit Rekonstruktion wird dagegen die Wiederherstellung von einem verlorenen Original aufgrund von Bild-, Schrift- oder Sachquellen bezeichnet, während die Kopie im Gegensatz zur Rekonstruktion ein noch vorhandenes Original abbildet. Neben der Gesamtrekonstruktion gibt es die Teilrekonstruktion, etwa die Wiederherstellung eines

Der Jacklturm als Motiv einer Schützenscheibe. Die Vielzahl der bildlichen Darstellungen nach seiner Zerstörung sowie die mannigfaltigen Bemühungen zum Wiederaufbau bald nach 1851 sind ein deutlicher Beleg dafür, dass die Bürger der Stadt sich nicht mit »der Baulücke am Kniebos« abfinden wollten.

Giebels. Auch bei der Wiederherstellung einer Raumfassung oder einer Außenfassung ›nach Befund‹ im Rahmen einer Renovierung kann man von einer Rekonstruktion der alten Farbigkeit sprechen, die der ästhetischen Gesamtwirkung des Kunstdenkmals dient« (M. Petzet).

Die Wiedererrichtung des Jacklturms ist in gewisser Weise ein Extremfall, denn sie erfolgte materiell aus dem Nichts: Noch nicht einmal Reste des Fundaments hatten sich erhalten, kein einziges Ausstattungsstück ist überliefert; jede noch so kleine Restsubstanz war in den 150 Jahren seit der Zerstörung verloren gegangen, die vorhandenen Bildquellen sind mager. Begrifflich müsste man wohl von einem »Nachbau« sprechen, poetischer von der Schaffung eines Erinnerungsmales.

Zu den Voraussetzungen einer Rekonstruktion

Eine Rekonstruktion ist nicht möglich ohne gesicherte wissenschaftliche Basis, das ist nach Generalkonservator Prof. Dr. Michael Petzet eine Grundvoraussetzung für ein wirklich ernsthaftes Unterfangen in dieser Richtung:

Eine notwendige Voraussetzung sei in jedem Fall, dass der zu rekonstruierende Zustand durch die Quellen in hohem Maße belegt ist, denn es gibt kaum Fälle, bei denen eine Rekonstruktion ganz ohne Hypothesen auskommen wird. Eine ungesicherte »schöpferische Rekonstruktion« könne nicht den Anspruch erheben, das verlorene Denkmal zu vergegenwärtigen, nicht einmal formal, geschweige denn in seiner geschichtlichen Dimension. Rekonstruktion setzt aber nicht nur eine gesicherte wissenschaftliche Basis voraus, sondern würde sogar eine form- und materialgerechte Ausführung fordern. Der Jacklturm kann demnach keine »originalgetreue« Rekonstruktion sein und diesen Anspruch hat auch niemals jemand erhoben.

Wenn – wie das beim Jacklturm der Fall ist – eine Rekonstruktion im Ensemble ansteht, dann bewegt sich die Diskussion auf einer anderen Ebene. Hier kann eine Rekonstruktion oder auch ein »Neubau nach historischem Vorbild« notwendig werden um die geschichtliche Eigenart eines schutzwürdigen Orts-, Straßen- oder Platzbildes zu bewahren. Hier kann die Rekonstruktion oder die gestalterische Anleihe aus dem Formenschatz der historischen Bauten als Teilerneuerung oder Ergänzung des Gesamtdenkmals Ensemble angesehen werden – gleichsam als Retusche eines Gemäldes. Auch hierzu hat Petzet beachtenswerte Richtlinien formuliert:

»Ein weiterer Grund für eine Rekonstruktion kann der vorgegebene Rahmen einer historischen ›Gesamtanlage‹ ebenso wie ein besonders ›geschlossenes‹ Ensemble sein, in dem eine eingetretene Lücke das Gesamtdenkmal beeinträchtigt, schmälert oder verunstaltet. In solchen Fällen besitzt das neu hergestellte Element für sich allein betrachtet zwar keinen Denkmalcharakter. Bezugsrahmen für die Notwendigkeit seiner Rekonstruktion ist aber der übergeordnete Denkmalzusammenhang.« Beim Jacklturm blieb die im Kern noch spätmittelalterliche Grundidee des Stadtgrundrisses ein solcher Bezugsrahmen. Die klaffende Baulücke im Stadtgrundriss war

Das Modell von August Wassermann aus dem Jahr 1914 wird im Traunsteiner Heimatmuseum aufbewahrt.

wie eine Fehlstelle in einem Dokument oder einem Gemälde. Aus dieser Sicht entspricht die Wiedererrichtung des Jacklturms einer sinngemäßen Ergänzung eines lückenhaften Textes, der notwendigen Retusche in einem Gemälde, der Schließung einer Wunde in einem zusammenhängenden Stadtbild.

Die Rekonstruktion als Akt der Selbstdarstellung

Wird ein Bauwerk zerstört, so erlischt auch seine Funktion. Will man diese wiederherstellen, genügt es im Prinzip, dass der Ersatzbau das Raumprogramm des verlorenen Baus erfüllt. Auch für Ersatzbauten dieser Art gibt es genug Beispiele. Als 1750 die gewaltige Michaelis-Kirche in Hamburg niederbrannte, war die Erschütterung groß, der Rat der Stadt beschloss einen Buß-, Fast- und Bettag. Die zerstörte Kirche wurde zwar wieder aufgebaut, jedoch in zeitgenössischer Architektur. Der Neubau galt nur dem Zweck und nicht der Gestalt.

Wird nun aber nicht nur ein Gehäuse für die alte unveränderte oder gewandelte oder – wie beim Jacklturm – sogar inzwischen völlig überflüssig gewordene Funktion gebaut, sondern wird das Zerstörte historisch getreu nachgebaut, also in einer dem zeitgemäßen Stil widerspechenden Form wieder zum Leben erweckt, dann liegt seine Funktion in eben dieser historischen Form.

Hinter einem solchen Vorhaben stehen Kräfte, die eine solche »Nachschöpfung« für wünschenswert halten. Die neue Funktion des Objekts liegt in seinen besonderen lokal- oder geistesgeschichtlichen oder auch in emotionalen Werten, die man zusammenfassend als Erinnerungswert oder Identifikationswert bezeichnen kann. Erinnerungswerte basieren darauf, dass man sich – im Gegensatz zur zeitgenössischen Bauweise – mit historischen Architekturen unbewusst eine andere, bessere, ja verklärte Lebensqualität vorstellt. Diese »nostalgische« Lebensqualität kann man offenbar nur mit einer Architektur erzielen, die historisierend oder traditionalistisch oder eben auch rekonstruktiv ist. Man handelt hier in der Gegenwart an einem Objekt der Vergangenheit, indem man sich auf alte, lieb gewonnene Werte besinnt. Diese identifikationsstiftenden Werte sind zum Denkmal geworden, dem eine so große Bedeutung zugemessen wird, dass die Wertschätzung, die es erfährt, das gleichzeitig immer vorhandene Streben nach zeitgenössischer schöpferischer Eigenleistung verdrängt.

Im Ansatz treffen Petzets Ausführungen zur Rekonstruktion von Monumentalbauten, mit denen sich ein Gemeinwesen von alters her identifiziert, auch auf den Nachbau des Jacklturms zu:

»Dabei hat Wiederaufbau ganz andere Dimensionen als ein bloßes Rekonstruieren auf sozusagen wissenschaftlich-intellektueller Basis. Wiederaufbau der ganz oder halb zerstörten Denkmäler, vor allem der Monumentalbauten, in denen die Geschichte einer Stadt oder einer Nation sichtbar verkörpert ist, kann ein Akt der politischen Selbstbehauptung sein, für die Bewohner in gewissem Sinn genauso lebensnotwendig wie ›das Dach über dem Kopf‹, also ein Vorgang, bei dem die Denkmalpflege nicht als veursachende und bestimmende Kraft agiert. Voraussetzung eines Wiederaufbaus ist natürlich der Wiederaufbauwille der Generation, die die Verluste noch schmerzlich empfindet. Und es ist manchmal erstaunlich, wie die aus dieser Motivation wieder errichteten Bauwerke die durch die Katastrophe gerissene Lücke schließen und trotz der unwiederbringlichen Verluste an historischer Substanz als Geschichtszeugnisse empfunden werden.«

Beispiele von enormer Größenordnung sind in erster Linie kommunalpolitische Entscheidungen gewesen, bei denen die Selbstdarstellung einer Stadt die zentrale Rolle spielt: Gesamtkunstwerke wie der Nürnberger Rathaussaal oder der Goldene Saal des Augsburger Rathauses, in denen die Geschichte dieser freien Reichsstädte verkörpert war. Die beiden Säle sind in Bayern wohl die spektakulärsten Beispiele eines sehr späten Wiederaufbaus.

In Traunstein hat ein relativ kleiner Kreis die Rolle der Stadtkommune übernommen und diese vertreten und sein Anliegen aus eigener Kraft durchgesetzt – dies ist sein Verdienst, das Bewunderung und Hochachtung verdient.

Die Skepsis der Denkmalpflege

In der Nachkriegszeit sind so manche spektakuläre Nachbauten längst vergangener Gebäude oft genug gegen den Willen der Denkmalpflege entstanden, wobei niemals die Gegenstände selbst, sondern immer nur ihre Abbilder Gestalt angenommen haben. Die Bewertung dessen, was rekonstruiert werden sollte, unterlag selbst einem Wandel: »Die Einstellung der Denkmalpflege zu Rekonstruktionsmaßnahmen ist seit der Wiederaufbauzeit nach dem letzten Krieg auch grundsätzlich nicht immer gleich gewesen: Was in den 50er Jahren kategorisch abgelehnt wurde, erschien ein Vierteljahrhundert später in einem anderen Licht« (Enno Burmeister: Gedanken zum Begriff Rekonstruktion).

Der vielfältige Quellenwert des Originals ist nicht wieder zum Leben zu erwecken. Die Denkmalkopien haben ja in vielen Fällen Jahrzehnte nach den Zerstörungen und nach Veränderungen des stadträumlichen Umfeldes den Charakter einer erinnerungsträchtigen, symbolbehafteten Stellvertreterfunktion erhalten. Der Blick in die Vergangenheit liefert also keine Patentrezepte für die Probleme von heute und morgen.

Die Skepsis der Denkmalpflege gegenüber jeder Form von Rekonstruktion beruht zunächst auf dem Wissen, dass Geschichte nicht rückgängig zu machen ist. Die Rekonstruktion könne einen denkmalpflegerischen Sinn nur in ihrem größeren Wirkungszusammenhang haben. Die Ängste der Denkmalpflege, nämlich dass eine Rekonstruktion ein verlorenes Denkmal nicht ersetzen, sondern den Abbruch eines noch vorhandenen Denkmals rechtfertigen soll, weist tatsächlich auf eine existenzielle Gefahr für unseren Denkmälerbestand hin.

Die grundsätzlich ablehnende Haltung der Denkmalpflege gegenüber der Rekonstruktion beruht auf einer echten Gefahr für den Denkmälerbestand, dessen Originalität und Echtheit durch die Legitimierung von Rekonstruktionen wirklich gefährdet wäre. Die berechtigte Skepsis erhält regelmäßig neue Nahrung, wenn findige Architekten immer wieder versichern: »Das bau ich euch genau so wieder hin, aber noch viel schöner« und dergleichen mehr.

Ein Baudenkmal, das man noch sichern und konservieren, vielleicht sogar noch instand setzen kann, darf natürlich keinesfalls abgebrochen werden um dann als Rekonstruktion »im alten Glanze« oder »schöner als je zuvor« neu zu entstehen. Gerade solche Angebote aber hören die Denkmalpfleger heute häufig. Welcher Bauherr widersteht schon der Verlockung eines bewährten Architekten, er werde das Marode in alter Gestalt, aber in neuer technischer Perfektion und rentabler Funktion wieder aufbauen?

Geschehenes kann man nun einmal nicht rückgängig machen; und Geschichte wird ja oft gerade im fragmentarischen Zustand erst anschaulich und erlebbar. Auch das völlig zerstörte Denkmal, die zum »Burgstall« zusammengesunkene Burg, ist Zeugnis der Geschichte, das durch eine Rekonstruktion in seiner geschichtlichen Aussage ebenso vernichtet würde wie so manche mittelalterliche Burgruine, die im 19. Jahrhundert einem Wiederaufbau »im alten Style« geopfert wurde. Rekonstruktion ist also fehl am Platz, wo zeugnishafte materielle Spuren der Geschichte noch in einem ausreichend anschaulichen Zustand »konserviert« werden können wie eben bei einer Burgruine.

Gerne wird darauf hingewiesen, das Bayerische Denkmalschutzgesetz enthalte keinen »gesetzlichen Auftrag« zur Schaffung von Erinnerungswerten und Rekonstruktionen gehörten nicht zum »genuinen Anliegen« der Denkmalpflege. Dennoch bin ich davon überzeugt, dass die staatliche Denkmalpflege mit ihrem Wissens- und Erfahrungsschatz ein beschlossenes Projekt wie den Nachbau des Jacklturms betreuen muss. – Wer sich in dieser Sache als zuständiger Referent – wie mir nahe gelegt – für »nicht zuständig« erklärt, hat nicht nur das Herz am falschen Platz, er wäre meiner Meinung nach auch »dienstlich« fehl am Platze.

Auch im Rahmen der 800-Jahr-Feier der Stadt Traunstein 1926 wurde zum Thema »Jacklturm« ein Motivwagen gestaltet.

Zum Wiederaufbau von zwei Stadttortürmen in Bayern

Zur Rekonstruktion des Jacklturms gibt es in Bayern zwei nahezu gleich gelagerte Beispiele – in Dorfen und Neuötting. Hier wollen wir auf die Wiedererrichtung des Landshuter Tores in Neuötting genauer eingehen. Das Bauwerk ist im Jahr 1230 errichtet worden und 1949 durch sorglos ausgeführte Kanalisationsarbeiten eingestürzt: »Mit tödlicher Wucht polterten die niederbrechenden Mauerstücke des geborstenen Bauwerkes in die Mittagsruhe dieser Stadt, deren Bewohner urplötzlich vor einem kaum fassbaren Anblick standen. Wie eine Riesenwunde klafft im Leib des vom Leben seiner Bürger durchpulsten Gebäuderings an der Stelle des eben noch von bauchigen Türmen flankierten Torbogens gähnende Leere. Zerfetztes Holzwerk und Bruchstücke des zerklüfteten Gemäuers starren in die nebelgraue Ferne des Dezemberhimmels. Drei Mitbürger liegen unter der Wucht der Trümmerberge begraben … In diesem Augenblick, da der erste Schmerz um die Toten die Herzen aufwühlt, ist noch gar nicht zu reden von dem Verlust an mittelalterlicher Schönheit, die das ehrwürdige Antlitz dieser liebenswerten Innstadt erlitten hat« (Oettinger Anzeiger vom 7. Dezember 1949).

Der 1953/54 durchgeführte Wiederaufbau war eine großartige Willensäußerung zur Selbstdarstellung in harter Nachkriegszeit. Die seinerzeitige Direktive des Landesamtes für Denkmalpflege aber zeigt sich diesmal deutlich als Spiegel des fortschrittsgläubigen aufgeklärten Zeitgeistes der »zweiten Nachkriegszeit«. Der zuständige Referent wollte besonders »zeitgemäß« urteilen; in einem unsicher-zögerlichen Schreiben kam zum Ausdruck, es »sollte etwas Neues entstehen, das doch nach Altem aussieht, wobei jedoch alles vermieden werden sollte, was einer Kopie des Verlorenen gleichkäme. Also das, was man eine Kompromisslösung nennt« (F. Weiler 1971).

In einer geradezu kleinkarierten Ängstlichkeit vor der eventuellen Kritik der offiziellen »Lehrmeinung« wurde zum Beispiel die schon wie selbstverständlich geplante Rekonstruktion eines malerischen kleinen Standerkers wieder aus den Plänen gestrichen, und zwar auf Betreiben der Denkmalpflege. Das Echo der Presse war bissig und spiegelt unverdorbenen, gesunden Menschenverstand wider: »Wir kennen wohl die Gründe, die dafür maßgebend waren: Zerstörte historische Bauten sollen nicht mehr originalgetreu erneuert werden, da dies einer bloßen Nachahmung gleichkäme, mithin der Vortäuschung eines alten Bestandes, der in Wirklichkeit nicht mehr vorhanden ist. Gegen diese Auffassung, der wir keineswegs grundsätzlich die Berechtigung absprechen wollen, lassen sich allerdings auch manche Gegenargumente vorbringen. Vor allem erscheint es bedenklich, aus dieser Auffassung ein starres Prinzip machen zu wollen. Einem altvertrauten, wenn auch noch so kleinen Stück Heimat eine innere Anhänglichkeit zu bewahren, mag unter heutigen Zeitverhältnissen manchen Leuten als eine überflüssige Gefühlsregung erscheinen. Eine denkmalpflegerische Behörde, deren wissenschaftliche Mitarbeiter doch wohl nicht von ungefähr die Amtsbezeichnung ›Konservatoren‹ tragen, hier in der Front der Fortschrittspartei anzutreffen kommt in diesem Zusammenhang allerdings etwas überraschend … Es dürfte schwer fallen, zu bestreiten, dass durch den Wegfall dieses hübschen Flacherkers nicht eine Verarmung des Gesamtbildes eingetreten ist. Nicht seine Wiederherstellung, sondern das dagegen ausgesprochene Veto erscheint uns als eine Kompromisslösung mit allen Anzeichen der Halbheit. Gerade unter dem allgemein gültigen Gesichtspunkt des Gesamtmilieus wundert uns diese landesamtliche Erkerverfemung umso mehr. Ja, sie muss nachgerade als unkonsequent erscheinen, sodass wir uns des Eindrucks nicht erwehren können, dass die Entscheidung nur anhand des Plans, jedoch nicht aufgrund einer Augenscheinnahme der örtlichen Situation zustande gekommen ist. Eine Revision des Todesurteils gegen diesen unschuldigen (allenfalls nur durch das Odium romantischer Sentimentalität belasteten) kleinen Mauervorsprung soll im Übrigen, wie wir erfahren, in die Wege geleitet werden.«

Der umstrittene Erker wurde dann doch gebaut. Es ist gewiss eine Wende zum gesunden Menschenverstand hin, wenn der Generalkonservator heute resümiert, dass sich der Denkmalpfleger ein »unverkrampftes Verhältnis zur Frage der Rekonstruktion« bewahren solle. Übrigens sind in der Denkmalliste überraschenderweise beide Tore als Baudenkmäler verzeichnet – mit dem korrekten Hinweis auf ihre Neuerrichtung.

Die spezielle Problematik des Jacklturm-Nachbaus

Traunstein war vor dem großen Stadtbrand von 1851 eine typische »Inn-Salzach-Stadt« gewesen, wie heute noch Mühldorf, Tittmoning, Neuötting und Burghausen, Rosenheim, Passau und Wasserburg. Die das Stadtbild bestimmenden Fassaden entstammten damals noch mehreren Jahrhunderten – von der Spätgotik über die Barockzeit bis in den frühen Historismus. Der Stadtbrand hat dieses gewachsene Ensemble größtenteils zerstört. Der Wiederaufbau unter König Maximilian II. erfolgte in den zeitgenössischen Formen des Historismus und gab dem Stadtplatz ein weitgehend geschlossenes Bild. Die auf altem Kern oder zumindest auf alten Baufluchten wieder aufgebauten Bürgerhäuser wurden gemäß der neuen Architekturströmung zum Teil stark in die Höhe gestreckt, die Größen und Gliederungen der Fenster, ihre Abstände und ihr Rhythmus wurden auf die neue Mode abgestimmt. Gestalterische Krönung dieses maximilianeischen Stadtplatz-Bildes wurde die in reicher Neugotik ausgeführte Rathausfassade.

Der Stadtbrand hatte auch den Jacklturm in Schutt und Asche gelegt, und zwar »irreparabel«, wie in den Akten vermerkt ist; nur der neue Torbogen von 1842 war unbeschädigt geblieben. Er hatte zu den wichtigsten Geschichtsdenkmälern der Stadt gehört, er war auch ein Eckpfeiler ihres Grundrisses. Der Turm schloss den hier steil nach Osten abfallenden Zugang zum Stadthügel wehr-

Der rekonstruierte Turm kurz nach seiner Fertigstellung

haft ab. Seine strategische Position war topografisch plausibel und städtebaulich prägnant, er hatte dem lang gestreckten Stadtplatz zusammen mit seinem Gegenstück, dem Brothausturm, eine klare Ausrichtung gegeben. Sogleich nach dem Brand war unter den Bürgern ein heftiger Streit darüber entflammt, ob der Turm ganz abgebrochen oder wieder errichtet werden sollte. Die Kontroverse ging bis vor die Regierung von Oberbayern, die am 23. August 1851 verfügte, »dass der Rest des Jaklthurms sammt dem Thorbogen gänzlich abzutragen sey«. Als Gründe für ihre Entscheidung gab die Regierung an: »Für den Wiederaufbau des Turms wurde angebracht das Altertum desselben, die Zierde für die Stadt, die erst 1842 aufgewendeten Kosten, ferner der Umstand, dass er zur Überschauung des größten Teils der Stadt und des Vorbergs gedient hatte, und letztlich, dass auch durch seine Entfernung die schwierige Auffahrt nicht gänzlich beseitigt werden könnte. Für den Abbruch sprach, dass auch schon eine teilweise Verbesserung der Auffahrt, die nicht nur schwierig, sondern auch gefährlich und mit der größten Tierquälerei verbunden war, wünschenswert sei, dass für die Feuerwache der neu zu erbauende Kirchturm genügend Ersatz und dass der Neuaufbau des Turms der ohnehin durch Brand stark belasteten Stadtkasse erspart werden solle.«

Mit dieser nur von finanziellen Gesichtspunkten bestimmten Begründung war die Entscheidung gefallen, der Turm wurde abgebrochen. Die Angelegenheit hatte jedoch ein Nachspiel, denn noch 1851 wurde die Stadt beauftragt für einen »anderweitigen Torverschluss mit Pfeilern und Gittern« zu sorgen. Die Pläne für das neue Tor wurden den städtischen Gremien zur Entscheidung vorgelegt. Diese befanden das Projekt »sehr gut und sehen in der Ausführung eine notwendig gewordene Zierde der Stadt, die umso mehr die Realisierung erfordert, als der hohe Wunsch seiner Majestät unseres allergnädigsten Königs Max die erste Veranlassung gab.« Da aber die »Richtung der an Traunstein vorüberführen werdenden ›Eisenbahn München-Salzburg‹ von bedeutendem Einfluss sein werde und die Erbauung der Tore mehr der Zierde als der Notwendigkeit gelte«, sind die Stadtväter geneigt »die Sache wenigstens auf einige Zeit zu vertagen«. Zudem sind durch den Wiederaufbau der städtischen Gebäude »alle Hilfsquellen erschöpft und auch späterhin kann man noch auf billige Materialpreise hoffen«. Nach dieser diplomatischen Antwort wurde das schöne Torbauprojekt zu den Akten gelegt, es verschwand in den Registraturen.

Der Plan für das in reiner Neugotik entworfene, aber nicht ausgeführte, eher phantastisch-romantische als realistische Projekt lässt darauf schließen, dass 1851 ein Wiederaufbau nach altem Vorbild nicht erwogen wurde. Eine erste romantische Verklärung erfuhr der Jacklturm bereits 1855 in einem Aquarell von Kramer, das nach der Erinnerung gemalt sein soll und von der letzten Zeichnung des Originals ein wenig abweicht.

Als sich die nicht minder romantische Idee einer Rekonstruktion zu konkretisieren begann, schlug auch die Stunde der Skeptiker und Kritiker. Zur gestalterischen Desorientierung kamen die Einwände, dass nach 150 Jahren erloschener Existenz keines der Argumente der Nachkriegs-Wiederaufbauzeit heranzuziehen sei. In den hitzigen Diskussionen im Traunsteiner Rathaus tauchte auch die Frage auf, ob es denn überhaupt ein »historischer Turm« sein müsse, der den Stadtplatz wieder schließen solle. Sogar ein Architektenwettbewerb wurde vorgeschlagen, also eine Art »Schönheitswettbewerb für Jacklturme«.

Die wieder entflammte Diskussion um den problembeladenen Wiederaufbau hatte auch das Landesamt für Denkmalpflege zu beschäftigen. In München wurde amtsintern natürlich auf höchster akademischer Ebene diskutiert. Auch wenn der neugotische Jacklturm seinerzeit nicht mehr zur Ausführung gekommen sei, so bleibe die geistige Potenz dieser zeitgenössischen Planungsidee bis zu einem gewissen Maße verpflichtend, es sei vielleicht »ehrlicher«, das nie real existente, aber aus dem Geist der Maximilianszeit geborene neugotische Projekt zu realisieren als den Rückgriff auf die mittelalterliche Grundidee zu wagen.

Letztendlich entschloss sich das Landesamt überraschend zu einer positiven und kühnen Aussage: »Nach sehr eingehenden Überlegungen stimmen wir in der Auffassung überein, dass als Vorbild für eine eventuelle Rekonstruktion des Jacklturms nur eine der beiden Gestaltungen in Frage kommen könne:
• die letzte Ausführung vor dem Stadtbrand von 1851
• das neugotische Projekt nach dem Stadtbrand.«
Die Vor- und Nachteile beider »Vorbilder« wurden eingehend erörtert; wir kamen dahin gehend überein, beide »Vorbilder« als berechtigt, äquivalent und denkmalpflegerisch wünschenswert zu betrachten. Eine »frei erfundene« Turmfigur wäre aus denkmalpflegerischer Sicht abzulehnen, besonders dann, wenn sie sich aus einem Konglomerat historischer Elemente und moderner Zugeständnisse zusammensetzen würde.« Diese Stellungnahme des Generalkonservators ist ein Meilenstein in der Denkmalpflege – in Richtung »unverkrampftes Verhältnis zur Rekonstruktion«.

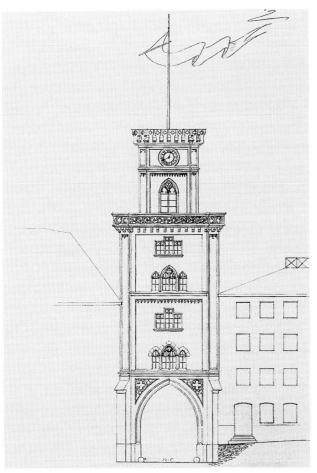

Entwurf einer Turmfassade »im neugotischen Stil«, 1854

Willi Schwenkmeier

Krähwinkel lässt grüßen

Traunstein bei Ludwig Thoma und Thomas Bernhard

Gewiss hat in Traunstein noch kein Bürgermeister um sein Amt bangen müssen, weil eine zu einem Tag Pranger verurteilte Diebin vor Vollstreckung des Urteils entflohen ist. Auch kann man sich nicht vorstellen, dass deshalb das Ansehen der Stadt in Gefahr gerät und dass das Problem dadurch gelöst wird, indem man einen Ehrgeizling mit besten Beziehungen zum »Runkelrüben-Kommissions-Assessor« ernennt. Richtig, hier geht es um Rang-, Ämter- und Titelsucht, um kleinbürgerliche Schwächen und Eitelkeiten, letztlich um all das, was sich in beschaulichen und gerade deshalb so spießigen Städten ereignen kann. »Die deutschen Kleinstädter« heißt das Lustspiel, in dem das oben genannte Szenario ausgebreitet ist; 1802 ist es in Wien uraufgeführt worden und uns soll es eigentlich nur deshalb interessieren, weil August von Kotzebue seine in der Tat noch heute witzig und spritzig erscheinende Satire in einem kleinen Städtchen spielen lässt, das überall in Deutschland liegen kann und dem er den unsterblichen Namen »Krähwinkel« gegeben hat.

Krähwinkel ist seither zum Inbegriff provinzieller Beschränktheit und kleinbürgerlichen Spießertums geworden. Johann Nestroy hat sich dieses fiktiven Ortes genauso bedient wie Heinrich Heine, der gar über Krähwinkels »Schreckenstage« reimte und ein Mandat, erlassen von Bürgermeister und Senat, quasi als Aufhänger benutzte, um die Systematik der spießbürgerlichen Biedermeier-Zeit zu entlarven: Dem auch mal füsilierenden Magistrat ist pflichtbewusst zu vertrauen, dem braven Bürger zieme es, »stets das Maul zu halten«. Krähwinkel also, das zum Idyll erstarrte Biedermeierstädtchen, bewohnt von einem Bürgertum, das sich von der Politik fern zu halten und alles der Obrigkeit zu überlassen hat, einem Bürgertum, das sich eben deshalb ins Spießige flüchtet, in die nur allzu menschlichen Irrungen und Wirrungen, die es als weltbewegend und einzigartig begreift, das sich in Feindschaften mit den Nachbarn verstrickt und seine ganz privaten Eitelkeiten hegt und pflegt. Ein Bürgertum, das sich in der Banalität wohl fühlt, das prüde und nur auf das engste Umfeld ausgerichtet ist und das in der beruhigenden Vorstellung lebt, dass der liebe Gott im weißblauen Himmel schon alles richten wird.

Krähwinkel als Sinnbild, aber auch als Programm: Das ist natürlich eine Zielscheibe für Satiriker, für Lästermäuler, für Gesellschaftsseziere, damals wie heute. Die Krähwinkler sterben nie aus, im Prinzip besteht kein Unterschied zwischen alter und neuer Spießigkeit, zwischen früherer Bigotterie und heutigen New-Age-Fluchten. Krähwinkels wird es immer geben, noch 200 Jahre nach Kotzebue, 150 Jahre nach Nestroy und Heine.

Ist Traunstein ein Krähwinkel? Ein Ja würde bedeuten, dass die oben genannten Charakterzüge symptomatisch für die Stadt und ihre Bürger wären, ein Nein, dass Stadt und Bürger von Weltoffenheit und Aufmüpfigkeit geprägt wären – zumindest unter anderem. Ersparen wir uns eine tief greifende Auseinandersetzung, stellen wir ganz lapidar fest, dass Traunstein in der Provinz liegt und dass das Adjektiv provinziell viele Interpretationsmöglichkeiten offen lässt, sowohl im positiven wie im negativen Sinn. Demzufolge wäre der Stadtplatz das Herz dieser Provinz, das designierte Zentrum sozusagen. Und über dieses Zentrum ist geschrieben worden, nicht von Kotzebue oder Nestroy oder Heine, die dürften nie in Traunstein gewesen sein. Unweit des Stadtplatzes haben Ludwig Thoma und später Thomas Bernhard gewohnt, beide haben über den Stadtplatz beziehungsweise über Ereignisse auf ihm geschrieben, folglich soll dies ein bisschen näher betrachtet werden. Das ist sicher legitim, denn schließlich wird in diesem Buch das Herz der Provinz besungen.

Ludwig Thoma und sein »Krawall«

Zwei Zitate aus Ludwig Thomas »Erinnerungen« sind beinahe schon kulturelles Allgemeingut dieser Stadt, wer etwas über Thoma und Traunstein weiß, greift auf diese Zeilen zurück: »... und so malte ich mir meine Zukunft als Rechtsanwalt aus, bescheiden, mit gemütlichem Einschlag. Eine auskömmliche Praxis in Traunstein, die mir Muße ließ zu kleinen schriftstellerischen Versuchen, denn an die dachte ich damals schon.« Das war 1890, Thoma war 23 Jahre alt und musste sich überlegen, welche beruflich entscheidenden Schritte er nun unternehmen wollte. Er hatte Traunstein wohl in Erwägung gezogen, weil seine Mutter die »Post« am Stadtplatz gepachtet hatte. Das zweite Zitat betrifft die Stadt selbst, Lillian Schacherl spricht in diesem Zusammenhang so treffend von Thomas »sarkastischem Unbehagen am Behaglichen«: »Klein und eng war es in Traunstein und von einer Gemütlichkeit, die einen jungen Mann verleiten konnte, hier sein Genüge zu finden und auf Kämpfe zu verzichten. Es ist altbayrische Art, sich im Winkel wohl zu fühlen, und aus Freude an bescheidener Geselligkeit hat schon mancher, um den es schad war, Resignation geschöpft.« Wen immer Thoma da im Gedächtnis hatte, wir wissen es nicht, jedenfalls breitet er im Folgenden ein Bild aus, das durchaus krähwinkelige Züge trägt:

»In dem Landstädtchen schien es sich vornehmlich um Essen und Trinken zu handeln und alle Tätigkeit war auf diesen Teil der Produktion und des Handels gerichtet. Am Hauptplatz stand ein Wirtshaus neben dem anderen, Brauerei neben Brauerei, und wenn man von der Weinleite herab sah, wie es aus mächtigen Schlöten qualmte, wusste man, dass bloß Bier gesotten wurde. Durch die Gassen zog viel versprechend der Geruch von gedörrtem Malz, aus mächtigen Toren rollten leere Bierbanzen und am Quieken der Schweine erfreute sich der Spaziergänger in Erwartung solider Genüsse.«

Außerdem sei festgehalten, dass Thoma in seiner kurzen Traunsteiner Zeit, von Ende 1890 bis Februar 1893, beim Höllbräu logierte, worauf ja heute noch die Gedenktafel mit den viel zitierten falschen Jahreszahlen hinweist. Brauereiduft war Thoma also gewohnt in dieser Stadt, deren Wohlstand, wie er weiters bemerkt, durch die Saline gediehen ist und die aufgrund der vielen Behörden zum »Mittelpunkt einer volkreichen Gegend« geworden ist:

»Zur allwöchentlichen Schranne und zu den Märkten strömten die Bauern herein und dazu herrschte ein starker Verkehr von Musterreisenden, die von hier aus die Chiemgauer Orte besuchten. Ein anheimelndes Bild der alten Zeit boten die zahlreichen Omnibusse, die von blasenden Postillionen durch die Stadt gelenkt wurden, denn damals waren die Kleinbahnen nach Trostberg, Tittmoning, Ruhpolding noch nicht gebaut.« Bauern strömten zu den allwöchentlichen

Die »Post«, bewirtet von Thoma's Mutter 1883–1892

Auf Ludwig Thoma war man immer schon stolz: Der Dichter lebte allerdings von 1890 bis 1893 in Traunstein.

Märkten herein und die Lokalbahnen waren noch nicht gebaut: Das sei festgehalten für das Folgende. Doch zuerst Thomas Blick auf die Einwohnerschaft, denn »hier saß nun ein besitz- und genussfrohes Bürgertum, das sich den Grundsatz vom Leben und Lebenlassen angeeignet hatte. Genauigkeit und ängstliches Sparen erfreuten sich keines Ansehens, und war man stolz auf den Wohlstand eines Mitbürgers, so verlangte man auch, dass er nicht kleinlich war«. Großzügigkeit also hat Thoma bei den Traunsteiner Bürgern gesehen, auch dass sie sich mit den königlichen Beamten »in früheren Jahren besser verstanden« hätten, die pensionierten Offiziere, an denen es in der aufstrebenden Kurstadt »keinen Mangel gab«, nannten die Traunsteiner despektierlich »Schwammerlbrocker«.

Aber dann wird Thoma politisch, er seziert geradezu genüsslich:

»In ihren politischen Meinungen unterschieden sich die Traunsteiner nicht von den übrigen Oberbayern. Tiefe Abneigung gegen alles Leidenschaftliche in diesen Dingen vereinigte sich mit dem üblichen Maße von Wurstigkeit und Partikularismus und das ergab bei den Wahlen eine sichere ultramontane Mehrheit.« Traunstein war demnach ein Hort des Konservativ-Klerikalen, also doch ein weißblaues Krähwinkel, auch wenn mit Beamten und Pensionisten der »Liberalismus eingewandert« war, aber der gab »nur einige Lebenszeichen von sich und man verzichtete schmerzlich lächelnd im Vorhinein auf jeden Erfolg, agitierte nicht und stellte Kandidaten auf, denen die bescheidenste Rolle in der Öffentlichkeit Ersatz für den Durchfall bot«.

Die Bauernbündler waren es nach Thoma, diese »mit grob genagelten Schuhen auftretende Partei«, die das politische Phlegma in Traunstein etwas aufrüttelten, zugleich wäre jedoch »mit einer gewissen Scheu« von einem braven und fleißigen Schreinermeister erzählt worden, dem »einzigen Sozialdemokraten« in der Stadt ... und so endet die Charakterisierung lyrisch-resignativ: »Wenn es herbstelte, versank die Stadt wieder in stillen Frieden, in dem es nichts Fremdes und Neuzeitliches gab und von dem umfangen man zwischen Tarockrennen und Kegelscheiben vergessen konnte, dass ihm der Kampf vorangehen müsse.«

Einen Kampf jedoch hatte es gegeben, gut 22 Jahre bevor Ludwig Thoma nach Traunstein kam, am 28. März 1868, als der »Furor Bavaricus« (Benno Hubensteiner) ausbrach, mit seinen ersten Auswirkungen ausgerechnet in diesem kleinstädtischen Traunstein. Wie und auf welche Weise Thoma davon erfuhr, ob er den ausführlichen Bericht im »Traunsteiner Wochenblatt« vom 2. April 1868 nachgelesen hatte, wissen wir nicht, jedenfalls hat er seine Fassung dieser eigenartigen Geschichte niedergeschrieben, ganz auf seine unnachahmliche Art, und er hat ihr den Titel »Krawall« gegeben:

»Jawohl«, so beginnt diese kurze Erzählung, »auch wir Dürnbucher haben unsere Revolution gehabt oder einen Krawall und es war damals, wo der Buchdrucker Schmitt, Gott hab ihn selig, als Major von der alten Landwehr vom Messerschmied Simon unter den Tisch geschlagen worden ist und sozusagen betäubt war.«

Dürnbuch ist – im Gegensatz zum Dornstein aus der »Lokalbahn« – tatsächlich Traunstein, der Marktplatz, auf dem es zum Krawall kommt, ist der Stadtplatz, selbst das Rathaus wird von den Revoluzzern gestürmt und verwüstet. Doch was war seinerzeit der Anlass zu diesen Vorkommnissen, die, wie der Historiker Benno Hubensteiner nicht ausschließen will, beim breiten Volk das Schimpfwort vom »Saupreußen« aufkommen ließen?

»Ihr könnt euch denken«, heißt es bei Thoma, der diesen Krawall ins Jahr 1867 vorverlegt, »dass wir Dürnbucher Anno 66 einen großen Hass auf diese Preußen gehabt haben, und wenn der Feind damals zu uns gedrungen wäre, dann hätte es geraucht.« Geraucht hatte es anno 66 entlang der Mainlinie und vor allem in Kissingen, an der Seite Österreichs war Bayern ein Opfer bismarckscher Schläue und der preußischen Zündnadelgewehre geworden, man hatte im »Deutschen Bruderkrieg« verloren. Ob der Frieden »milde« war, den Bismarck den Bayern diktierte, sei dahingestellt, wesentlicher als die 30 Millionen Gulden Reparationen war das geheime »Schutz- und Trutzbündnis« mit Preußen, das auch eine mi-

Der Stadtplatz um 1865: Schauplatz des »Krawalls«

litärische Allianz war. Das Königreich im Süden hatte damit den Schulterschluss mit dem Königreich im Norden vollzogen, Bayern hatte nur eine scheinbare uneingeschränkte Souveränität erlangt, die mit der Reichsgründung 1871 dann ohnehin Makulatur geworden war.

Bereits nach 1866 verdichtete sich das Gerücht, dass es in der bayerischen Armee eine Heeresreform nach preußischem Muster geben sollte und dass man im Kriegsfall dem preußischen Oberbefehl unterstellt war, mehr noch, dass in Bayern Soldaten für Preußen rekrutiert werden sollten. Und angeblich wollte man darüber in der ersten Kontrollversammlung in Traunstein am 28. März 1868 beraten.

Der Bericht im »Traunsteiner Wochenblatt« vom 2. April 1868 gibt detailliert – und zutiefst angewidert – eine genaue Beschreibung dieses Krawalls, der von Chiemgauer Bauernburschen inszeniert worden war, die befürchteten, unter preußischer Fahne dienen zu müssen. Mit »roher Gewalt« und »excessivster Brutalität« kam es zu »gräulichsten Scenen offener Rebellion«, die »wilde Horde« zertrümmerte das Mobiliar des Rathauses, »Stühle, Fensterscheiben, wie auch ganze Fensterflügel, Ofenplatten und dergleichen flogen auf die Straße, woselbst die Untenstehenden denen droben Beifall zujauchzten und das begonnene Zerstörungswerk fortsetzten, das gusseiserne Stiegengeländer wurde abgebrochen, kurz, man konnte in Wahrheit sagen, dass das Rathaus vollständig demolirt wurde«. Die Traunsteiner Landwehr, so bemerkte der Schreiber, hätte nichts gegen diese Plünderung unternommen und »die Waffenehre schimpflich verläugnet«, sodass die »Horde auf die Straße und den Markt« stürmte »um noch das Bild einer Schlägerei auf freiem Platz zu liefern. Die Verkaufsläden wurden geschlossen und ein Scharmützel zwischen den paar Gendarmen und dem Haufen der Excedenten wurde geliefert, wobei in blinder Wuth von letzteren zugeschlagen wurde und abermals beiderseits Blut floss«.

Die Schuld dafür sah der Verfasser, der übrigens nicht genannt ist, in den Preußenhassern und den Bildungsgegnern. Fassungslosigkeit spricht heute noch aus seinen Zeilen, weil »Gesetz und Obrigkeit« missachtet worden waren. Dass diese »Revolte«, bei der auch sehr viel Alkohol im Spiel war, für Ludwig Thoma ein geeignetes Sujet abgab, steht außer jedem Zweifel, ermöglichte es ihm doch, dem Oberländler-Volk aufs Maul und in die Seele zu schauen.

Ursache ist auch für Thoma »der furchtbare Hass auf die Preußen«; angefacht von den Dorfpfarrern, die das Lutherische fürchteten, heizt sich die Stimmung vor dieser ominösen »Kontrollversammlung« an, zu der die Bauernburschen von überall her »in Haufen« auf den Stadtplatz ziehen: »Es war wie ein Haberfeldtreiben.« Alles eskaliert, im Rathaus und auf dem Stadtplatz, der Messerschmied Simon will als Leutnant der Landwehr die Ordnung wiederherstellen, doch der Buchdrucker Schmitt als Kommandeur drückt sich, aber das weiß der Simon nicht. Der Simmerl träumt von einer groß angelegten Landwehr-Operation, doch zu der kommt es nicht, die rebellischen Burschen sind schließlich alle besoffen, im Rappenbräu sitzt »der Herr Major Schmitt neben dem Polizeidiener Kraus auf dem Anrichttisch und sie schauen grasgrün vor lauter Angst.« Und da geht dem Ordnungsfanatiker Simmerl der Gaul durch, das Rathaus und der Stadtplatz sind verwüstet, weil die Landwehr nichts getan hat, und die hat nichts getan, weil ihr Kommandeur ein feiger Hund ist: Der Simon »haut seinem Vorgesetzten eine Watschen herunter, dass er unter den Tisch gefallen ist und sozusagen betäubt war. Das ist die Geschichte von unserer Dürnbucher Revolution, welche sich Anno 67 durch den Preußenhass zugetragen hat.«

Dürnbuch also, in das damals die Bauern hereingeströmt sind, ist Traunstein, das zweite vorhin notierte Stichwort, die Lokalbahnen, die noch nicht gebaut waren, ist, was Thomas Aufarbeitung seiner Traunsteiner Zeit anbelangt, mit äußerster Vorsicht zu handhaben.

Gerne wird darauf hingewiesen, dass Thoma bei seiner Komödie »Die Lokalbahn« die Errichtung der Bahnstrecke Traunstein–Ruhpolding satirisch überzeichnet hat. Dabei stützt man sich auf einen Brief an seinen Verleger Albert Langen, in dem Thoma schrieb: »Um mich recht in Stimmung zu bringen«, und zwar für die Arbeit an dieser Komödie, »lese ich zwei Jahrgänge ›Traunsteiner Wochenblatt‹. Dadurch kriege ich das Kolorit für die

Ludwig Thoma (2.v.r.) im Kreis der Traunsteiner Bürgerschützengesellschaft 1892

Umarbeitung noch besser heraus.« Doch es ist ein Trugschluss, aus der phonetischen Nähe von Thomas Dornstein auf Traunstein zu schließen; Jean Dewitz hat eindeutig nachgewiesen, dass Thoma die Sekundärbahn von Dachau nach Altomünster als Vorbild diente, um deren Linienführung fünfzehn Jahre lang erbittert gestritten worden war und die schließlich doch mit einem höchst eigenartigen Schlenker den Markt Indersdorf an diese Linie anschloss. Folglich ist es auch müßig, in den Personen der »Lokalbahn« Bezüge zu Traunsteiner Persönlichkeiten herzustellen, noch dazu, als Thoma in einem Brief an Maidi von Liebermann »Abkonterfeien und Abklatschen« strikt abgelehnt hat: »Man kriegt keinen Typ. Schriftstellerische Figuren müssen wie malerische Typen sein, Zusammensetzungen aus vielen Individualitäten, sie müssen eine ganze Rasse, einen Stand verkörpern.«

Dornstein ist – soll man es bedauern? – nicht Traunstein; als »Die Lokalbahn« 1902 als Buch veröffentlicht und kurz darauf uraufgeführt wurde, war Thoma schon seit zehn Jahren nicht mehr in Traunstein. Freilich könnte Dornstein auch Traunstein sein, es liegt ziemlich abgelegen, ist eine deutsche Kleinstadt, die Fahrt in die Residenz dauert vier Stunden. Dewitz hat darauf hingewiesen, dass die »Lokalbahn« alle Züge einer Krähwinkeliade trägt, nicht nur des Ortes wegen, es herrsche eine gewisse Enge der Verhältnisse, jedes Gerücht verbreite sich in Windeseile, die Charaktere der handelnden Personen würden sich nicht wesentlich voneinander unterscheiden, da die Figuren eben charakterlos wären, mit einer Ausnahme, jener Major, der als liberal bezeichnet werden könne. Das Bürgertum aber habe seine Ohnmacht selbst verschuldet, weil es nicht in der Lage ist seine Interessen gegenüber der Obrigkeit zu verteidigen. Das ist in der Tat krähwinkelig.

Thomas Bernhard und »Ein Kind«

Sieht man Ludwig Thoma noch nach, dass er sein »sarkastisches Unbehagen am Behaglichen« Traunsteins literarisch verarbeitet hat, wohl auch deshalb, weil insgeheim vielleicht ein bisschen Stolz empfunden wird, dass dieser große bayerische Schriftsteller in Traunstein eine Zeit lang gelebt und darüber geschrieben hat, so dürfte die Traunsteiner Rezeption bezüglich Thomas Bernhards literarischer Aufarbeitung auch jetzt noch eine gänzlich andere sein.

Erst seit kurzem erinnert eine Gedenktafel am »Poschinger-Haus« daran, dass dort der österreichische Dramatiker von Weltruf einen Teil seiner unerfreulichen Kindheit verbracht hat, aber keine Straße, nicht einmal ein versteckter Spazierweg sind nach ihm benannt, eine der vielen Traunsteiner Schulen schon zweimal nicht. Und das hat, wie so manche Traunsteiner Bürger glauben, auch seine Richtigkeit.

»Im Alter von acht Jahren trat ich auf dem alten Steyr-Waffenrad meines Vormunds, der zu diesem Zeitpunkt in Polen eingerückt und im Begriff war, mit der deutschen Armee in Russland einzumarschieren, unter unserer Wohnung auf dem Taubenmarkt in Traunstein in der Menschenleere eines selbstbewussten Provinzmittags meine erste Runde. Auf den Geschmack dieser mir vollkommen neuen Disziplin gekommen, radelte ich bald aus dem Taubenmarkt hinaus in die Schaumburger Straße auf den Stadtplatz, um nach zwei oder drei Runden um die Pfarrkirche den kühnen, wie sich schon Stunden später zeigen musste, verhängnisvollen Entschluss zu fassen, auf dem, wie ich glaubte, von mir geradezu perfekt beherrsch-

Gedenktafel für Thomas Bernhard am Haus Schaumburger Straße 4

ten Rad meine nahe dem sechsunddreißig Kilometer entfernten Salzburg in einem mit viel Kleinbürgerliebe gepflegten Blumengarten lebende und an den Sonntagen beliebte Schnitzel backende Tante Fanny aufzusuchen, die mir als das geeignetste Ziel meiner Erstfahrt erschien und bei der ich mich nach einer bestimmt nicht zu kurzen Phase der absoluten Bewunderung für mein Kunststück anzuessen und auszuschlafen gedachte.«

Mit diesen fulminanten Sätzen beginnt »Ein Kind«, ein »farbiges, in seinem Gestaltenreichtum fesselndes Buch«, wie in der »Welt« geurteilt wurde. Dass viele Traunsteiner dieses Buch anders sehen, nämlich als bösartige Nestbeschmutzung, begreifen zumindest die, die »Ein Kind« tatsächlich gelesen haben. Hier sollen nun nicht all jene Passagen wiedergegeben werden, die die Traunsteiner Bürgerseelen voll Empörung aufwallen lassen und die geradezu sprachlos machen ob des Sarkasmus', eine einzige Passage soll genügen, zeigt sie doch Traunstein als übersteigertes Krähwinkel: »Was unterhalb Ettendorf lag, war nur der Verachtung wert. Der kleine Geschäftsgeist, der Kleingeist überhaupt, die Gemeinheit und die Dummheit. Blöd wie die Schafe scharen sich die Kleinkrämer um die Kirche und blöken sich tagaus, tagein zu Tode. Nichts sei ekelerregender als die Kleinstadt und genau die Sorte wie Traunstein sei die abscheulichste. Ein paar Schritte in die Stadt hinein und man sei schon beschmutzt, ein paar Worte mit einem ihrer Einwohner gesprochen und man müsse erbrechen.«

Es sei auf die Konjunktive verwiesen, hier spricht nicht das Kind Thomas Bernhard; der spätere Literat zitiert Aussagen seines vergötterten Großvaters, der oben in Ettendorf gelebt hat. Dieser Großvater ist der fast schon anarchistische Freigeist Johannes Freumbichler gewesen, ein Verehrer Schopenhauers und Freund von Carl Zuckmayer; er war genau genommen eine gescheiterte Existenz, der von seinen Träumen lebte und in der gängigen bürgerlichen Welt nicht zurechtkam, folglich eiferte er sich gegen alles, was den Ruch der Normalität trug. Und natürlich war in Traunstein vieles geregelt und »normal«.

Der Firmling und sein Pate, der vergötterte Großvater Johannes Freumbichler, Traunstein 1943

Bei allen Dichtern gilt es zu unterscheiden zwischen Dichtung und Wahrheit und das nicht erst seit Goethe. Was ist literarische Freiheit, was ist Fiktion? Thomas Bernhard, als lediges Kind am 9. Februar 1931 im holländischen Heerlen geboren, kommt um den Jahreswechsel 1937/38 nach Traunstein, wo der Stiefvater eine Anstellung als Friseur gefunden hat. Im Verlauf dieses Jahres zieht der Großvater nach Ettendorf, dann jedoch wird es unübersichtlich, »Ein Kind« lässt nur ungefähre Schlüsse zu: Demnach wird der Bub Thomas wahrscheinlich 1941 in ein NS-Erziehungsheim nach Saalfeld in Thüringen eingewiesen, ab Herbst 1943 ist er in einem Salzburger NS-Erziehungsheim untergebracht. 1944 wird Salzburg bombardiert, gegen Jahresende kehrt Thomas Bernhard nach Traunstein zurück, er dürfte im September 1945 endgültig nach Salzburg gezogen sein.

In diesem Zeitraum also spielt »Ein Kind«, Thomas Bernhard hat es erst zu Beginn der 80er Jahre geschrieben, in der Nachschau des Erwachsenen. Was kann über so lange Zeit als kindliches Erleben und Empfinden gespeichert bleiben, was entspricht tatsächlich dem bübischen Bewusstsein? Was also ist Wahrheit und was ist dichterische Freiheit? Zwei Beispiele sollen näher betrachtet sein, das erste auch deshalb, weil es sich auf ein reales Ereignis bezieht, das sich auf dem Traunsteiner Stadtplatz zugetragen hat.

»Auf einem so genannten Kreistag«, heißt es in »Ein Kind«, »der neunzehnhundertneunundreißig in Traunstein abgehalten worden ist, marschierten Zehntausende so genannte Braunhemden auf dem Stadtplatz auf, mit Hunderten von Fahnen nationalsozialistischer Gruppen, sie sangen das Horst-Wessel-Lied und ›Es zittern die morschen Knochen‹. Auf dem Höhepunkt der Veranstaltung, zu welcher ich, sensationsgierig, wie ich war, schon in aller Frühe gelaufen war, um nur ja nichts zu versäumen, sollte der Gauleiter Giesler aus München eine Rede halten. Ich sehe noch, wie der Gauleiter Giesler das Podium besteigt und zu schreien beginnt. Ich verstand kein Wort, denn die Lautsprecher, die um den ganzen Platz aufgestellt waren, um Gieslers Rede zu übertragen, übertrugen nur gewaltiges Gekrächze. Plötzlich fiel der Gauleiter Giesler in sich zusammen und verschwand wie eine ockerfarbene Puppe hinter dem Rednerpult. In der Menge verbreitete sich sofort, dass den Gauleiter Giesler der Herzschlag getroffen habe. Die Zehntausende zogen ab. Auf dem Stadtplatz herrschte Ruhe. Aus dem Radio hörten wir am Abend die offizielle Bestätigung des Todes vom Gauleiter Giesler« (S. 125 ff.). Bernhard nennt eine genaue Jahreszahl (1939), er nennt die Veranstaltung und den Veranstaltungsort, er schildert den plötzlichen Tod des Gauleiter Giesler, zudem vermittelt er mit Formulierungen wie »Ich sehe noch« oder »Ich verstand kein Wort« den Eindruck unmittelbarer Authentizität. Und doch berichtet er hier nicht authentisch.

Gauleiter Paul Giesler starb im Mai 1945 durch Selbstmord in Berchtesgaden. Er war der Nachfolger des »Despots von München«, des Gauleiters Adolf Wagner, und der hatte tatsächlich am 14. Juni 1942 (!) auf dem Kreistag der NSDAP in Traunstein einen Schlaganfall erlitten, und zwar kurz nach Beendigung seiner Rede auf dem Stadtplatz. Dies wurde seinerzeit in der Presse totgeschwiegen, Wagner blieb partiell gelähmt und starb am 12. April 1944 in Bad Reichenhall. (Siehe hierzu die Literaturverweise.)

Es ist nun anzunehmen, dass Thomas Bernhard Zeuge des Schlaganfalls von Adolf Wagner gewesen ist; eine Todesnachricht im Radio konnte es nicht gegeben haben, allerdings hatte sich in der Stadt unverzüglich das Gerücht vom Tod Wagners verbreitet. Folglich war Thomas Bernhard einfach nur das Ereignis wichtig. Deshalb dürften ihm das Jahr und der Name des Betroffenen egal gewesen sein; diese Episode steht ohnehin im Kontext seiner Jungvolkzeit und es war gewiss mehr Bern-

Anna Freumbichler mit Peter Fabjan, Georg Strasser (verdeckt), Emil Fabjan, Herta Fabjan und Thomas Bernhard (v.l.n.r.), dahinter Johannes Freumbichler, Ettendorf, 1939

hards Anliegen, einen allgemeinen Erlebnishorizont aus der Sicht seines Kindseins zu vermitteln. Aber letztlich wird dadurch die Glaubwürdigkeit erschüttert, dies zeigt sich auch im zweiten Beispiel, das nun nicht aus »Ein Kind« stammt, aber Thomas Bernhard hat auch in »Die Ursache« über Traunstein geschrieben.

Diese Passage beginnt damit, dass Bernhard im November 1944 nach dem dritten Bombardement auf Salzburg von den Großeltern erneut nach Traunstein geholt wird. »Aber ich war nicht lange abwechselnd bei meiner Mutter in Traunstein und bei den Großeltern in dem nahe gelegenen Ettendorf beschäftigungslos gewesen, nur ein paar Tage, dann hatte ich bei einem Traunsteiner Gärtner, bei der Firma Schlecht und Weininger, zu arbeiten angefangen. Diese Arbeit hatte mir sogleich die größte Freude gemacht, sie hatte bis zum Frühjahr, genau genommen bis zum achtzehnten April gedauert, während dieser Zeit habe ich die Gärtnerarbeit in allen ihren Möglichkeiten und Unmöglichkeiten kennen und lieben gelernt, an diesem achtzehnten April waren Tausende Bomben auf die kleine Stadt Traunstein gefallen und ihr Bahnhofsviertel war binnen weniger Minuten vollständig vernichtet gewesen. Die Gärtnerei Schlecht und Weininger hinter dem Bahnhof war nur noch eine Sammlung riesiger Bombentrichter gewesen, das Gärtnereibetriebsgebäude schwer beschädigt und unbrauchbar geworden. Hunderte Tote waren auf die Bahnhofstraße gelegt und in notdürftig zusammengezimmerten Weichholzsärgen auf den Waldfriedhof gebracht worden, wo sie, weil zum Großteil nicht mehr identifizierbar, in einem Massengrab verscharrt worden sind. Diese kleine Stadt an der Traun hatte nur ein paar Tage vor dem Ende des Krieges einen der schrecklichsten und sinnlosesten Bombenangriffe überhaupt erleben müssen« (S. 58).

Ganz abgesehen davon, dass in dieser Beschreibung nichts zu spüren ist von der vernichtenden Charakterisierung Traunsteins wie in »Ein Kind«,

Der Großvater und das »Kind« Thomas Bernhard in Seekirchen am Wallersee, 1937

dass Bernhard sogar so etwas wie Mitleid mit dieser Stadt verspürt: Er dürfte tatsächlich Zeuge dieses Bombenangriffs gewesen sein. Auch die Gärtnerei Schlecht und Weininger ist letztlich dabei zerstört worden, diesem Text ist nun zu entnehmen, dass deshalb Bernhards Beschäftigung als Gärtner ein abruptes Ende gefunden hat. Der Thomas-Bernhard-Biograf Hans Höller weist darauf hin, dass die »oft erwähnte Arbeit als Gärtnergehilfe in Traunstein eine Fiktion« ist und »mindestens offiziell niemals existiert« hat, sie ist »nirgends in den erhaltenen Geschäftsbüchern der Traunsteiner Gärtnerei« belegt. Josef Weininger sen. hat auf Anfrage mitgeteilt, dass Thomas Bernhard gewiss nicht in diesem Zeitraum in der Gärtnerei angestellt gewesen ist, möglich wäre lediglich, dass er ab und an mit auf dem Wagen saß, mit dem gastronomische Betriebe in Traunstein beliefert wurden.

Ist Thomas Bernhard deshalb ein Lügner, der eine ganz andere Stadt als Traunstein beschrieben hat? Auch wenn dies vielleicht in Anbetracht der hässlichen Tiraden in »Ein Kind« so manche Traunsteiner wünschen würden, dem ist nicht so, denn diese autobiografischen Erzählungen sind fiktionale Texte, die nicht an den Details der faktischen Wirklichkeit gemessen werden dürfen. Darauf haben Bernhards Biografen immer wieder hingewiesen, es sind Lebensgeschichten mit literarischen Darstellungsmitteln, Dichtung und Wahrheit werden dabei zu einem wesentlichen Thema gemacht. Und schließlich hat Thomas Bernhard selbst in »Der Keller« geschrieben, dass es letzten Endes »nur auf den Wahrheitsgehalt der Lüge« ankomme.

Thomas Bernhard hat, wie Ludwig Thoma in seinen »Erinnerungen« auch, das eigene Leben literarisch inszeniert, ebenfalls die durchlebte Epoche, und das muss nicht von der Realität wegführen, »im Gegenteil, sie bringt erst jene geschichtliche Authentizität hervor, wo im einzelnen Leben die epochale Katastrophe durchscheint« (Höller). Bernhard hat, wie ja auch Thoma, Traunstein als kleinbürgerliches Krähwinkel erlebt, der Großvater hat ihm droben in Ettendorf beigebracht, dass solche Städte etwas Entsetzliches sind. Wenn Bernhard erst Jahrzehnte später darüber schrieb, dann heißt das keineswegs, dass er bereits als Kind so empfunden hat. Hier setzt eben die literarische Inszenierung ein.

Auf dem Traunsteiner Stadtplatz hat Thomas Bernhard seine ersten Versuche mit dem Fahrrad gemacht, von dort ist er zur Katastrophenfahrt nach Salzburg aufgebrochen; dort am Stadtplatz hat er den Zusammenbruch des Gauleiters Wagner erlebt, wir brauchen jedoch diese Episode nicht als Metapher für den folgenden Zusammenbruch des Naziregimes sehen. Auf eben jenem Stadtplatz trägt sich der von Thoma so süffisant beschriebene »Krawall« zu, der nicht von Stadtbürgern inszeniert ist, sondern von den Bauernburschen ringsum, die Bürger sind repräsentiert im Simon, der unbedingt die gestörte Ordnung wiederherstellen will. Traunstein also doch ein der Obrigkeit gehorchendes Krähwinkel, bei Thoma wie bei Bernhard?

Man sollte sich sein eigenes Urteil bilden, doch das ist nur möglich, wenn man die betreffenden Erzählungen liest. Das schadet gewiss nicht.

Nach Kriegsende 1945 in Traunstein: die Großmutter Anna Freumbichler und Thomas Bernhard

Sigrid Ackermann

Unmessbar

Kulturelles Leben am Stadtplatz

»Es lässt sich leicht feststellen, dass dies Zimmer 3 x 3 x 3 Meter groß ist. Aber wer kann ermessen, wie dehnbar es ist nach allen Seiten in einer konkreten Minute, die sich maßlos fortsetzt bis ins Herz der Vergangenheit und Zukunft?«

(Rose Ausländer, 1901–1988)

Der Traunsteiner Stadtplatz misst ungefähr 200 x 40 Meter, er bildet optisch mit seinen dicht gestellten Häuserreihen im Norden und Süden und mit seinen engen Durchlässen im Westen und Osten einen sehr großzügigen innerstädtischen Raum. Hier haben selbstbewusste Bürger ihre Wohn- und Geschäftshäuser erbaut. Hier werden Geschäfte getätigt, bei denen sich Gewinn und Verlust in Mark und Pfennig – und in Euro – genau bemessen lassen. Die städtische Verwaltung hat auf dem Stadtplatz ihren Sitz, sie legt Maß an die unterschiedlichsten Belange der Bürgerschaft an. Nicht in Einheiten zu fassen und daher unmessbar, eigentlich unermesslich sind dagegen die geistigen Energien, die von hier ausgingen und sich weiter fortsetzen, die Erfindungskräfte der Menschen, die diesen zentralen Platz im Herzen der Stadt geprägt haben und die ihm in seiner Geschichte Aussehen und Charakter verliehen. Unmessbar sind die Gedanken und Visionen der Menschen, die ihn heute beleben und gestalten über das Räumliche und Zeitliche hinaus.

Schon bei den ersten Stadtgründungen waren die zentralen Plätze Schau- und Aktionsforen für Handel und Handwerk, Orte des politischen Austauschs und Zentren der Religionsausübung. Darüber hinaus aber waren sie stets auch und vor allem Stätten der menschlichen Begegnung und Kristallisationspunkt für Bildung, Kunst und Kultur einer Stadt. Dies trifft auch für den Traunsteiner Stadtplatz zu, der zunächst einfach »Platz« und später »Schrannenplatz« genannt wurde.

Einen wichtigen Stellenwert hatten schon in früher Zeit Bildung und Erziehung. Im Jahr 1383 wird zum ersten Mal über einen »schulmaister« in Traunstein berichtet. Es bestand das Angebot, Traunsteiner Kinder im Lesen, Rechnen und Schreiben und in »Christentumslehre« unterrichten zu lassen. Johann Josef Wagner nennt eine Urkunde, »die erhellt, dass wenigstens 1418 in Traunstein eine öffentliche Schule bestand, die jetzt und noch lange die Stadtschreiber gehalten haben«. Einem Salzburger Visitationsbericht von 1558 entnehmen wir, dass es hier eine »Teutsch und Lateinisch schuel« gab – ein Beitrag zur kulturellen Entwicklung, allerdings war es das Hauptziel dieser Einrichtung, treue und folgsame Untertanen und sittsame Christen heranzuziehen.

Das erste Schulhaus befand sich in einem Anbau an der nördlichen Turmseite der St.-Oswald-Kirche. Es wurde 1630 abgebrochen um an dieser Stelle für den seit 1627 in Traunstein wirkenden Kapuzinerorden ein »Wohnhäusl« zu errichten. Nach dem Stadtbrand 1704 kaufte der Rat der Stadt als Schulgebäude ein Haus an der »Schattenseite« des Schrannenplatzes in der Nähe des Rathauses, Schule und Lehrer blieben hier bis 1814. Nach dem Stadtbrand von 1851 wurde die so genannte »Knabenschule« in Behelfsräumen im Rückgebäude des Rathauses und in den Bruderschaftsanbauten bei St. Oswald untergebracht.

»Stadt und Land, Hand in Hand«: Anspruch und Wirklichkeit der Inschrift an der Brothausturmfassade des Heimathauses am westlichen Einlass zum Stadtplatz

Seit der Mitte des 17. Jahrhunderts hatten die Salinenkinder eine eigene Schule im Salinenbezirk, später mussten sie sich jedoch jedes Jahr zu einer »Hauptprüfung in Buchstabier- und Lesekunst, Recht- und Schönschreibkunst und Rechenkunst« im großen Saal des Salzmaieramtes am Stadtplatz einfinden.

Lateinstunden, vom Stadtpfarrprediger und von Benefiziaten gehalten, waren in Traunstein schon immer angeboten worden. Nach zähem Ringen bildungsengagierter Bürger entstand daraus 1902 ein selbstständiges Progymnasium, das spätere Gymnasium mit Oberrealschule, wofür das Schulgebäude an der Rosenheimer Straße erbaut wurde. Diese Schuleinrichtung, die seit 1965 den Namen Chiemgau-Gymnasium Traunstein trägt, vergrößerte sich kontinuierlich, sodass schließlich einige Klassen in das alte Landgericht neben dem Rathaus ausgelagert werden mussten. In dieser manchmal als geradezu unzumutbar bezeichneten, jedoch sehr originellen Enklave entwickelte sich ein fröhliches schulisches Leben. Ehemalige Schüler, die dort bis 1980 unterrichtet wurden, erzählen begeistert von der Zeit in dem altehrwürdigen Gebäude. Die Entfernung vom Haupthaus und die altertümliche Ausstattung wie knarrende Fußbodendielen und knisternde Kanonenöfen schufen eine entspannte Lernatmosphäre mit pädagogischen Freiräumen, von denen die Kinder der Vorgängerschulen am Stadtplatz nur träumen konnten.

Mittlerweile ist das alte Landgerichtsgebäude renoviert; einge Räume im ersten Stock des Gebäudes wurden der Volkshochschule Traunstein als Büro- und Unterrichtsräume zur Verfügung gestellt – eine weit blickende und Erfolg versprechende Entscheidung des Stadtrates. Die Volkshochschule hatte bereits ein sehr schön gelegenes Domizil im Kulturzentrum am Stadtpark. Mit den Jahren hatte sich jedoch das Unterrichts- und Bildungsangebot immer mehr erweitert und so reichten die dortigen Räumlichkeiten nicht mehr aus. Der Umzug zum Stadtplatz in die behutsam restaurierten und mit modernsten Medien ausgestatteten Räume ist eine deutliche Verbesserung für die Volkshochschule. Mitarbeiter und Besucher nehmen dankbar diese neue zentrale Situierung am Stadtplatz an. Umgekehrt ist die hohe Besucherfrequenz in dieser Einrichtung eine Bereicherung für den städtischen Komplex Rathaus, Altes Landgericht und Salzmaieramt und dürfte für Belebung auf dem neuen Stadtplatz sorgen. Somit spannt sich der Bogen der Traunsteiner Schulgeschichte von den frühen mittelalterlichen Schulen am Stadtplatz zu einem modernen, zukunftsorientierten Kultur- und Bildungszentrum.

Ein weiteres Zeugnis der kulturellen Lebendigkeit Traunsteins und der Bedeutung des Stadtplatzes für die Kultur stellt das städtische Museum im Heimathaus dar, das die beiden ältesten Gebäude der Stadt vereinigt. Innen haben liebevoll gesammelte und sachkundig verwahrte Kunst- und Kulturschätze aus Traunstein und seiner Umgebung dank einer Stiftung einen würdigen Platz gefunden. Dem Leiter des Museums, dem Kunsthis-

Zuschauer beim Georgi-Ritt: ein stolzer Trachtler

Der Traunsteiner Stadtplatz bietet auch dem »Jedermann« eine eindrucksvolle Bühne.

toriker Dr. Eminger, gelingt es, das Interesse an der heimatlichen Geschichte mit wechselnden Themenausstellungen wach zu halten und die Vergangenheit mit der Gegenwart zu verknüpfen. Die gemütliche ehemalige Zieglerwirtsstube im 1. Stock ist heute die gesellige Heimstatt des Historischen Vereins. Hier halten auch der St.-Georgs-Verein und der Förderverein Alt-Traunstein ihre Versammlungen ab und es gibt regelmäßig Vortragsabende über die Geschichte und Kunstgeschichte der Stadt und ihres Umlandes.

Auf dem Platz selbst fanden von jeher kulturelle Veranstaltungen statt. Kirchen- und Bruderschaftsrechnungen sowie Jahresrechnungen der Stadtkämmerei belegen die seit dem 15. Jahrhundert üblichen volkstümlichen Festbräuche, die Prozessionen zur Passionszeit und zu religiösen Festtagen, die von der St.-Oswald-Kirche ausgehend über den Platz zogen. Im Rahmen dieser Umzüge gab es szenische Darstellungen aus der Bibel. Mit drastischer Dramatik wurden z. B. das Leiden Christi oder die Erschaffung der Welt in Szene gesetzt. Die Stücke hatten zunächst nur religöse Inhalte; sie dienten der Instruktion des einfachen Volkes, das nicht selbst in der Bibel lesen konnte. Um für mehr Spannung und Unterhaltung beim Publikum zu sorgen, wurden auch »bewegende weltliche Comoedien« dargeboten, wobei Komödien damals nicht als heitere Theaterspiele verstanden wurden. Im Lauf der Zeit jedoch schlichen sich mehr und mehr auch deftige, humorvolle und satirische Elemente in die Dramaturgie ein. Hatten diese Aufführungen anfangs nur in der Kirche stattgefunden, so fanden sie später, bei steigender Beliebtheit und zunehmenden Zuschauerzahlen – und bei aufkommendem, sich ausweitendem Missfallen der Kirche – auf Bühnen auf öffentlichen Plätzen statt. Die Literaturgeschichte sieht in diesen Spielen Ursprünge, aus denen sich unser heutiges Theater entwickelt hat.

Für derartige Vorführungen, für »Rekreations- und Lustspiele«, »vasnachtsspile« und »historische Comedien« wurden von Zimmerleuten Gerüste, Bühnen und »allerlei Gestelle« auf dem

Stadtplatz errichtet. Dies waren die einfachsten Vorläufer unserer heutigen Theaterhäuser.

Auch musikalische Lustbarkeiten für die Bürgerschaft sind dokumentiert durch Zahlungsbelege über die Entlohnung von Spielleuten, die das Volk auf dem Stadtplatz z. B. anlässlich von Märkten unterhielten, sozusagen frühe Open-Air- oder Standkonzerte. Sogar »auf dem hiesigen Rathaus« konnten Unterhaltung, beliebte Tanz- und Schauspiele stattfinden.

Diese Entwicklung der Unterhaltungskultur schildert Max Fürst (1846–1917) sehr lebendig in seiner Traunsteiner Geschichte des 19. Jahrhunderts, darin berichtet er aus dem Lebenslauf des Lehrers Michael Mayer: »Er soll ein gar guter Sänger und Schauspieler gewesen sein, welcher – längst überwundenem Geschmacke entsprechend – u. a. in den kirchlichen Andachten der Fastenzeit vor der in St. Oswald andächtig versammelten Gemeinde die drei Fälle des Herrn auf dem Oelberge meisterlich zur Darstellung zu bringen vermochte. Freilich sah das angehende Jahrhundert derartige Kirchenfunktionen nicht lange mehr, denn, nachdem Mayer im Jahre 1802 noch die Christusrolle durchgeführt hatte, ward der sothanen Feier sowie der seit alter Zeit stattfindenden großen Charfreitagsprozession, die zu einem förmlichen Spektakelstück ausgeartet war, durch kurfürstl. Regierungsverbot ein jähes Ende bereitet. Die Lust für Schaustücke konnte und sollte den Traunsteinern jedoch nicht völlig genommen werden. Nachdem die Kirchenräume hierfür nicht mehr benützt werden durften, erhielt Lehrer Mayer noch im Jahre 1802 vom Magistrate die Erlaubnis, mit seinen Schulkindern auf dem Rathause Theater zu spielen, und als dieses alsbald unthunlich sich erwies, ward die Bühne mit hoher obrigkeitlicher Bewilligung nach dem Stockhammerschen Gasthause (dem heutigen Gasthofe zur Post) überführt.«

Open-Air-Konzert beim Stadtfest 1999

Seit 1926 ist der Schwertertanz Bestandteil des Georgi-Ritts am Ostermontag.

Eine traditionelle Veranstaltung auf dem Stadtplatz, der Schwertertanz, wird bereits 1530 erwähnt. Damals gab man den »Jungen Gesellen, so sy den schwerttanz gehabt, 1 gulden«. Dieser Schautanz mit Schwertern, der dem Zunftwesen entstammt, geriet in Vergessenheit, bis er 1926 wieder aufgegriffen wurde. Heute wird er auch als Symbol für die Austreibung des Winters interpretiert und seither alljährlich zum Georgi-Ritt aufgeführt. Eine wichtige Station auf dem Weg des Georgi-Rittes am Ostermontag zur Pferdesegnung nach Ettendorf ist die Umrundung des Stadtplatzes mit der nochmaligen Segnung der Pferde und aller am Osterritt Mitwirkenden. Dieser alte religiöse und kultische Brauch ist weithin bekannt und zieht jedes Jahr Tausende von Zuschauern an. Neben der lieblichen, ländlichen Umgebung auf dem Wiesenhügel des Ettendorfer Kircherls, dem Ziel des Umrittes, ist der Stadtplatz die prächtigste Kulisse für dieses für Traunstein und die Region große Ereignis.

Seit Jahrhunderten ist es auch der Brauch, dass die Palmprozession und die Fronleichnamsprozession der katholischen Pfarrgemeinden ihren Weg über den Stadtplatz nehmen. Der Historiker Hans Moser fand in einer Rechnung von 1697 der Cor-

Aufstellung der Tänzer

Rechte Seite: »Nach Ettendorf wir reiten« – zum Georgi-Ritt steigt selbst der Lindl für einen Tag von seinem Sockel herab.

Fronleichnamsprozession auf dem Stadtplatz im Jahr 1937

pus-Christi-Bruderschaft die Bemerkung, dass ein »figurierter Umgang« üblich war, bei dem auch der hl. Georg hoch zu Ross sowie der von ihm besiegte Drachen mitgeführt wurden. Zu allen Zeiten war und ist der Stadtplatz ein bevorzugter Ort für Feste und religiöse, politische und gesellige Veranstaltungen, die für Abwechslung im Alltag sorgen und die Menschen erfreuen und erbauen. Der 1998/99 neu gestaltete Stadtplatz wird auch in Zukunft für solche Aktivitäten ein idealer Schau- und Festplatz sein.

Das Erscheinungsbild des Traunsteiner Stadtplatzes hat sich im Laufe der Zeiten immer wieder gewandelt. Davon zeugen alte und neue Stadtansichten. Sie zeigen jeweils, wie die auf dem Stadtplatz wohnende, privilegierte Bürgerschaft selbstbewusst großzügigen Kunstsinn walten ließ, wenn es um die Ausschmückung ihrer Häuser ging. Die verheerenden Stadtbrände, die Traunstein mehrmals heimsuchten, zwangen die Bürger jedes Mal wieder, unter großen Opfern und Mühen die Häuser, die Kirche und Amtsgebäude wiederherzustellen. Die Liebe zur heimatlichen Stadt, der Fleiß und die Tüchtigkeit ihrer Bürger ließen den Stadtplatz und die Fassaden seiner Gebäude immer wieder in neuer Pracht erstehen. Geschichtsbewusstsein und die Pflege der Traditionen waren und sind auch heute noch wesentliche Bestandteile örtlicher Kultur und ortsansässiger Integrationskraft. Eindrucksvolles Beispiel dafür ist der zur Einweihung des Stadtplatzes nach mittelalterlichem Vorbild wieder errichtete Jacklturm. Damit wurde dem Platz sein ursprüngliches, geschlossenes Bild wiedergegeben. Fest verwurzeltes Brauchtum, volkstümliche Identifikation mit der Kultur der Stadt und des Chiemgaus waren wohl auch der Grund für die Beharrlichkeit, mit der sich die Traditionsverbände für die etwas umstrittene Wiedererrichtung des Maibaumes auf dem Stadtplatz einsetzten.

Im 19. Jahrhundert brachten Säkularisation und Aufklärung neues Gedankengut. Prozessionen, Umzüge und Veranstaltungen im Freien wurden wegen deren ekstatischen und zum Teil aggressiven Auswüchsen eingeschränkt und zunehmend verboten. Zum Ausgleich dafür wurden

Vereine und Organisationen gegründet, die neue Formen der bürgerlichen Geselligkeit und Kulturpflege hervorbrachten: Trachtenvereine, Liedertafeln, Theater-Clubs, Kunstzirkel, Konzert- und Lesevereinigungen.

Die Zusammenkünfte und Veranstaltungen fanden nun in den Räumen der Gasthäuser statt. Einen besonders prächtigen Rahmen fanden diese Aktivitäten beispielsweise im 1902/03 erbauten »Rokoko-Saal«, im Gebäude des »Unteren Bräu« am Stadtplatz 21. Nachdem er die Brauerei vom Stadtplatz in den »Wochinger-Spitz« verlegt hatte, ließ der damalige Besitzer, Jakob Wochinger, das ehemalige Kühl- und Sudhaus im Rokokostil umbauen. Ausgeschmückt mit Putten, Rocaillen, Blumen, Blätterranken und Voluten ist er mit den großen, kunstvoll unterteilten Bogenfenstern innen und außen architektonisch sehr reizvoll. Damit stand den Bürgern ein geradezu herrschaftlicher Veranstaltungsraum mit »Gallerie« zur Verfügung, der lebhaft für Konzerte, Theater, Bälle und Schulveranstaltungen genutzt wurde. Die ausführlichen Berichte über diese Veranstaltun-

gen mögen heute etwas provinziell und hausbacken anmuten, man war jedoch stets bemüht gute Kräfte zu gewinnen und interessante Programme für die qualitativ durchaus anspruchsvollen Veranstaltungen zusammenzustellen.

Die verschiedensten Aufzeichnungen belegen, dass die Pflege von Kunst und Kultur in Traunstein stets zum Selbstverständnis urbanen Lebens gehörten, denn man war sich bewusst, dass sie Sensibiltät und Identitätsgefühl fördern, dass ge-

Festlich geschmückt und einladend: der Rokoko-Saal im Jahr 1911

Eine historische Kulisse, gemeinsames Feiern – und der vorsichtig tastende Blick in die Zukunft

meinsame kulturelle Erlebnisse verbinden und zum Ansehen der Stadt wesentlich beitragen. Ein Wegweiser zur Ansiedelung in Traunstein, 1911 vom Kur- und Verkehrsverein herausgegeben, wirbt mit der »geistigen Anregung, was die Saison in Concerten u. dgl. ohnehin mit sich bringt, im Winter macht's die ›Freie Ältere Vereinigung zur Abhaltung von Concerten und Vorträgen‹, die, nebst anderen Veranstaltungen Kunstsinniger, fast allwöchentlich zum Kunst- und Geistesgenuss zusammenführt.«

Viele ältere Traunsteiner schwärmen noch immer von dem damaligen regen Kulturleben in den Gasthaussälen am Stadtplatz und in seiner Umgebung. Der Zweite Weltkrieg brachte eine Zwangspause mit sich; danach aber begann sich hier bald wieder kulturelles Leben zu regen. Der Rokokosaal stand wieder für Unterhaltung und Geselligkeit zur Verfügung. Den Landsmannschaften der hier sesshaft gewordenen Flüchtlinge diente er für ge-

Vorherige Doppelseite: Traditionspflege heute – die Gebirgsschützen bei der Einweihungsfeier des neu gestalteten Platzes

meinsame Feiern, in denen die Erinnerung an die verlorene Heimat wach gehalten wurde. Varietee, Theaterveranstaltungen und Opernaufführungen erfreuten sich hoher Gunst beim Publikum, sie sind vielen Kunstinteressierten als die herausragenden kulturellen Ereignisse der Nachkriegszeit in guter Erinnerung. Der einstige Glanz im Rokoko-Saal ist immer noch zu spüren, wenngleich er seit der Mitte der 50er Jahre als Kaufhalle für Textilwaren seinem ursprünglichen Zweck entfremdet ist. Es bleibt zu hoffen, dass er eines Tages wieder für Geselligkeit und Veranstaltungen zur Verfügung stehen wird.

Im Gewölbe der alten Malztenne im Gasthof Schnitzelbaumer trafen sich seit Jahren unter der sachkundigen Regie und Begleitung von Siegi Götze Volksmusikgruppen unter dem Motto: »Unser Land, unser Gwand, unser Sprach«. Bei regelmäßigen Hoagarten erfreut man sich an Themen aus dem Jahreskreis, musikalisch, literarisch und volkskundlich aufbereitet. Wegen Umbauarbeiten mussten die Volksmusikanten und ihre Freunde den Gasthof verlassen; sie fanden inzwischen nur wenige Meter vom Stadtplatz entfernt einen neuen geeigneten Ort für ihre beliebten Treffen.

Im südlichen Neubauteil des Rathauses sind Politik und Verwaltung zu Hause, jedoch haben auch hier kulturelle Belange einen hohen Stellenwert. Bei der Restaurierung des Alten Rathauses wurde im Erdgeschoss, in der »alten Wache«, Freiraum geschaffen für Ausstellungen und kleine Empfänge; auch Kunstausstellungen haben in dem Haus bereits einige Vorgänger. Man darf es einen Glücksfall nennen, dass zu Beginn der Baumaßnahmen am Alten Rathaus ein neuer Dachstuhl notwendig wurde, durch den gleichsam als »Nebenprodukt« im dritten Stock des Hauses ein vielfältig nutzbarer großer Saal mit zirka 200 Sitzplätzen entstand. Er dient nun vornehmlich als großer Ratssaal für die allmonatlichen Sitzungen des Stadtrats. Hier konnte auch die Einweihungsfeier für den neuen Rathauskomplex im Oktober 1998 stattfinden. Beim abendlichen Eröffnungskonzert wurde Mozarts Concertone für zwei Violinen und Orchester vom Musikkollegium Traunstein aufgeführt. Chorkonzerte anlässlich des Treffens des Bayerischen Sängerbundes fanden hier großen Zuspruch und es gibt viele Pläne von Kunstfreunden und Kulturschaffenden, den Raum mit kulturellem Leben zu erfüllen. Die Freude darüber, wieder einen würdigen Versammlungsaal für die Bürgerschaft in der Mitte der Stadt zu besitzen, gibt der Kreativität neue Impulse.

Die Stadt ist die Basis der Demokratie, der Ort, an dem Menschen im Zusammenleben auf dicht bebautem Raum eine produktive Symbiose zwischen Wirtschaft und Kultur erfahren können. Prosperität allein schafft noch kein Identitätsbewusstsein, kein Heimatgefühl. Eine wirkliche Liebe zur eigenen Stadt erwächst erst dann, wenn diese von den Bewohnern über das Zweckdienliche hinaus als Ort physischen und geistigen Lebens, als Heimstatt für Körper, Geist und Seele empfunden wird.

Und genau dieses Gefühl kann der so charakteristische Traunsteiner Stadtplatz seinen Bürgern und Gästen vermitteln. Ein Gefühl, das nicht messbar ist, das sich in die Seele prägt und das man mit sich weitertragen kann, unabhängig davon, ob der Weg in andere Städte und Länder führt oder ob man Traunstein, der kleinen, freundlichen Stadt am nördlichen Rand der Alpen für immer treu bleibt.

Bürgermeister und Oberbürgermeister

Schon 1314 belegt eine Urkunde die städtische Selbstverwaltung, indem sie »Rat und Gemain der Purger von Travnstain« nennt. Das Amt des Bürgermeisters jedoch wird nicht vor 1509 erwähnt. Ein Jahr später erhält Traunstein eine neue Ratswahlordnung. Darin wird ein »Innerer Rat«, bestehend aus sechs, und ein »Äußerer Rat« mit acht Bürgern vorgeschrieben. Die äußeren wählen zwei (später vier) der inneren Räte zu Bürgermeistern, die jeweils ein halbes Jahr im Wechsel amtieren. Ab diesem Zeitpunkt sind uns, beginnend mit Oswald Pallinger, die Stadtoberhäupter lückenlos überliefert. 1807 treten Magistrat und Gemeindebevollmächtigte an die Stelle der beiden Ratsgremien, 1919 wird dieses Zweikammersystem durch einen Stadtrat abgelöst, doch unverändert stehen Bürgermeister an der Spitze dieser Organe. Ab 1948 führen sie den Titel »Oberbürgermeister«, der ihnen auch nach dem Verlust der Kreisfreiheit 1972 verblieben ist.

Jakob Büchele (1795–1797)

Johann Baptist Pauer (1804–1805)

Josef Bernhard Pauer (1818–1824)

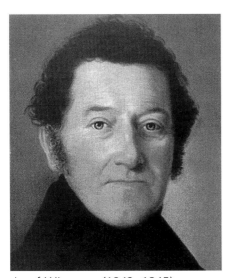
Josef Wispauer (1842–1845)

Ignaz Sollinger (1851–1857)

Jakob Prandtner (1857–1872)

Josef Wispauer (1873–1878)

Josef Ritter von Seuffert (1878–1909)

Dr. Georg Vonficht (1909–1935)

Georg Seufert (1936–1945)

Karl Merkenschlager (1945–1946)

Rupert Berger (1946–1952)

Josef Kössl (1952–1959)

Wilhelm Steger (1960–1972)

Rudolf Wamsler (1972–1990)

Plätze der Partnerstädte

Place Jean Marcellin in Gap – Hautes-Alpes/Südfrankreich (Partnerstadt seit 1977)

Rathausplatz in Wesseling am Rhein (Partnerstadt seit 1985)

Piazza Vittorio Veneto in Pinerolo – Piemont/Italien (Partnerstadt seit 1986)

Town Hall in Haywards Heath – West Sussex/Großbritannien (Partnerstadt seit 1993)

Anmerkungen

Beitrag von Hedwig Amann

[1] Die grundlegende Darstellung dieses Themas erfolgte durch: Kratsch, Klaus, Wittelsbachische Gründungsstädte: Die frühen Stadtanlagen und ihre Entstehungsbedingungen, in: Wittelsbach und Bayern, Die Zeit der frühen Herzöge; Glaser, Hubert, Hrsg., München 1980.

[2] Liebhart, Wilhelm, Die frühen Wittelsbacher als Städte- und Märktegründer in Bayern, wie Anm. 1, S. 309.

[3] Vergleichbare Situationen sind in Neuötting und Straubing.

[4] v. Dobeneck, Götz, Traunstein, Trostberg und Tittmoning, in Stadt und Land, Lkr. Traunstein, 1996, S. 86.

[5] v. Dobeneck, Götz, Der Jacklturm, in: 1983–1993. 10 Jahre Förderverein Alt-Traunstein, 1993, S. 41.

[6] ebd. S. 45.

[7] Als Scheibenzoll durfte die Stadt je 1 Pfennig auf jede »Scheibe«, d. h. den Deckel eines vollen Salzfasses, erheben.

[8] Haselbeck, Franz, v. Dobeneck, Götz, »die von Reichenhall Scheiben her gen Wasserburg füren«, in: Traunsteiner Salzgeschichte, Jahrbuch des Historischen Vereins zu Traunstein e.V., 1995.

[9] Jilg, Eckehard, Daten zur Geschichte der Stadt Traunstein, 1980, S. 55.

[10] Kasenbacher, Anton, Traunstein – Chronik einer Stadt in Wort und Bild, Traunstein 1980, S. 82.

[11] v. Dobeneck, Götz, vgl. Anm. 5, S. 46.

[12] Rosenegger, Albert, »waß uns durch Feur und Schwerdt aufgetragen worden«. Die schicksalsreichen Ereignisse in der Stadt Traunstein während des spanischen Erbfolgekrieges: in: Traunsteiner Salzgeschichte. Jahrbuch des Historischen Vereins für den Chiemgau zu Traunstein e.V., 1995, S. 201 ff.

[13] Dieses Bild befindet sich heute in der Gnadenkapelle zu Altötting. Ein zweites Bild mit gleicher Thematik wird im Depot des Heimathauses Traunstein aufbewahrt. Die Nachforschungen des Herrn v. Dobeneck ergaben, dass die Traunsteiner Tafel eine Kopie der Altöttinger Tafel ist. Das Original in Altötting ging jedoch verloren, sodass im letzten Jahrhundert eine Kopie der Traunsteiner Tafel erstellt wurde. Diese befindet sich heute anstelle des ursprünglichen Bildes aus dem 18. Jh. in Altötting. Ein Vergleich beider Bilder weist eine Reihe von Unterschieden auf, deren Ursache in der malerischen Freiheit der Kopisten liegt.

[14] Die Panduren waren Angehörige der kaiserlich-österreichischen Truppen, die im Österreichischen Erbfolgekrieg Bayern besetzt hatten.

[15] Entdeckt und erstmalig publiziert wurde diese Tafel von Götz v. Dobeneck, Traunstein – die alte Salzstadt, in: Bei uns, Geschichte und Kultur zwischen Chiemsee und Salzach, Dr. Christian Soika, Traunstein 1988, S. 126 ff.

[16] v. Kohlbrenner, Franz: Eine Beschreibung unserer Heimat aus dem Jahre 1782, in: wie Anm. 16, S. 186.

[17] Fürst, Max, Traunstein im neunzehnten Jahrhundert, 1900, S. 28.

[18] Von dem Wirken des umtriebigen Landrichters ist weiterhin bezeugt, dass er das Mauttor am Fuße des Vorbergs zur Verbesserung der Verkehrswege beseitigen ließ; außerdem veranlasste er, dass der Friedhof mit Arkaden umsäumt und mit einem Leichenhaus versehen wurde.

[19] v. Dobeneck, Götz, vgl. Anm. 5, S. 56.

[20] ebd. S. 58.

[21] Nerdinger, Winfried, Zwischen Glaspalast und Maximilianeum – Aufbruch und Rückblick, in: Zwischen Glaspalast und Maximilianeum. Architektur

in Bayern zur Zeit Maximilians II. 1848–1864. Ausstellungskatalog der TU München und des Münchner Stadtmuseums Nr. 10, München 1997, S. 11.
22 Hochbauamt Traunstein, VII.33, zitiert nach: Karnapp, Verena, Rathaus, altes Landgericht, Hauptsalzamt, in: wie Anm. 22, S. 179.
23 »In welchem Style sollen wir bauen« war eine Kampfschrift von Heinrich Hübsch betitelt, 1828 erschienen, die eine Abkehr vom Klassizismus aus praktischen Gründen forderte und die Anwendung des rationelleren Bogens und der Wölbung propagierte.

Beitrag von Dr. Karin Berg

1 Die Untersuchungen zur Bau- und Renovierungsgeschichte von Rathaus, Landgericht und Salzmaieramt wurden 1991 im Auftrag von PLANKREIS und BLfD im Rahmen einer eingehenden Bestandsanalyse durchgeführt. Der vorliegende Beitrag beruht auf den Ergebnissen der damaligen Recherchen sowie auf Quellen und Aufsätzen, die im Literaturverzeichnis aufgeführt sind. Vgl. Karin Berg, Gutachten 1991, Große Kreisstadt Traunstein: Rathaus, ehem. Landgerichtsgebäude und ehem. Hauptsalzamt. Kunsthistorische Grundlagenermittlung und Dokumentation. Dort auch ausführliches Verzeichnis der Archivalien, Pläne und älteren Literatur.
2 vgl. H. Abele / J. Eminger, Traunstein. Stadtansichten 1560–1880, Traunstein 1995, S. 1.
3 vgl. W.-H. Böhm, »Traunstein vertritt die ländliche Einfalt«, in: Jahrbuch 1998, S. 116 Abb. 1.
4 Historico-Topographica Descriptio ... Erster Thail, Das Renntambt München, MDCCI, S. 110 f.
5 vgl. G. Diener, Das Maut- und Kastenhaus in Traunstein, Jahrbuch 1997, S. 5 ff.
6 vgl. Beitrag von Eva-Maria Ilsanker.
7 Ölgemälde im Traunsteiner Heimatmuseum; vgl. Salz macht Geschichte, Ausstellungskat. Bad Reichenhall 1995, Bd. 2 S. 144 ff.
8 Pläne, Kostenvoranschläge und Briefwechsel hierzu im StAM: Saline Traunstein Fasz. 9 Nr. 32 (»Das Salzmayerhaus in Traunstein, dessen Erkauffung, Wiederaufbau nach dem Brand von 1704, dann dessen Unterhaltung und was sich sonst damit anbegeben hat betreff, 1624–1795«); vgl. auch F. Haselbeck, Manuskript vom 17.04.1998.
9 Salz macht Geschichte, Ausstellungskat. Bad Reichenhall 1995, Bd. I. S. 107 f. u. Bd. II S. 144.
10 vgl. E.-M. Ilsanker, Zwischenbericht vom 18. April 1998.
11 B.-V. Karnapp, Justiz- und Verwaltungsbauten, in: Zwischen Glaspalast und Maximilianeum, München 1997, S. 177.
12 vgl. F. Haselbeck, Manuskript vom 17. April 1998
13 StAM: Saline Traunstein Fasz. 9 Nr. 32, Schreiben des Kurfürsten Max Emanuel vom 11. März 1716.
14 vgl. Detailansicht bei F. Haselbeck, Rathausansichten aus zwei Jahrhunderten, in: Jahrbuch 1998, S. 126, Abb. 2.
15 Stadtarchiv Traunstein: Schachtel A 622/1-1, Baurechnung von 1576; E. Jilg, Daten zur Geschichte der Stadt Traunstein, Manuskript im Stadtarchiv Traunstein, S. 565.
16 Pläne im Staatsarchiv München Landbauämter Nr. 5937.
17 B.-V. Karnapp, in: Zwischen Glaspalast und Maximilianeum, S. 179.
18 BHStA: OBB 13587, Landbau-Cataster von ca. 1858; Pläne im Akt MJu 5838.
19 vgl. E. Jilg, Daten zur Geschichte der Stadt Traunstein, Manuskript im Stadtarchiv Traunstein, S. 565.
20 s. E. Jilg, S. 565.
21 Pläne und Akten im Stadtarchiv Traunstein u. im StAM, Landbauämter Nr. 1913.
22 Stadtarchiv Traunstein, Schachtel A 6221-1(2).
23 E. Jilg, Manuskript im Stadtarchiv, S. 565.
24 StAM, Landbauämter Nr. 1913, Magistratsschreiben vom Aug. 1854
25 Fassadenplan und Schreiben von Capeller im Stadtarchiv Traunstein; R. Hindringer, Traunsteins Werdegang vom 16. bis zum 20. Jahrhundert, in: Deutsche Illustrierte Rundschau, Sonderheft, April 1926, S.11 ff.
26 Stadtarchiv Traunstein, Schachtel A 622/1-1(2: 1 bayer. Wappen, 1 dt. Reichswappen, 1 Stadtwappen, 4 Inschriften und 2 bayer. Rautenwappen.
27 Entwurf und Ausführungspläne im Stadtarchiv und Stadtbauamt Traunstein.

Beitrag von Götz von Dobeneck

1 Stadtarchiv Traunstein (StaTS), Kammerrechnung (R 1) von 1670.
2 »Anzeig über die von der kurfürstlichen Stadt Traunstein zu genüssen habente Freyheiten« von 1780, StaTS A IV 2, 4 und 5.

3 StaTS Urkunde (U) 177.
4 StaTS U 635 von 1583 Oktober 20.
5 StaTS U 7 von 1375 Januar 7.
6 Im Mittelalter wurde der Tag nach gottesdienstlichen Verrichtungen eingeteilt. Non bezeichnet die Zeit nach dem Mittagessen, also etwa 12 Uhr.
7 StaTS R 9.
8 StaTS A VII 61, 16.
9 wie Anm. 2.
10 wie Anm. 3.
11 StaTS A V 1, 18.
12 StaTS Kornhüttenordnung von 1646 in A VII 62, 6.
13 »an« (ohne) »den gestrichen Mazz«.
14 wie Anm. 3.
15 StaTS A VII 6, 19 Schrannenordnung von 1847.
16 StaTS A VII 62, 4.
17 wie Anm. 15.
18 StaTS U 384 von 1553 September 12.
19 StaTS A VII 62, 4.
20 Die Maßeinheit Scheffel war in Traunstein nicht üblich. Man rechnete Muth = 30 Metzen = 1210, 8 Liter; Metzen = 40, 36 Liter und Mäßl = 1/30 Metzen = 1, 345 Liter. Berechnet nach A VII 43, 6.
21 1 Münchener Scheffel = 222 Liter = 6 Metzen. 1 Metzen = 37 Liter.
22 Stümpfl bedeutet ein nicht ganz angefüllter Sack – Andreas Schmeller, Bayer. Wörterbuch II 761.
23 Zur Entwicklung der Schrannen in Bayern s. insbes. Harald Potempa: Getreideschrannen in Bayern – Anmerkungen zu einer städtischen Situation am Beispiel Erding, OA Bd. 115, 1991.
24 StaTS U 16 a von 1418 Januar 30.
25 StaTS U 56 von 1453 Dezember 3.
26 StaTS A VII 3, 1.
27 StaTS A VII 30.
28 Im Marktarchiv Grassau ist ein großer Bestand von Zunftarchivalien aus dem Gericht Marquartstein erhalten.
29 StaTS R 5 Steuerregister. Allgemein zur Entwicklung des städtischen Gewerbes s. Rainer Beck: Unterfinning, Ländliche Welt vor Anbruch der Moderne. München 1993.
30 StaTS A VII 61, 9.
31 StaTS R 19.

Beitrag von Prof. Dr. Herbert Weiermann

1 Der mit Abstand bedeutendste Graubündner ist Enrico Zuccalli (Weiterbau in München/ Theatinerkirche und Schloss Nymphenburg, Schlösser in Schleißheim, Lüttich, Bonn). Der in Traunstein tätige Gaspare (Caspar, Kaspar) Zuccalli (genauer: I. Christoforo) war ein Schwager des gleichnamigen Enrico Zuccalli; geb. in Roveredo um 1629, kam um 1648/49 nach Bayern, war seit 1669 kurfürstl. Hofmaurermeister in München, starb dort 1678 (von ihm auch Gars am Inn 1661, Hilgertshausen bei Aichach 1666). – Lorenzo Sciasca, geb. 1643 in Roverdo, gest. 1694 ebd. (Herrenchiemsee/eh. Domstiftskirche 1676, Weyarn 1687, Gmund am Tegernsee 1688). – Antonio Riva, geb. in Roveredo (wann?), gest. 1713 (vor allem bekannt als Mitarbeiter von Enrico Zuccalli in München, Lüttich, Bonn). – Giovanni Antonio Viscardi, geb. 1645 in S. Vittore bei Roveredo, gest. 1713 in München. Er ist nach Enrico Zuccalli der zweitwichtigste Graubündner Baumeister. Hauptwerke u. a.: Freystadt bei Neumarkt/Oberpfalz 1700, München/ Dreifaltigkeitskirche 1711. Beteiligung an wichtigsten Bauunternehmungen der Zeit, u. a. Schloss Nymphenburg, Schloss Schleißheim.
2 Als Wandpfeiler bezeichnet man die rechteckigen Mauervorlagen, die pfeilerartig den inneren Längsseiten angefügt sind und quer zur Längsachse des Raumes stehen. Sie stützen die Längsmauer – ähnlich wie Strebepfeiler am Außenbau –, unterteilen das Langhaus in einzelne Joche und sie dienen auch als Auflager der Wölbung. Die Räume zwischen den Wandpfeilern werden in der Regel als Kapellen genutzt. Eine Sonderform liegt vor, wenn – wie bei St. Oswald – die Anräume nicht bis zur Decke durchgehen, sondern durch Emporen unterteilt sind. Das Wandpfeilerschema mit Emporen begegnet vor allem bei Klosterkirchen. Seine Anwendung bei St. Oswald erklärt sich wohl in dem gesteigerten Selbstbewusstsein der Stadt, obwohl die Kirche damals noch nicht Pfarrkirche war. Für die Wölbung benutzt man die Form einer Tonne. Darunter versteht man die Gewölbeform mit einer Achse längs in gleich bleibendem Querschnitt. – Die früheste Wandpfeilerkirche der Neuzeit ist die Jesuitenkirche St. Michael in München, ab 1583. Dieser Bautyp fand besonders während der Neubelebung des Bauens seit ca. 1660 weiteste Verbreitung. Ähnlich ist auch das sog. Vorarlberger Bauschema.
3 Max Fürst (geb. 1846 in Traunstein, gest. 1917 in München) erhielt seine Ausbildung an der Münchener Akademie als Schüler von Joh. von

Schraudolph. Durch Studienaufenthalte u. a. in Rom vertiefte er seine Kenntnisse der Malerei der Nazarener. Mit seinen Fresken und Altarbildern bereicherte er viele Kirchen der Umgebung seiner Heimatstadt.

[4] Zu den früheren Hochältären: 1. 1697 von Jörg Pfeif(f)er aus Bernbeuren (südwestlich von Schongau), 1704 verbrannt. 2. 1715/16 nach Entwurf von Joh. Wolfgang Dersch ausgeführt von Georg Andreas Dietrich, beide damals in Traunstein. 1732 nach Halfing bei Endorf verkauft. Auf hohem Sockel steht der niedrige architektonische Aufbau mit je drei gewundenen, blau gefassten Säulen. Darauf liegt das schwere Gebälk, über diesem ein vielfiguriger wuchtiger Auszug. Die beiden seitlichen Plastiken erreichen fast ¾ der Säulenhöhe und sind für ihren Platz viel zu groß. Die Proportionen sind sehr gedrungen und wirken unerfreulich. Es herrscht eine Überfülle an Ornamentik auf Kosten der Klarheit der Architektur. Es war ein Glücksfall für Traunstein, dass der Altar rechtzeitig nach auswärts verkauft wurde.

[5] Zu den Künstlern: Wenzel Mi(y)rofsky (Geburtsdatum unbekannt) kam aus Böhmen nach München (hier gest. 1759), wurde kurfürstl. Hoftischler und Bildhauer. Er arbeitete 1729–1737 in der Münchener Residenz für die damals neu ausgebauten Prunkräume. Aufgrund seiner beachtlichen Fähigkeiten führte er dort Arbeiten nach Entwürfen des weithin berühmten François Cuvilliés d. Ä. aus. Mirofsky schuf 1733 für die Oswaldkirche auch die (verbrannte) Kanzel, um 1728 für Haslach den Nepomuk-Altar und 1755 für Straubing/St. Jakob die Kanzel. Die genannten kirchlichen Arbeiten gehen auf Graf von Lamberg zurück. Georges Desmarées (geb. 1697 in Schweden, gest. 1776 in München) erhielt seine Ausbildung u. a. in Venedig. Seit 1730 kurfürstl. Hofmaler in München, 1752–1754 tätig für Kurfürst Clemens August von Köln in Bonn. Er war der bedeutendste Hofporträtist der Wittelsbacher. Gleichzeitig mit Mirofsky arbeitete er mit seiner Werkstatt in der Münchener Residenz. Wahrscheinlich war es Mirofsky, der ihn für Traunstein empfahl. Desmarées soll auch ein Gemälde mit dem hl. Antonius für die hiesige ehem. Kapuzinerkirche geliefert haben. Zu Mirofsky gibt es überhaupt keine wissenschaftliche Untersuchung, zu Demarées nur weniges als Porträtmaler. – Architekt Anton Bachman (geb. 1871 in Aschaffenburg, gest. um 1945 in Traunwalchen) war u. a. in Bergen bei Traunstein und in Cham tätig. Vom Bildhauer Ernst Fischer konnte nur seine Stuckierung in Nesselwang 1906 ermittelt werden. Zum Maler Georg Lacher s. bei Gemälden.

[6] Diese Maria wird stets als Patrona Bavariae bezeichnet. Dieser Figurentyp in München/Residenz, Westfront ebenfalls mit Szepter, aber hier steht Maria auf einer Mondsichel, ein Strahlenkranz umgibt ihre Korne, das Kind hält den Reichsapfel. Die Aufstellung einer Patrona Bavariae an einem Hochalter ist ungewöhnlich.

[7] Georg Lacher (geb. 1809 bei Günzburg, gest. 1882 in München) beherrschte sein Handwerk bestens. Besonders bei seiner »Anbetung der Könige« gehen die drei Bildgründe nahtlos ineinander über. Das Zeichnerische mit den klar umrissenen Formen hat den Vorrang vor dem Malerischen. Die Gestaltung seiner Figuren setzte gründliches Studium der Anatomie und sorgfältige Übungen im Zeichnen voraus. Dies verdankt er seiner Ausbildung bei Peter von Cornelius, dessen Mitarbeiter er bei der Ausführung des »Jüngsten Gerichts« in der Münchener Ludwigskirche war (1836–1839). Unverkennbar ist seine Orientierung am Malstil der Nazarener, wie später noch bei M. Fürst. Das erschwert uns Heutigen den Zugang zu seinem Werk. In seiner Zeit jedoch entsprach Lachers Auffassung durchaus der Vorstellung, die man von religiöser Malerei hatte. Daher ist es verständlich, dass kirchliche Gemälde seiner Hand zahlreich und weit verbreitet sind.

Literaturverzeichnis

Sigrid Ackermann. Unmessbar

Ausländer, Rose: Die Nacht hat zahllose Augen, Prosa. Frankfurt am Main 1995.

Bogdanovic, Bogdan: Die Stadt und der Tod. Klagenfurt, Salzburg 1995.

Fürst, Max: Traunstein im neunzehnten Jahrhundert, Geschichtlicher Rückblick. Traunstein 1900, S. 35–36.

Haselbeck, Franz: Leben, Wirken und Vermächtnis der Traunsteiner Kapuziner. Traunstein 1994, S. 18–21.

Kasenbacher, Anton: Traunstein, Chronik einer Stadt in Wort und Bild. Traunstein 1980, S. 129-130, S. 145.

Kotter, Alfred: Die Salinenschule. Ein Beitrag zu den Anfängen der Traunsteiner Schulgeschichte. In: 125 Jahre Chiemgau-Gymnasium Traunstein. Traunstein 1997, S. 140–145.

Moser, Hans: Einstige Festlichkeiten in Traunstein. In: Schönere Heimat, Erbe und Auftrag. Bayerischer Landesverein für Heimatpflege e. V. 1987, S. 121–126.

Parzinger, Sepp: Die Wiedererweckung des Traunsteiner Schwertertanzes. In: Festschrift 100 Jahre St.-Georgs-Verein, Traunstein. Traunstein 1991.

Schindler, Norbert: Widerspenstige Leute, Studien zur Volkskultur in der frühen Neuzeit. Frankfurt 1992.

Schlachtbauer, Martin: Geschichte des Chiemgau-Gymnasiums Traunstein 1872–1973. In: 125 Jahre Chiemgau-Gymnasium Traunstein. Traunstein 1997, S. 20–34.

Thusbas, Hans: Das Alte Landgericht. Anmerkung, ebenda S. 34.

Wagner, Johann Josef: Geschichte des Landgerichts Traunstein und seiner weltlichen wie kirchlichen Bestandteile. Ein Beitrag zur Geschichte des Landkreises Traunstein. Grabenstätt 1981.

Judith Bader. Die Brunnen

Abele, Helmut / Eminger, Jürgen: Traunstein. Stadtansichten 1560–1880. Traunstein 1995.

Das Achäologische Jahr in Bayern. Stuttgart 1998.

Dokumentation: Dreidimensional. Neue Ausdrucksformen, Teil 1, hrsg. vom Berufsverband Bildender Künstler, Landesverband Bayern e. V. im Auftrag des Bayerischen Staatsministeriums für Unterricht, Kultus, Wissenschaft und Kunst. Kasenbacher, Anton, Traunstein. Chronik einer Stadt in Wort und Bild. Grabenstätt 1986.

Kasenbacher, Anton / Jilg, Eckehard: Traunsteiner Bilderbogen. Ein Führer durch die fast 900-jährige Stadt an der Traun. Grabenstätt 1983.

Die Kunstdenkmale des Königsreiches Bayern; Bd. 1, Die Kunstdenkmale des Regierungsbezirkes Oberbayern, bearb. von Bezold, Hager, Riehl. München 1901.

Reclams Lexikon der Heiligen und der biblischen Gestalten. Stuttgart 1987.

Schierghofer, Georg: Der Lindl am Brunnen. In: Deutsche Illustrierte Rundschau zum 800-jährigen Bestehen Traunsteins und zum 400-jährigen Lindlbrunnen-Jubiläum. München 1926.

Schmeller, Johann Andreas: Bayerisches Wörterbuch. 2 Bd. in vier Teilen / J.A. Schmeller. Nachdruck d. von Karl Frommann bearb. 2.Ausg. München 1872–1877. Bd. 1/2. (1985).

Stadt Traunstein (Hrsg.): Traunstein. Streifzug durch eine liebenswerte Stadt. Traunstein 1998.

Zeitungen: Traunsteiner Wochenblatt und Chiemgau-Blätter (Unterhaltungsbeilage des TW); Trostberger Tagblatt; Blickpunkt Wochenblatt.

Quellennachweise:

1. historischer Brunnenschacht.
Traunsteiner Wochenblatt vom 25.09.1998; 3.12.1998; 5.12.1998; 24.11.1998.
Blickpunkt Wochenblatt vom 9.12.1998.
Hagn, Herbert, Darga, Robert, und Grundner, Franz: In: Das Archäologische Jahr in Bayern. Stadtarchiv Traunstein: Stadtkammerrechnung 1525.
2. Lindl-Brunnen.
Stadtarchiv Traunstein: Stadtkammerrechnung 1525/26; 1646 – Die Kunstdenkmäler des Königreiches Bayern; a. a. O., Bd.1, S. 1723 Jilg, Kasenbacher: a. a. O., S. 71 Schmeller: a. a. O. Schierghofer, Georg: a. a. O.
3. Floriani-Brunnen.
Stadtarchiv Traunstein: Urkunden Nr. 363 (26.10.1549); Stadtkammerrechnung 1653, folio 70-70; Urkunden Nr. 1283 a (25.02.1679); Stadtkammerrechnung 1766, folio 155–156; Stadtkammerrechnung 1767, folio 135; Reclams Lexikon der Heiligen: a. a. O., S. 229/230. dtv-Lexikon, München 1978, Bd. 6, S. 230 Kasenbacher, Jilg: a. a. O., S. 49 Kasenbacher: a. a. O., S. 85.
4. Fischbrunnen.
Kasenbacher, Jilg: a. a. O., S.33 Kasenbacher. a. a. O., S. 33.
5. Truna-Brunnen.
Chiemgau-Blätter vom 9.04.1960; 16.08.1969; 13.03.1976; Kasenbacher, Jilg: a. a. O., S. 46. Traunsteiner Wochenblatt 14.08.1894.
6. Neue Brunnenanlage/Clarenbach.
Traunsteiner Wochenblatt vom 4.05.1998; Trostberger Tagblatt vom 6.05.1998; Blickpunkt vom 6.05.1998 Dokumentation BBK; Dietrich Clarenbach.

Des weiteren danke ich dem Stadtarchiv Traunstein für die Einsicht in entsprechendes Aktenmaterial, das für sämtliche Beiträge wichtige Informationen enthielt.

Dr. Karin Berg. Rathaus, Landgericht und Salzmaieramt

Bayer. Hauptstaatsarchiv: OBB 13587; Gdion BHS 1832, 1868; MF 11257; MJu 5838, 5839. – Staatsarchiv München. Saline Traunstein Fasz. 9, Nr. 32; Landbauämter Nr. 1913; RA Nr. 64959, Nr. 64960, Nr. 64961. – Stadtarchiv Traunstein. Schachtel A 622/1-1 (1,2,3) u. Planslg. – Stadtbauamt Traunstein. Mappe mit Plänen ab 1917. – Hochbauamt Traunstein. Akt Salzmaierhaus Traunstein 1896–1897; Akt Landgerichtsgeb. Traunstein, Neubau 1851 ff., 1879–1912 u. 1917–1964.

Manuskripte und Aufsätze ab 1991:

Abele, Helmut / Eminger, Jürgen: Traunstein. Stadtansichten 1560–1880. Traunstein, 1995. Salz macht Geschichte. Ausst. Kat. Bad Reichenhall, 1995, Hrsg. Haus der Bayer. Geschichte, Regensburg, 1995, Bd. 1, S. 103 ff. und Bd. 2, S. 115 ff.

Berg, Karin: Gutachten 1991. »Große Kreisstadt Traunstein: Rathaus, ehem. Landgerichtsgebäude und ehem. Hauptsalzamt. Kunsthistorische Grundlagenermittlung und Dokumentation« (dort auch ausführliches Verzeichnis der Archivalien, Pläne und älteren Literatur).

Böhm, Werner-Hans: »Traunstein vertritt die ländliche Einfalt.« Zur Einweihung des Rathauses. In: Jahrbuch des hist. Vereins für den Chiemgau zu Traunstein, 10. Jg., 1998, S. 115 ff.

Diener, Gebhard: Das Maut- und Kastenhaus in Traunstein. Ein Beitrag zu seiner Geschichte. In: Jahrbuch des Hist. Vereins f. d. Chiemgau zu Traunstein e. V., 9. Jg., 1997, S. 5 ff.

Haselbeck, Franz: Manuskript vom 9.02.1995 »Kassettendecke im Sitzungssaal des Rathauses«.

Ders.: Manuskript vom 13.03.1995 »Kassettendecke im Eingangsbereich des Rathauses«.

Ders.: Manuskript vom 17.04.1998 »Gotische Gewölbe am Salzmaieramt, Baugeschichte des Salzmaieramtsgebäudes«.

Ders.: Rathausansichten aus zwei Jahrhunderten. In: Jahrbuch, 10. Jg., 1998, S. 125 ff.

Ders.: Tanzsaal, Pranger, »Traidt- und Prodthüttn«. Die Geschichte des Traunsteiner Rathauses. In: Broschüre Rathaus Traunstein – Sanierung und Neubau, 1998.

Ilsanker, Eva-Maria: Befund-Zwischenbericht vom 18.04.1998 »Traunstein, ehem. Salzmaieramt, Stadtplatz 38« (Gewölbereste).

Karnapp, Birgit-Verena: Rathaus, altes Landgericht, Hauptsalzamt. In: Ausstellungskatalog »Zwischen Glaspalast und Maximilianeum. Architektur in Bayern zur Zeit Maximilians II. 1848–1864.« Hrsg. W. Nerdinger, München 1997, S. 178 ff.

Denkmäler in Bayern, Bd. I. A: Ensembles in Oberbayern, von Georg Paula (Festschrift Erich Schosser zum 70. Geburtstag), München, 1997, S. 444 ff.

Dr. Jürgen Eminger. Das Heimathaus

Asche, Sigfried: Balthasar Permoser – Leben und Werk. Berlin.
Eminger, Jürgen / Rosenegger, Albert: Johann Baptist Neumüller (1799–1840) – ein bedeutender Chiemgauer Maler der Biedermeierzeit. Traunsteiner Museumsschriften. Band 1 (1994).
Haselbeck, Franz: Vom Wirtshaus zum Museum. Die Geschichte des »Zieglerwirtsanwesens« und seiner Besitzer. In: Jahrbuch des Historischen Vereins für den Chiemgau. Traunstein 1990, S. 3–20.
v. Heimendahl, Manfred und v. Gayangi: Altes Spielzeug. Traunsteiner Museumsschriften. Band 3 (1996).
Pauer, Hanns: Das Traunsteiner Heimathaus. In: Deutsche Illustrierte Rundschau. München 1926, S. 32–35.
Treml, Manfred u. a.: (Ausst.-Kat.) Salz macht Geschichte / Haus der Bayerischen Geschichte. Augsburg 1995.
Wolter, Franz: Bayerische Plastik des XV. und XVI. Jahrhunderts. In: Festschrift des Münchener Altertums-Vereins zur Erinnerung an das 50-jährige Jubiläum. München 1914, S. 31–42.

Franz Haselbeck. Daß alhier 6 Preustetten ... verhanden

Büchele, Mathias: Vom Transteiner Bräu- und Wirtsgewerbe. In: Traunsteiner Wochenblatt 1857, Nr. 21–25 (dort unter dem Titel »Merkwürdiges aus alter Zeit«) und Heimatbilder aus dem Chiemgau 18/1915.
Burger, Herbert: Bier ist ein besonderer Saft. Kleine Kulturgeschichte des (bayerischen) Bieres, in: Charivari 8/1988.
v. Dobeneck, Götz: Der Bräu am Vorberg. In: Bürgerblatt der »Unteren Stadt« 5/1986.
Ders.: Gewerbe in der Hofmark Au. In: Jahrbuch des Historischen Vereins für den Chiemgau zu Traunstein 1995, S. 182–197.
Haselbeck, Franz: Das bayerischen Reinheitsgebot. »Dann alain Gersten, Hopfen und Wasser genommen und geprauchet werden«. In: Chiemgau-Blätter 3/1992.
Letzing, Heinrich: Der Gasthof »Sternbräu« und das Hofbräuhaus Traunstein. Zwei Brauereien unterschiedlicher Tradition in einer Hand. In: Jahrbuch des Historischen Vereins für den Chiemgau zu Traunstein 1997, S. 57–90.
Ders.: Die Geschichte des Bierbrauwesens der Wittelsbacher, Augsburg 1995.
Meyer, Carin: Die Geschichte der Brauereien in Traunstein (unveröffentlichte Seminararbeit), Traunstein 1968.
Mitterwieser, Alois: Geschichtliches über Maibock, Salvator, Weiß- und Märzenbier. In: Das Bayerland XXXVII, 17 (1. September-Heft 1926), S. 515–517.
Ders.: Vom altbayrischen Weißbier. In: Bayerische Heimat (Unterhaltungsblatt zur Münchner Zeitung) vom 6. November 1928.

Eva-Maria Ilsanker. Im Tiefgeschoss

Haas, Walter: Die Raumfarbigkeit des Bamberger Doms. In: Deutsche Kunst- und Denkmalpflege 36 (1978), S. 21–36.
Hubel, Achim / Schuller, Manfred: In: Der Dom zu Regensburg – vom Bauen und Gestalten einer gotischen Kathedrale. Regensburg 1995, S. 30 f.
Jantzen, Hans: Die Gotik des Abendlandes. Köln 1997.
Kratzsch, Klaus: Wittelsbachische Gründungsstädte: Die frühen Stadtanlagen und ihre Entstehungsbedingungen. In: Wittelsbach und Bayern I/1, München 1980, S. 318–337.
Liebhart, Wilhelm. Die frühen Wittelsbacher als Städte- und Märktegründer in Bayern. In: Wittelsbach und Bayern I/1, München 1980, S. 307–317.
Liedke, Volker: Das Bürgerhaus in Altbaiern. Tübingen 1984.
Mainzer, Udo: Die Rheinische Denkmalpflege sieht Rot. Anmerkungen zu Rot- und Rosafassungen an Sakralbauten der Romanik im Rheinland. In: Konservierung und Restaurierung von verputzten Mauerflächen, Arbeitsheft 45 des Bayerischen Landesamtes für Denkmalpflege, München 1990, S. 25–29.
Schuster, Max Eberhard: Innstädte und ihre alpenländische Bauweise. München 1951.

Willi Schwenkmeier. Krähwinkel lässt grüßen

Thoma, Ludwig: Erinnerungen. München 1996.
Thoma, Ludwig: Die Lokalbahn. München 1991. Mit einem Nachwort von Jean Dewitz, in dem die Entstehungsgeschichte der Komödie nachgezeichnet ist.

Thoma, Ludwig: Krawall. In: Kleinstadtgeschichten. München 1908.

Traunsteiner Wochenblatt vom 2. April 1868, S. 106 f.

Bernhard, Thomas: Ein Kind. München 1985.

Bernhard, Thomas: Die Ursache. München 1977.

Höller, Hans: Thomas Bernhard. Hamburg 1993.

Reich-Ranicki, Marcel: Thomas Bernhard. Frankfurt 1993.

Die Rampe (Hefte für Literatur): Thomas Bernhard. Johann Freumbichler. Hedwig Stavianicek. Bilder, Dokumente, Essays. Linz 1999

Evers, Gerd: Traunstein 1918–1945. Grabenstätt 1991. Auf S. 128 der Zusammenbruch Wagners während seiner Rede; S. 154/155 in den Anmerkungen der Hinweis auf Thomas Bernhard.

Haselbeck, Franz: Vor 50 Jahren starb der „Despot von München« – Zum Tode des Gauleiters Adolf Wagner. In: »Chiemgau Blätter« des Traunsteiner Wochenblattes vom 11. Juni 1994. Eine genau recherchierte und fundierte Darstellung mit allen bibliographischen Querverweisen.

Schwenkmeier, Willi: Auf den Spuren eines höchst Umstrittenen. Thomas Bernhard, Traunstein und Ettendorf. In: Surberger Heimatblätter, Heft 4, 1995/1996.

Willi Schwenkmeier. Wir hier unten, ihr da oben …

Jahrbuch 1991 des Historischen Vereins für den Chiemgau. Jahrbuch 1995 des Historischen Vereins für den Chiemgau. Gerd Evers: Traunstein 1918–1945. Grabenstätt 1991. Verfolgung und Widerstand in der NS-Zeit im Landkreis Traunstein 1933–1945. Kreisjugendring Traunstein 1994. Franz Baumeister: Traunstein – Vergangenheit und Gegenwart. 2. Auflage, Grabenstätt 1973.

Prof. Dr. Herbert Weiermann. Die Stadtpfarrkirche St. Oswald

Abele, Helmut / Eminger, Jürgen: Traunstein, Stadtansichten 1560–1880. Traunstein 1995

Becker, Felix, s. Thieme.

v. Bomhard, Peter: Traunsteiner Künstler und Kunsthandwerke der Barockzeit. In: Der Familienforscher in Bayern, Franken und Schwaben. Bd. 1, 1953, S. 113–137.

Ders.: Der Chiemgau. Landschaft und Kunst. München 1955.

Ders.: Beiträge zum Werk des Graubündener Baumeisters Lorenzo Sciasca, In: Jahrbuch des Vereins für christliche Kunst, 8, 1974, S. 54–84.

Ders.: Brenninger, Georg. Die Kirchen der Pfarrei St. Oswald Traunstein (Kleiner Kirchenführer). München/Zürich 1992.

Brenninger, Georg, s. Bomhard. Die Kirchen.

Fürst, Max: Geschichte der St.-Oswalds-Kirche in Traunstein. Traunstein 1884.

Merk, Karl: Max Fürst, Historienmaler und Schriftsteller. In: Jahrbuch des historischen Vereins für den Chiemgau zu Traunstein. Traunstein 1993, S. 18–50.

Pfister, Max: Baumeister aus Graubünden. Wegbereiter des Barock. Die auswärtige Tätigkeit der Bündner Baumeister und Stukkateure in Süddeutschland, Österreich und Polen vom 16. bis zum 18. Jahrhundert. Chur 1993.

Schmidt, Yvonne Elisabeth, s. Weiermann, Heimatbuch.

Stadtarchiv Traunstein: Urkunde 42, A VIII 10-12, 20, 21. Pfarrarchiv Traunstein. Karten und Pläne I–V.

Thieme, Ulrich / Becker, Felix: Allgemeines Lexikon der bildenden Kunst von der Antike bis zur Gegenwart. Leipzig 1907–1950.

Vollmer, Hans: Lexikon der bildenden Künstler des XX. Jahrhunderts. Leipzig 1953.

Weiermann, Herbert: Die Stadtpfarrkirche St. Oswald in Traunstein. Überlegungen zur Geschichte des Baues. In: s. Merk, 1989, S. 57–69.

Ders. / Schmidt, Yvonne Elisabeth: Heimatbuch des Landkreises Traunstein. VI. Kunstgeschichtliche Denkmäler von der Renaissance bis zur Gegenwart. Trostberg 1996.

Zumpf, Hugo: Graubündner Baumeister und Stukkateure im Chiemgau und in Salzburg. In: s. Merk 1992, S. 25–58.

Die Autoren

Sigrid Ackermann, Jg. 1942, Lehrerin, Kulturreferentin der Stadt Traunstein

Hedwig Amann, Jg. 1963, Kunsthistorikerin

Judith Bader, Jg. 1961, Kunsthistorikerin, Leiterin der Städtischen Galerie

Dr. Karin Berg, Jg. 1948, Kunsthistorikerin

Max Burghartswieser, Jg. 1942, Schreinermeister, Vorsitzender des »Fördervereins Alt-Traunstein«

Götz von Dobeneck, Jg. 1947, Archivar, Archivpfleger des Landkreises

Dr. Jürgen Eminger, Jg. 1959, Kunsthistoriker, Leiter des Heimathauses

Günter Fembacher, Jg. 1950, Amtsrat im Notardienst

Franz Haselbeck, Jg. 1962, Archivar, Leiter des Stadtarchivs

Eva-Maria Ilsanker, Jg. 1952, Architektin

Alfred M. Maier, Jg. 1949, Regierungsbaumeister, Architekt, Vorsitzender des Historischen Vereins

Prof. Dr.-Ing. Karlheinz Merkel, Jg. 1944, Architekt

Albert Rosenegger, Jg. 1948, Offsetdrucker, Heimatforscher

Willi Schwenkmeier, Jg. 1951, Realschullehrer für Deutsch und Geschichte

Fritz Seehuber, Jg. 1941, Schriftsetzermeister

Univ.-Prof. Dr. phil. Herbert Weiermann, Jg. 1929, Kunsthistoriker

Paul Werner, Jg. 1936, Architekt, Gebietsreferent im Bayerischen Landesamt für Denkmalpflege

Dorica Zagar, Jg. 1946, Architektin, Planerin der Neugestaltung des Stadtplatzes

Bildnachweis

Bayerische Staatssammlung für Paläontologie und historische Geologie, München:	Seite 126.
Brauerei Hofbräuhaus:	Seite 66 oben.
Brauerei Kiesel:	Seite 64 unten.
Brauerei Schnitzelbaumer:	Seite 66 unten.
Brauerei Wochinger:	Seite 64 oben.
Brandl, Anton J., München:	Seite 108–109, 120.
Förderverein »Alt-Traunstein« e.V.:	Seite 183, 186.
Gnadenkapelle Altötting:	Seite 15 oben.
Heimathaus Traunstein:	Seite 17, 25, 28, 57, 59, 65, 68, 70, 86, 87 (2 Abb.), 144, 145, 146 (2 Abb.), 147, 148 (2 Abb.), 178, 193, 194.
Königlich-privilegierte Feuerschützengesellschaft:	Seite 206.
Planungsgruppe Strasser und Partner GdbR, Traunstein:	Seite 176–177.
Prechtel, Paula und Hans, München:	Seite 91, 92, 93.
Privatbesitz:	Seite 18, 77, 80, 82, 150, 158 unten.
Residenz München:	Seite 13.
Staatsarchiv München:	Seite 26.
Stadt Traunstein:	Seite 30, 158 oben, 207, 226–227, 228–229.
Stadtarchiv Traunstein:	Seite 10–11, 21, 22, 27, 29, 31, 55, 56, 60, 61, 69, 85, 89, 94, 127, 130, 131, 133, 134, 141, 191, 197, 200, 202, 205, 220, 221 (2 Abb.).
Standl, Günter, Laufen:	Seite 1, 3, 6, 23, 33, 37, 38, 40, 41, 43, 44, 45, 46–47, 48, 49, 50–51, 52, 54, 62–63, 67, 72–73, 74–75, 78, 84, 96, 97, 98, 99, 100, 102, 103, 104, 105, 113, 114, 115, 116, 117, 118, 119 (2 Abb.), 122, 123, 125 (2 Abb.), 128, 132, 136, 137, 138, 142–143, 151, 152, 155, 160–161, 163, 164–165, 168–169, 170, 171, 172–173, 174–175, 180–181, 185, 188–189, 199, 203, 214, 215, 216, 217, 218 (2 Abb.), 219, 222–223, 224, 225.
Thomas Bernhard Nachlaßverwaltung GmbH, Gmunden/Österreich:	Seite 208, 209, 210–211, 212.
Unterhauser, Georg: Waging:	Seite 111.
Wallfahrtskirche Maria Kirchental bei Lofer/Österreich:	Seite 15 unten.